伊豆韮山代官

江川家の食卓

橋本　敬之

目次

はじめに

伊豆・韮山に江戸時代を通じて世襲代官として家を繋げてきた江川家は、現在、四二代当主が受け継いでいる。平安時代末期、保元の乱を避けて大和国宇野（奈良県五條市）から親信の代に韮山へ移り住んで約八六〇年の歴史を刻む。広大な屋敷は重要文化財「江川家住宅」として昭和三十三年民家として最初の登録となった。平成五年には蔵や鎮守等が追加指定を受け、さらに、敷地は史跡「韮山役所跡」に登録された。現在まで残され、伝えられたた資料群と写真もそれぞれ平成二十五年に重要文化財に指定された。

江川家が奈良県五條市宇野からの転住に当たって、現伊豆の国市田京の渡辺家が宇野から韮山に先見として場所選びを行い、それを江川家に報告の後転住してきたと伝えられている。五條市宇野でも同様の言い伝えが残る。

現在に至るまで何度か断絶の危機があったが、そのたびに乗り越えてきた。江川家のすぐ東側には後に配流される源頼朝の監視役となった山木（平）兼隆の居館と伝えられる場所となっている。山木兼隆は、『源平盛衰記』によれば、検非違使でもあり、平国香の末裔、平信兼の男という。保元・平治の乱で平清盛は平氏政権を樹立すると、伊豆国を知行国とし、平時忠が伊豆を知行していた頃、目代を置いた。父と対立し、伊豆国目代には兼隆が充てられた。蛭島（蛭ヶ島）に流罪となっていた源頼朝や近傍に住む北条氏、伊東氏らの動きを監視するとともに伊豆一円を支配した。特に頼朝と北条政子との関係が深まるにつれ、兼隆は北条時政を動かし妨害した。山木兼隆は平氏の一族であったが、治承三年（一一七九）一月十九日、官を解か

奈良県五條市宇野の集落

れ、そのまま伊豆に配流となった。源氏である江川氏の居館のすぐ近くに山木兼隆が転入してきたのである。しかも、伊豆全体が平氏の直轄となるというなかで、どのような環境にあったのかは不明である。

平治元年（一一五九）十二月、平治の乱に敗れた源氏の棟梁である頼朝は、平氏に永暦元年（一一六〇）二月九日捕らえられ京都へ送られた。しかし、平清盛の継母池禅尼の助命嘆願で一命を助けられ、三月十一日、十四歳で伊豆韮山の蛭島へ配流された。山木兼隆、伊東祐親、北条時政らの監視を受けた。十四歳から三十四歳までの壮年期を伊豆で過ごすことになった。治承四年四月二十七日、平家追討を命じた以仁王の令旨が「伊豆国北条館」にいた源頼朝のもとに届いた（『吾妻鏡』）。頼朝は、同年八月十七日、平家追討のため伊豆韮山で旗揚げをした。

すでに山木兼隆は職を解かれ、兼隆自身も配流の身となっていたが、『吾妻鏡』の記述から、山木邸も家来も

韮山城遠望、中央の小高い山が城跡

そのままになっていたようで、頼朝は北側から山木邸を攻めた。江川文庫に残された書付（N115－97）によると、山木兼隆は江川家より三～四町離れた山木の奥に屋形を作り住していた。山木攻めでは、追手は北条時政、搦手は和田義盛。この時、親治（後親信）は厩の中間十人ほどに松明を持たせ裏の天神山から天狗嶽に登らせ山木邸に向かって火を見せ油断させたところを搦手が突破、北条から一気に攻め込んだとしている。兼隆を討った後、時政・義盛は厚く謝礼して帰陣した。子息の英治（吉治）も頼朝に従い恩賞を賜った。「江川家家譜」では、その時、頼朝に従って山木邸を攻め、勝利したので江川庄を賜ったという。『保元物語』によると、桂川の合戦にも参戦しているので、その後も頼朝に従っていたことがみえる。

弘長元年（一二六一）五月十二日、日蓮上人は伊東に流され、同三年二月に許されて鎌倉へ戻る。その間の弘長二年江川家一六代の祖先宇野右衛門太郎義久が日蓮上人に帰依した。受戒後優婆塞日久と称した。その子英方が遺命により邸内に大乗庵（だいじょうあん）を建て、身延山に出かけて上人から直接賜った宗祖像を安置した。永正三年（一五〇六）、英盛が願主となり江川邸内にあった大乗院（だいじょういん）を金谷の本立寺に移したと伝えられる。

その後も代々日蓮宗に帰依し、本立寺は江川氏の菩提寺として江川氏歴代の墓所となっている。室町時代には、天文五年（一五三六）、京都で起こった天文法華の乱による騒乱の様子を京都・本国寺の僧である日助が江川に報告している。天文法華の乱は、京都で比叡山延暦寺が日蓮（法華）宗寺院を焼き払った事件であったので、本立寺の創建をした江川氏に京都の事情を報告したものと思われる。また、平安時代末に奈良・宇野から移り住んだとはいえ、京都とのつながりが残っていたのである。戦国時代から江戸時代初期の二八代英長まで京都とは深くつながっていた。

室町時代に至り、二三代英住は伊豆国守護の山内上杉氏に仕え、明応二年（一四九三）秋に北条早雲が伊豆に侵攻すると、江川家の土地に韮山城を築かせ、その家臣になったという。「年譜」によると長享二年（一四八八）に早雲が江川家の屋敷内に築城したとしている。侵攻前のことになる。ただし、北条氏時代の系譜は明らかではない。戦国期、酒造業を営んで発展し、「江川酒」は戦国を代表する銘酒とされた。戦国時代、一族の中から武士化したものもあらわれた。『寛政重修諸家譜　巻三一五』に記載されている江川氏系図には、英住が伊勢宗瑞に仕え、以後は英盛―英景―英元―英吉―英長と続いて江戸期に至った。

平安時代末期に韮山に移り住むに当たって一三人の家来を伴っていたという。今でも江川家のある東側にある金谷集落の家々は、当時から現在まで連綿と江川家に奉仕してきた。江川家だけではなく、これらの家々もすでに八六〇年の時を刻んできた。江川家の行事が少なくなってきた今では、正月を迎える大掃除、門松・

お飾りの支度と設置、具足開き、井戸替え、日蓮上人の命日であるお会式が主な行事で、これらに奉仕している。江川家の菩提寺である本立寺がもともと江川家邸内にあったといわれていることから、お会式は江川家の仏間で題目を唱えるのである。具足開きは金谷の人たちを招待しているという方がよいかもしれない。

これら年中行事は武家の風習と宗教的行事を伝統として残して今に伝えている。金谷の人たちは江戸時代には江川家の小作として、また足軽として働いていた。その従属関係が現在までつながっているのである。廃れてしまった年中行事や形が変わって行われているものもあるかもしれない。特に太陽暦になってから、旧暦で行っていたものとの齟齬が生じているものもある。井戸替えの行事はその代表だろう。旧暦の七月、盆前の行事が現在は五月に行う行事に変わっている。宗教的行事として日蓮上人の正忌日に行う御会式のほか、日蓮上人が文永八年（一二七一）九月十二日に遭った竜ノ口の法難を記念した御難会のぼた餅も作られる。

現在でも行われている奈良の宇野から同行した金谷の人たちで行う井戸替え

平成二十七年七月、韮山反射炉が二三の構成資産の一つとして世界遺産に指定された。沼津市にある駅弁を製造・販売する会社がそれを記念して「反射炉弁当」を製品化したいという話を持って来た。その時、便乗商法だと思って対応するつもりであった。ところが、それ以前にも沼津にゆかりのある若山牧水、伊豆湯ヶ島に関わりのある井上靖の駅弁も製造したことを知り、食で地元を応援しようとしていることを理解した。そのため、江川家に残る江戸時代のレシピを参考にしてもらい、駅弁の一部に食材を添えてもらうことになった。その時、江川酒やパンをはじめ、江川家の史料から食との関わりがあることがわかった。また、反射炉や台場の建造を行ったことで有名な三六代英龍は家政建て直しのため、質素倹約を行った。それは、食生活にも現れた。反射炉弁当が発売されることになったので、江川家の関係者が「坦庵（英龍）弁当」も作ろうという案を出した。その時、筆者は、「いいね。でも一汁一菜だよ、しかも一菜は香のもの」と答えたので、それきりになっている。その罪滅ぼしのためにも江川家に関係する食の話題を拙稿で提供したい。

本稿では、代官であり旗本でもある江川家の食卓を通して、江戸での旗本の日常を垣間見、伊豆に住居を構える世襲代官が伊豆とつながり、また、本稿では伊豆の豊かな食材を紹介している。

一　徳川家康と江川酒

1　江川酒の始まり

『静岡県の名字』によると、延暦年間（七八二〜八〇六）伊豆国掾の山田豊浜が京に上る途中、伊勢国で酒を飲み毒にあたって死んだという。これが伊豆と酒にかかわる最初の史料である。大和には酒船石と呼ばれる石があるほど酒との関わりが大きいが、江川家はその大和国宇野から酒造技術を持って韮山へ移り住んだという。

江川家系図によると、一五代英治が酒を造って、泰時とならんで善政を布いたと言われる五代執権最明寺北条時頼に献じ、時頼が美味と感じ入ってこの時から酒の名が広がったとする。同様に江戸時代初期に幕府が作らせた「寛永家譜」などによると、鎌倉北条時頼の時代すでに酒造を行ったというが、その後途絶えていた。家譜によると英治のところに「最明寺時頼のとき、大和国より伊豆八牧郷にいたり鎌倉殿につかへ、韮山にをひて酒を造る。時頼これを飲てその美味を感称せしにより、いまにいたるまで酒の名を得たり」とする。秘書とする「御手製酒之法書」の仕込みは菩提元といわれる方法である。これは、古い製法、僧坊酒なので大和国の菩提山寺が産地の銘酒菩提山の製法と同じである。また、現在残っている製法書は、のちに詳述するが、「天野」の製法取り入れたことも判明した。このことから、あながち伝承だけのものとは言い難く、江川氏が韮山に来るとき酒造技術を伝えたとも考えられる。これ以上の記載はないので真偽は不明である。

『寛政重修諸家譜』の江川正秀の項によると「宇野右衛門太郎英治以来酒造の法久しく廃し候ところ、正秀奇方を得、酒を造りて北条早雲へまいらしむ、早雲美味なる事を感じ、すなわち江川酒と名を賜い、酒部屋を造らしむ、これより江川酒の名世上に流布」したとする。江川家の系図でも同様の事が記されている。当然、幕府からの命令を受けて系図を提出した元史料が江川文庫に残る記録だからである。

28代英長の印章

寛永三年（一六二六）五月十五日、二八代英長の記した「荷年齋英長雑記」（H8‐2）によると、江川酒の起源が書かれている。これにも正秀が登場する。系図はおそらくこの記述を基に記載したものと思われる。表題は「#江川酒□□ンゲン」とある。□の部分は押印と重なり判読不能であるが江川酒の起源についての記載がなされていると読み取れる。「#」は井桁を著して記載したものと思われる。系図で見ると英長から四代前の当主英盛の弟が正秀である。

正秀が吉田の町（現豊橋市か）で須藤妙蓮という人物に会って酒造りの知識を得た。妙蓮は河内の天野・平野（現大阪府）の近所から来たので酒を造っている。酒造りに関東へ向かうところだという。伊豆へは行かないというので、五貫文で抱えたいというが断られた。「雑記」では正秀の動向、酒造りに至った経緯を読み取れないのであるが、推測するに、妙蓮は吉田の町で引き続き滞留している一方、正秀は帰韮したのではないかと思う。手代の市川を吉田に派遣して交渉したようである。十貫文で抱えたいと言っても来なかったようで、唯長という者が携わることとなった。天野酒も僧坊酒であるため、妙蓮も唯長も天野の僧侶と思

英長が書いた
「江川酒」

われる。

酒ができて、早雲寺（伊勢新九郎長氏、没後早雲）へ進呈したところ、「是はふしきの酒也、爰元の酒にはあらず、是は天野か平野酒也」と感じ入った。ここに「爰元の酒にはあらず」とあるので、それ以前にも江川家で酒造していたと思われる。また、早雲は伊豆侵攻で江川家の屋敷内を借りて韮山城を建て、ここを終生居住の地とした。

正秀は、「天野の者を抱えて造らせた」と答え、それ以後、屋敷は町の彦左衛門宅内に構えさせ、酒造を始めたという。これが江川酒の始めとなった。「町」は山木集落のことと思われる。早雲が「江川酒」と命名したというが、この史料に「江川酒作出候者」唯長とあるので、ここから江川酒と呼ばれるようになったと考えられる。正秀は享禄五年（一五三二）五月に没した。

別件であるが、唯長の娘は代官頭になった長谷川藤兵衛の母ということなので、高齢になって韮山に来たのではないかと考えられる。藤兵衛は英長と同時代人で、英長は江川家のなかにあっては長命の方であった。また、英長は北条（韮山の西に広がる地域）に鷹狩りに来た徳川家康に白餅と江川酒を献上したとされている。また、家康の側室となったお万の方の養父にもなったとされている人物である。

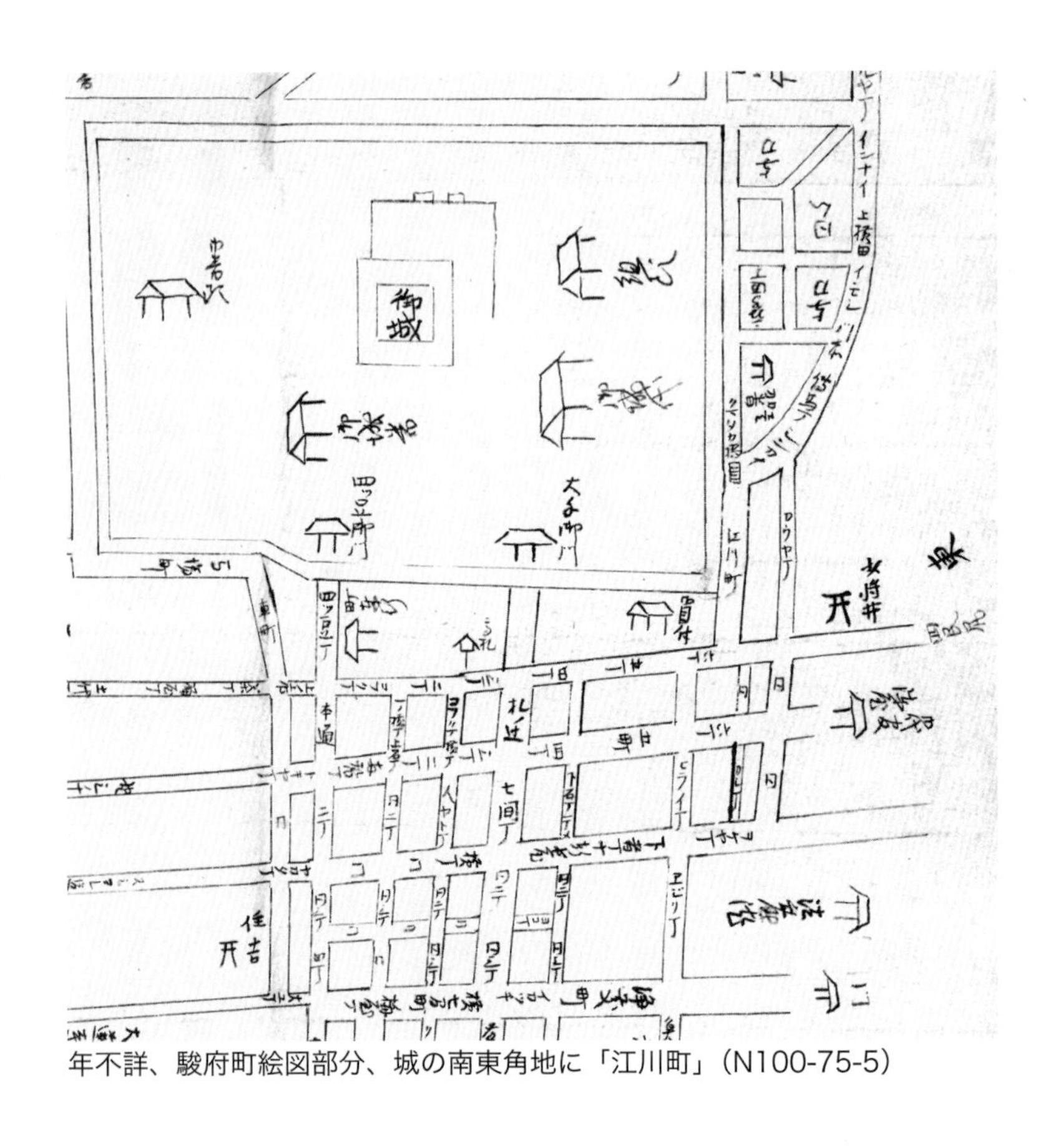

年不詳、駿府町絵図部分、城の南東角地に「江川町」（N100-75-5）

「荷年齋英長雑記」を著した英長の父肥前守英吉は北条氏方に付き韮山城を守ることになった。英長は攻撃していた豊臣秀吉の家臣であった徳川家康側について戦った。そうしたなかで、韮山城を守る城将北条氏規に開城を勧めたとする。

韮山城の開城の後、英長は家康に従い駿府に一時居を構えた。その場所が駿府江川町になった。三階建ての家と言われている。現在は「江川町」と信号に書かれる交差点に名残りを留める。町名は昭和五年天皇の静岡県行幸の時当所付近は御幸町と変更された。そのため、町名は残っていない。交差点を西に向かう通りを「江川町通り」という。
英長が韮山へ帰る時、家来の新庄家に三階建ての家を譲った。新庄家は現在も屋号を「三階屋（さんがいや）」という。江川町の町名主を務めていた。新庄家の子孫は江戸時代後期に新庄道夫という国学者を輩出した。「駿河国新風土記」を著したことで知られる。

英龍の父英毅は「寛政重修諸家譜」作成のために江川家の歴史調査を行った。そのため、家臣を奈良五条や駿府に派遣した。駿府では新庄家が協力したが、当時、江川家の墓所を守っているとの記載がある。わずかな時期しか在住していないので、その真偽は不明である。

英毅は安久村（三島市）の豪農であり「豆州志稿」を著した秋山冨南や熊坂村（伊豆市）の国学者である竹村茂雄等とも交流があり、新庄道夫も江川家に度々訪れた。新庄道夫の和歌短冊がたくさん残る。

静岡駅から静岡県庁へ向かう途中の江川町交差点

2　江川酒の評判

小和田哲男氏が著した『韮山町史通史』による記載をもとにしながら戦国期の江川酒について、述べたい。北条氏は戦国大名へ清酒「江川」を進物としてしきりに使った。たとえば、「結城家新法度」によると弘治二年（一五五六）十一月二十五日、下総北部の戦国大名結城（ゆうき）政勝（茨城県結城市）が制定した戦国家法である「結城氏新法度」の第六二条に江川酒の記述があることから結城に運び込まれたことがわかる。

それによると「天野・菩提山・江川などの銘酒」が振る舞われたことが書かれ、天野・菩提山とならんで江川が入っていたことがわかる。また、当時「江川」として江川家系図以外にも名前が見えることからすでにその名前が使われていたことも確かである。江川以外の天野は河内国の金剛寺付近が産地で、菩提山は大和国の菩提山寺が産地の銘酒であった。すでに述べたところであるが、菩提山は古い水元造りであり、江川家に残る製法書も同様であることから、江川酒も古い時代から醸造されていたと言えるのではないか。

戦国時代の公卿である山科言継（ときつぐ）の日記『言継卿記』に、弘治三年（一五五七）京都から駿府に下向してきた時、駿府の今川家に立ち寄った記事に江川酒のことが書かれているので、今川氏が江川酒を振る舞ったものと思われる。このころ、駿府にも江川酒が運ばれた。連歌師里村紹巴『富士見道記』には、永禄十二・十三年（一五六九・七〇）里村紹巴に北条氏康と氏綱から江川酒を贈ったことが記され、『甲陽軍鑑』に元亀二年（一五七一）北条氏政から武田信玄に江川酒が贈られた。

永禄十二年と推定される「北条氏政書状」によると、上杉謙信に対して蜜柑一箱と江川酒一荷が進呈されている。上杉家にも北条氏から江川酒が送り届けられたのである。小和田氏の研究によると、天正十八年（一五九〇）「北条家朱印状」に、相模国千津島（南足柄市）の人足が韮山の江川氏から酒の大樽を受取り小田原城まで搬入するよう命じられたことが記され、このことから当時、江川酒は韮山の江川邸内で造られていたことが確実だとしている。

戦国時代に、後北条氏が関東の覇者として活躍する ためには、何らかの財源が必要であった。研究では、その辺りのことがほとんど触れられていない。後北条氏の代官である鳥沢藤右衛門尉が、伊豆市矢熊の矢熊神社に、天文十六年（一五四七）に「金山権現」の棟札を奉納している。伊豆にある金山は、江戸時代初期大久保長安が徳川家康の命を受け開発したと伝えられるが、伊豆市土肥の土肥金山は天正五年（一五七七）に後北条氏の家来富永氏によって開発されたという。しかし、土肥の金山開発を手がけたという市川助右衛門夫妻を弔う金銀山光厳寺（廃寺、現奉行堂）が開かれたのは一五七〇年というから、これ以前に開発されていたと思われる。

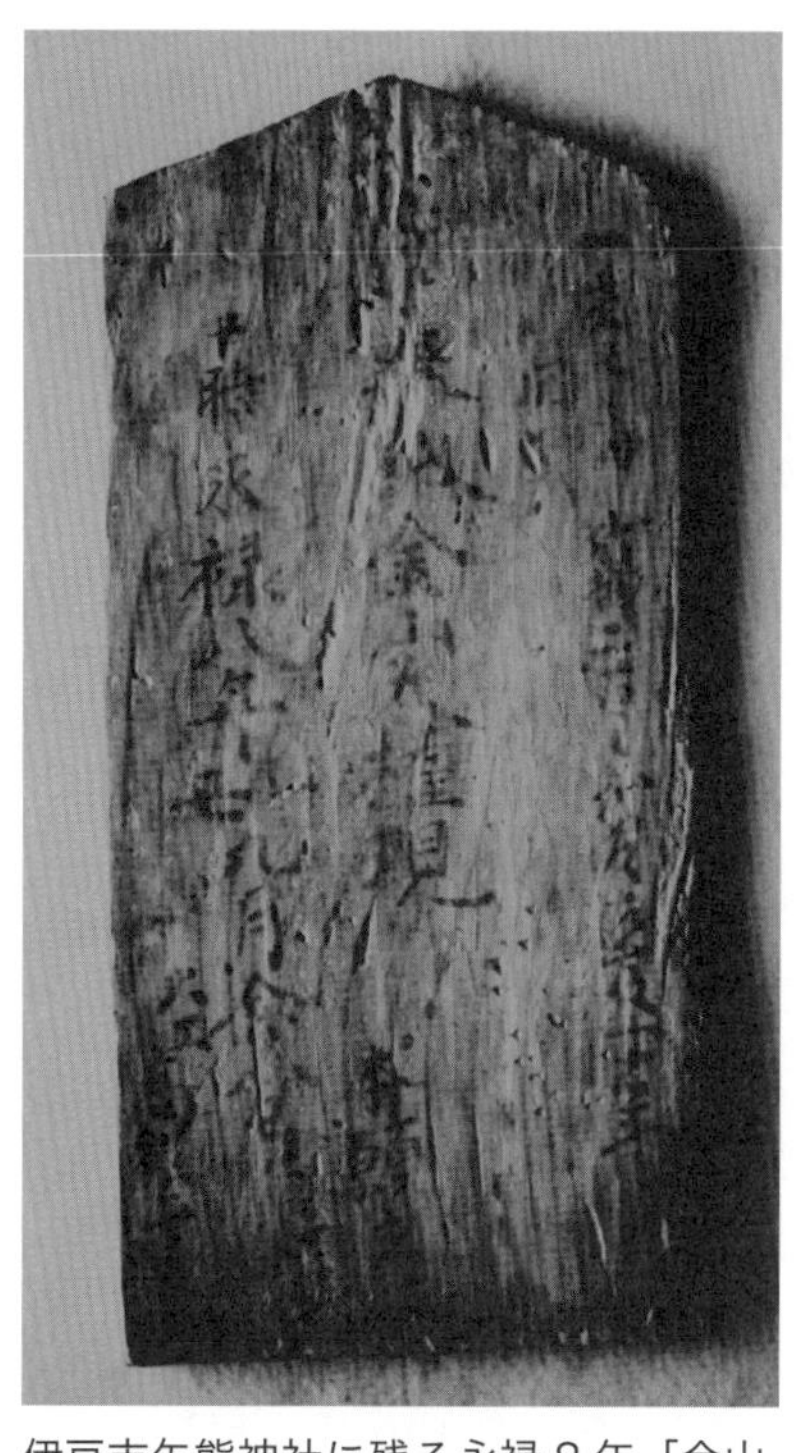
伊豆市矢熊神社に残る永禄８年「金山権現」棟札、赤外線撮影

また、同市内にある湯ヶ島金山は「伊豆日記」によると、慶長二年

（一五九七）より開発を始めて三十五間金を掘り黄金を多く出したという。大久保長安の開発より早く金山開発が行われていたことは事実である。後北条氏の財源として考えてもよいのではないが、後北条氏の時代のどこまで遡れるかわからないが、後北条氏の時代のどこまで遡れるかわからないのではなかろうか。

古い江川家の家紋「五三の桐に二つ引」を使った什器

家康からもらった当初の「井桁菊」

そして、もう一つの財源として江川酒を位置づけたい。後述するように、醸造していた酒は清酒であった。濁酒だと、長い輸送途中で発酵が進む可能性が高いが、清酒だとかなり回避できる。当時、まだ清酒が一般的ではなかった時代に、清酒ならかなり遠くまで輸送できる。後述するように江戸時代初期に大坂に入津する商品に江川酒が含まれていたことを勘案すると、史料では贈答、進物としか見えないが、すでにかなり流通していたものと思われる。遠くまで輸送できる酒が後北条氏の財源となった可能性も否定できない。

さて、江川酒が使われた例をもう少し挙げたい。天正十年（一五八二）三月二十一日、北条氏政が織田信長と好みを強めるため、信長に江川酒を送っていることが『信長公記』に記載されている。この年三月十一日、甲斐国田野（たの）（山梨県）というところで武田勝頼が自刃し、武田氏が滅びたばかりで、織田信長に戦勝祝いとして送ったものと小和田氏は推測している。

文禄二年（一五九三）豊臣秀吉は四反帆一隻にて肥前名護屋に江川酒を送らせている（網代酒を捧奉り、院内にみちて、院外にあふれけり。」と書かれ、用意された酒に江川酒が入り、名酒とされていた。

関ヶ原の合戦が終わり、徳川家康が全国の覇者として、安定した徳川幕府を築いた。徳川家康が駿府にいる時、豆州北条の郷（江川家のある西側に広がる地域）で鷹狩りの巡見に来たので、江川酒と白餅を献上したところ、「汝が井軽水にて酒に叶い、養老の酒ともいうべきもの」として、河原の野菊を採って渡し、今後、これを江川の家紋とせよとのことで、以後、井桁に菊の家紋に改め、酒の献上を行った。酒造出来高は玄米高の約一割増で製品になった。この江川酒はおそらく諸白（もろはく）という清酒で現在の大吟醸に近い酒であった。麹、掛米のいずれも精白米を原料としたため、品質に安定感があったという。家康に「養老の酒」と言わしめたのもこのことであろう。

長州進発に使われた馬印の
「井桁菱に菊」

3　近世の江川酒

全国に名を馳せた江川酒は、近世にはいっても珍重された。正保四年（一六四七）の、俳句の季語を集めた『毛吹草』には、大坂に入津する諸国の産物の内に「抦川（江川）酒」をあげている。数年前、東京都足立区教育委員会から電話をいただいた。足立区に江川姓の多いのはどうしてでしょうか、江川家の親戚がいらっしゃるのでしょうか、という内容であった。その時、江川家は旗本ですから、町人と結婚しませんので、韮山の江川家とは関係ないと思います、と答えてしまった。実は、それからしばらくして、足立区から江川さんが江川邸を訪問してくれた。その時、「私の家の先祖は江川仁左衛門」と言い伝えられています、とのことだった。どこまでを追求していなかったが、ここでつながることができた。足立区は江戸時代には日光道中の江戸への出入り口の宿場として栄えた場所で、酒屋を営むにはよい場所だったと思われる。こうして、兵農未分離の時代には、町人になった江川家の先祖もいたものと思われる。

慶長十年（一六〇五）と推定される代官頭彦坂元正から二八代英長英長宛ての書状（『韮山町史』六巻上No.13）に「桑酒大柳一つわざわざ進呈」の礼と、江川邸内酒部屋の北の位置に当座の外垣を作るよう指示が出されていることから、酒部屋があったと推測できる。韮山反射炉がある中村の「御年貢米支払勘定帳」（『韮山町史』五巻上No.73）に、江川家手代岩島長左衛門が中村に居住し、寛文十一年（一六七一）に九石余が「当新酒米」として、延宝二年（一六七四）にも岩島に二一石余が渡された。さらに貞享元年（一六八四）、中村から蔵入散俵として五〇石が公儀酒米として預けられた。献上酒として使われる米である。

4　江川酒醸造の停止と製法書

江川家は幕府に対して、酒とともに筆の献上を行っていた。酒造は、米が江川家に入ってくることで可能となっていた。幕府酒部屋から江川酒を献上するよう指令書が残っている。元禄六年（一六九三）になると、徳川幕府の財政難から、年貢収入の一部を受け取る方法ではなく、幕府から、代官給としての年俸である切米を受け取る形をとることになった。そのため、役所内には米を収納する年貢蔵は必要なく、現在江川邸内にある米蔵は地主となった明治以降の建物である。支配を受けた村々は、江戸浅草の蔵へ直接納入することになったが、代官江川分として村が残して江川家に納入する分が切米である。米が江川家に残されることがなくなったので、醸造を終了せざるを得なかった。こうして、献上は同時に終了した。

　元禄六年に江川家が酒造を停止した時期、酒造株が設けられ、酒は特定の者だけが造るようになった。天明の飢饉を発端に全国的に極端な米不足が生じた。それまで、酒造は株に従って順調に醸造されていたが、飢饉の米不足により酒造制限が始まった。飢饉の度に酒造減石触れが出されることになる。それでも、各村では酒造を行っている者があり、明治五年（一八七二）「清濁醤油造高鑑札渡帳」によると伊豆地方の清酒・濁酒・醤油の醸造情況は表に示したとおりである。

筆献上の様子

江川酒製法書表紙

江川酒は製法書に記されているとおりの清酒である。中世から江戸時代に造られていた酒ということで、大方の人は濁酒を想像する。しかし、時代は下るが表で示した明治五年当時の伊豆の醸造情況では清酒が主流である。すでに停止、休業している者を含め一一五名の名前が挙げられている。濁酒は七八名、醤油は五一名である。清酒・濁酒と醤油醸造が重なっている者も数名あるが、清酒と濁酒の重なりはほとんどない。醸造高については、清酒合計高五、○九二石、濁酒三四一石、醤油二、○二六石となっていて、表からもわかるとおり、清酒は三島宿で二○○石を醸造する二名をはじめ規模が大きいが、濁酒は最大一五石と小規模である。醤油も概して大規模に醸造を行っている。醤油が伊豆で大規模に生産されるようになったのは、当地から野田（千葉県）へ醤油醸造人足として出稼ぎに行った成果と思われる。

さて、元禄六年（一六九三）に酒造を停止した江川家では、江川酒が復活する日のために「江川家御手製の酒の法」という図を入れた詳細な江川酒の製法書を残した。

明治５年清濁醤油造高鑑札渡帳（S834-1-2）

村　名	醸造人名	種別	醸造石高	村　名	醸造人名	種別	醸造石高
三島宿	栗原宇兵衛	清酒	２００石	小海村	増田彦五郎	清酒	１５石
三島宿	花島兵右衛門	清酒	２００石	八木沢村	関吉郎右衛門	清酒	１０石
三島宿	花島市兵衛	清酒	７０石	南江間村	井沢庄蔵	清酒	１００石
三島宿	大村嘉兵衛	清酒	１００石	南江間村	津田豊八	清酒	８０石
三島宿	大村庄兵衛	清酒	休業	北江間村	八木勘兵衛	清酒	２０石
三島宿	野口正兵衛	清酒	休業	北江間村	師岡善六	清酒	７０石
三島宿	嶋田与兵衛	清酒	５０石	長岡村	松本善兵衛	清酒	４０石
三島宿	土屋新助	清酒	５５石	長岡村	牧野清四郎	清酒	６０石
三島宿	秋山喜助	清酒	１００石	古奈村	石橋伊右衛門	清酒	１５０石
三島宿	山口甫吉	清酒	休業	古奈村	和田甚左衛門	清酒	７０石
三島宿	木亦源兵衛	清酒	５０石	小坂村	大川周吉	清酒	２０石
三島宿	澤田覚兵衛	清酒	２５石	小坂村	山口伊右衛門	清酒	１５石
川原ヶ谷村	勝亦正平	清酒	５０石	小坂村	中野久蔵	清酒	皆止め
熊坂村	菊地安平	清酒	５石	梅名村	溝田利八	清酒	皆止め
熊坂村	竹村新兵衛	清酒	３０石	木負村	相磯儀右衛門	清酒	１０石
熊坂村	竹村五百枝	清酒	５石	河内村	石倉伊八	清酒	５石
上修善寺村	大地格右衛門	清酒	３０石	間宮村	間宮宗[	清酒	６０石
下修善寺村	鈴木新左衛門	清酒	２５石	丹那村	神尾為三郎	清酒	３０石
瓜生野村	大城幸蔵	清酒	２０石	桑原村	森　彦左衛門	清酒	２５石
瓜生野村	遠藤六左衛門	清酒	１５石	田京村	堀江敬太郎	清酒	皆止め
瓜生野村	大城巨四郎	清酒	１００石	田京村	相原藤右衛門	清酒	１００石
堀之内村	堀之内彦次郎	清酒	１０石	田京村	相原庄右衛門	清酒	１０石
長伏村	杉山儀兵衛	清酒	４５石	柏久保村	岩沢□左衛門	清酒	３０石
新谷村	風間平蔵	清酒	５０石	吉田村	駒坂庄兵衛	清酒	１０石
大場村	田村宇兵衛	清酒	７０石	吉田村	山本傳蔵	清酒	１２０石
大場村	大村和三郎	清酒	５０石	吉田村	菅沼與八	清酒	１８０石
大場村	大村和吉郎	清酒	１５０石	吉田村	菅沼謙蔵	清酒	皆止め
土肥村	福室甚左衛門	清酒	５石	守木村	鈴木甚兵衛	清酒	２５石
土肥村	福室萬次郎	清酒	皆止め	白山堂村	中嶋弥三郎	清酒	３０石
徳倉村	遠藤収平	清酒	１８０石	本柿木村	飯塚郷平	清酒	３２石
佐野村	大庭文五郎	清酒	１００石	月ヶ瀬村	月出和三郎	清酒	１５石
三津村	吉川二左衛門	清酒	３０石	市山村	高橋五郎平	清酒	３０石
三津村	関野儀助	清酒	１５石	青羽根村	堀井格右衛門	清酒	１０石
三津村	羽田清助	清酒	２０石	本立野村	相原平八	清酒	１６０石
三津村	大川伊兵衛	清酒	２０石	本立野村	岩沢平六	清酒	１２０石
三津村	羽田友七	清酒	１００石	本立野村	山本喜八	清酒	２０石
重須村	関　冨三郎	清酒	１０石	小立野村	廣田勝平	清酒	２０石
重須村	関　三十郎	清酒	１５石	小立野村	土屋善助	清酒	４０石
長浜村	児玉琴三郎	清酒	１５石	南奈古谷村	石井三郎右衛門	清酒	６０石
長浜村	大川忠次郎	清酒	１５石	南奈古谷村	木内亮平	清酒	１００石
平沢村	西嶋平右衛門	清酒	２０石	畑毛村	西原善右衛門	清酒	１０石
江梨村	野村武兵衛	清酒	皆止め	四日町村	野中幸助	清酒	１００石
重寺村	室伏嘉七	清酒	１５石	原木村	久保田平吉	清酒	７０石

村　名	醸造人名	種別	醸造石高
長崎村	久保田佐兵衛	清酒	１００石
多田村	笹原五右衛門	清酒	２５石
中　村	稲村彦八	清酒	５０石
中　村	鈴木直平	清酒	１０石
土手和田村	高梨甚蔵	清酒	１５石
土手和田村	高田勝蔵	清酒	４０石
南条村	山中太三郎	清酒	５０石
肥田村	内田善助	清酒	皆止め
大野村	駿藤七郎左衛門	清酒	１０石
湯ヶ島村	浅田林三	清酒	１５石
宇佐美村	濱崎市郎右衛門	清酒	２０石
宇佐美村	深沢弥吉	清酒	２０石
宇佐美村	田京彦次郎	清酒	２５石
湯川村	白橋長七郎	清酒	３０石
湯川村	白橋市兵衛	清酒	３０石
和田村	下田新左衛門	清酒	５０石
和田村	稲葉長三郎	清酒	３０石
和田村	杉山吉□郎	清酒	２５石
和田村	千葉源六	清酒	高無
和田村	大胡勝三郎	清酒	高無
松原村	菊間源七	清酒	５０石
松原村	三間惣右衛門	清酒	３０石
八幡村	梅原重左衛門	清酒	２０石
上白岩村	小川五郎左衛門	清酒	１００石
下多賀村	土屋甚八郎	清酒	３３石
下多賀村	相磯五郎右衛門	清酒	７５石
田中村	森　平七郎	清酒	１２石
岡　村	井原重兵衛	清酒	５０石
宇久須村	大原七兵衛	清酒	１０石
三島宿	木亦藤吉	濁酒	５石
三島宿	荻野甚左衛門	濁酒	休業
三島宿	神戸友八	濁酒	５石
三島宿	豊田平兵衛	濁酒	休業
三島宿	小沢藤右衛門	濁酒	５石
三島宿	山本権左衛門	濁酒	休業
三島宿	五十嵐久兵衛	濁酒	５石
三島宿	花島市兵衛	濁酒	休業
山中新田	津田政右衛門	濁酒	２石
大沢村	水口仙右衛門	濁酒	５石
大沢村	星谷定四郎	濁酒	３石
大沢村	谷口善左衛門	濁酒	２石
木負村	相磯貞作	濁酒	５石
立保村	渡邊兵左衛門	濁酒	３石
久料村	久保田市郎兵衛	濁酒	５石
青羽根村	堀江甚左衛門	濁酒	皆止め
矢熊村	堀江弥五平	濁酒	皆止め
寺家村	内田安兵衛	濁酒	６石
寺家村	内田甚之助	濁酒	８石
上白岩村	佐藤二惣次	濁酒	５石
原保村	土屋吉五郎	濁酒	５石
下多賀村	相磯善右衛門	濁酒	５石
下多賀村	野中儀右衛門	濁酒	５石
下多賀村	土屋八兵衛	濁酒	５石
網代村	高谷健蔵	濁酒	１０石
網代村	古屋小八郎	濁酒	５石
網代村	岡本善蔵	濁酒	１０石
網代村	喜地武兵衛	濁酒	５石
上多賀村	長津斧右衛門	濁酒	５石
熱海村	露木幸蔵	濁酒	１５石
熱海村	野田久七	濁酒	１０石
新井村	内山幸次郎	濁酒	５石
新井村	飯嶋佐兵衛	濁酒	５石
新井村	佐藤多吉	濁酒	５石
新井村	稲葉泰一	濁酒	休業
新井村	中野音八	濁酒	休業
新井村	村上勇七	濁酒	休業
新井村	飯島為吉	濁酒	休業
新井村	齋藤繁次郎	濁酒	休業
新井村	稲葉庄右衛門	濁酒	５石
池　村	佐藤与曽右衛門	濁酒	３石
湯川村	白橋彦五郎	濁酒	５石
湯川村	太田惣八	濁酒	５石
湯川村	山田四郎左衛門	濁酒	５石
湯川村	太田彦左衛門	濁酒	５石
湯川村	森田栄吉	濁酒	５石
湯川村	太田徳三郎	濁酒	５石
和田村	下田五郎兵衛	濁酒	５石
和田村	濱野源兵衛	濁酒	５石
和田村	濱野半蔵	濁酒	５石
和田村	濱野亦左衛門	濁酒	休業
和田村	三沢元八	濁酒	３石
和田村	北村佐兵衛	濁酒	５石
和田村	高橋豊次郎	濁酒	５石
和田村	大胡勝次郎	濁酒	休業
和田村	千葉源左衛門	濁酒	休業
和田村	大沼酒右衛門	濁酒	３石
松原村	三間清吉	濁酒	５石
松原村	嶋田平蔵	濁酒	５石

村　名	醸造人名	種別	醸造石高	村　名	醸造人名	種別	醸造石高
松原村	木梨清次郎	濁酒	5石	河内村	海瀬源太郎	醤油	皆止め
松原村	武智藤吉	濁酒	10石	重寺村	加藤賛一郎	醤油	15石
松原村	青木弥曽七	濁酒	5石	北江間村	伊奈儀右衛門	醤油	25石
岡　村	江口二三郎	濁酒	5石	南江間村	津田豊八	醤油	20石
岡　村	井原重兵衛	濁酒	5石	南江間村	井沢庄蔵	醤油	10石
宇佐美村	杉山市郎右衛門	濁酒	5石	古奈村	石橋伊右衛門	醤油	80石
宇佐美村	森　清左衛門	濁酒	5石	古奈村	石橋市郎兵衛	醤油	50石
宇佐美村	木部清吉	濁酒	5石	吉田村	原　甚兵衛	醤油	50石
宇佐美村	木部藤右衛門	濁酒	5石	吉田村	山本与四郎	醤油	25石
宇佐美村	田京彦次郎	濁酒	5石	吉田村	菅沼與八	醤油	100石
宇佐美村	内田藤五郎	濁酒	5石	神益村	菊地太郎右衛門	醤油	皆止め
宇佐美村	内田半兵衛	濁酒	5石	大仁村	杉村友右衛門	醤油	10石
宇佐美村	荻野武八	濁酒	5石	三福村	遠藤與三右衛門	醤油	20石
宇佐美村	内田彦兵衛	濁酒	5石	白山堂村	中嶋弥三郎	醤油	10石
宇佐美村	川口友右衛門	濁酒	5石	白山堂村	宮内清太郎	醤油	皆止め
宇佐美村	稲葉久八	濁酒	5石	柏久保村	岩澤健三	醤油	10石
宇佐美村	濱崎久左衛門	濁酒	5石	本立野村	相原平八	醤油	50石
伊豆山村	若松与三郎	濁酒	5石	小立野村	廣田勝平	醤油	20石
白田村	伊勢惣太郎	濁酒	3石	南条村	山中太三郎	醤油	250石
三島宿	中江幸次郎	醤油	250石	中　村	稲村彦八	醤油	5石
三島宿	山口佐左衛門	醤油	200石	山木村	日吉藤左衛門	醤油	8石
三島宿	川口周助	醤油	100石	平井村	梶尾嘉十郎	醤油	5石
三島宿	神戸友八	醤油	50石	肥田村	塩谷敏郎	醤油	皆止め
三島宿	鈴木与平次	醤油	50石	桑原村	中村政五郎	醤油	25石
熊坂村	竹村新兵衛	醤油	3石	下多賀村	相磯多右衛門	醤油	皆止め
熊坂村	原　正八郎	醤油	5石	宇佐美村	堀江弥兵衛	醤油	50石
大場村	大村和吉郎	醤油	休業	和田村	稲葉長三郎	醤油	休業
三津村	関野儀助	醤油	皆止め	田牛村	横山嘉七	醤油	60石
三津村	松本勘七	醤油	15石	石井村	関口長左衛門	醤油	50石
三津村	羽田清次郎	醤油	5石	須崎村	山本伊助	醤油	50石
三津村	吉川二左衛門	醤油	5石	下田町	石川與十郎	醤油	130石
小海村	増田彦五郎	醤油	皆止め	下田町	森　半兵衛	醤油	20石
小海村	日吉半蔵	醤油	30石	宇久須村	鈴木権兵衛	醤油	50石
長浜村	児玉又郎	醤油	15石	仁科中村	佐久間利三郎	醤油	50石
重須村	土屋久左衛門	醤油	10石	仁科浜村	佐藤□八	醤油	40石

「米はへり候にかまわず上精(ハク)につくべし、米のつき(搗き)ようそまつ(粗末)なれば酒にごり申し候」とあるので、上白米にしなければ濁り酒になると、書かれている。白米から作る諸白(もろはく)の清酒であった。

　元造り仕込み八日、元添え五日、中掛五日、仕廻掛一〇日で、約一か月かけて酒ができあがる。その後、布で絞って清酒にする。この工程をわかりやすく解説し、酒造道具もすべて

江川家の田んぼを使って江川酒用の米の栽培、江川英龍公を広める会の会員と協力者による稲刈り

製作できるよう図解している。最後に、酒粕で焼酎、餅米を使って味醂を作るところまで解説している。表紙には「御手製酒之法書」とあり、なかに「江川家御手製の酒の法」と記されている。最後に「他言あるべからず」で結んでいる。米一石五斗、水同量、糀七斗五升の合計三石七斗五升（六二〇キログラム余、一升瓶三七五本分）となる。この製法書をもとに、令和三年から「江川英龍公を広める会」が中心となって再現に取り組んでいる。当初は酒造米を購入したが、翌年から、酒造を行っていた当時は地元の飯米を使っての醸造だろうということから、酒造米ではない、江川邸周辺で一般的に栽培されている米を使うこととなった。そこで、江川家の田んぼを使って稲の栽培、地元唯一の酒蔵である万大醸造(ばんだい)に依頼して、会員が資金を出し合い、史料に基づいた酒造を行うこととなった。酒造法を以下に記載しておこう。

元造り　　　半切へ仕込（半切は後に図解）

一白米壱斗　　但、水にひたし候節米壱斗之内米三合程飯にたく也

　一白米糀五升

一水壱斗　　但、三升ほとハ四日程ひたし候、水をすくに入て都合壱斗の積

右白米をよくとぎ四日程水にひたし置、右の米壱斗の内を水にひたし候節、米三合ほと飯にたき、小ざるにかるく盛り、右水にひたし候米の内へゆり入て置、尤ざるの縁へ水のひた〳〵付候程にして置、右の日数たち候えは米も飯も一同にしてせいろにてむし、随分よくさまし、糀水一同にいたし、かきまわし八日程置、是元造りといふ

元添

一白米弐斗

一白米糀壱斗

一水弐斗

右元造り八日めの前日米をよくとぎ、翌日蒸てよくさまし、糀水入てかきまわし元造りへ入ル、其翌日蓋を明て見候へは浮上り申候、右浮あかり候もの皆しづミ候せつかいを入申候、まんへんなくかきまわハし可申候、是を元添といふ、日数五日程置

中掛　　　大桶へ仕込（大桶は後に図解）

一白米四斗
一白米糀弐斗
一水四斗
右元添より五日めの前日によくとぎ、翌日蒸てよくさまし、糀水入てかきまわし元添へ入ル、其翌日ふたをとり見候へは浮上り申候、しづミ候せつかいを入可申候、尤五日程置、是を元添といふ
仕廻掛　　右を用
一白米八斗
一白米糀四斗
一水八斗
右中掛より五日めの前日米をよくとぎ、翌日むしてよくさまし、糀水入てかきまハし中掛へ入、翌日ふたを明て見候へハ浮上り申候、しづミ候せつかいを入可申候、十日程御もたち候て揚候、尤ぶつ〳〵とわき候音のしづまり候せつ揚候、但あけるとハ袋へ入舟へ入てしぼる、酒になるなり
但、袋へ入、舟へ入候節、早はしりと申にこり候酒出る、是を外の桶へ入て置、翌日見候へハ上の方沈候分ハ酒になり申候、底の方にこり候ためにこり酒ニ成申候
右の通ニて酒出来申候

諸道具の覚

ねかし

一半切高サ壱尺
　差渡弐尺位

一元添桶

一大桶

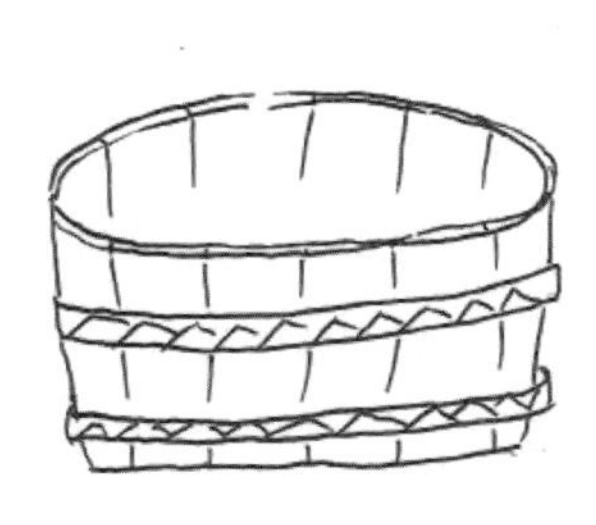

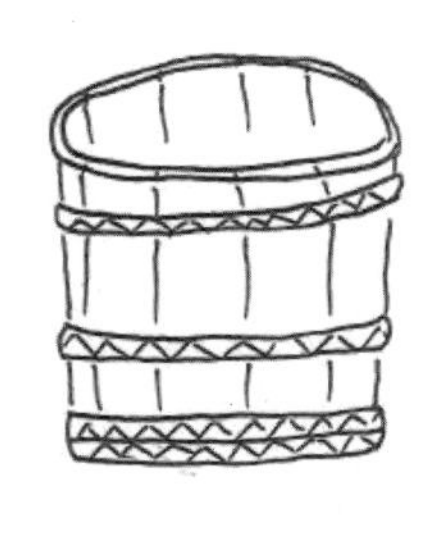

高弐尺
敷壱尺五寸

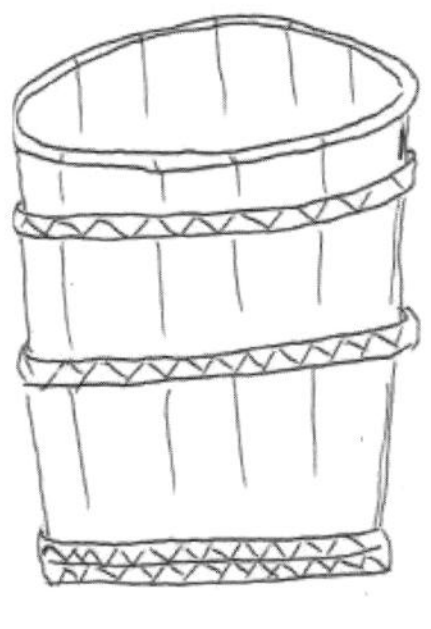

高　三尺五寸
敷　弐尺六寸

右桶いつれも渋紙のふたいたすへし

一袋ハ木綿也　数百弐拾程

但長弐尺五寸　ひとへ袋也

幅ハ有はゞ

一かいの形

一酒　舟

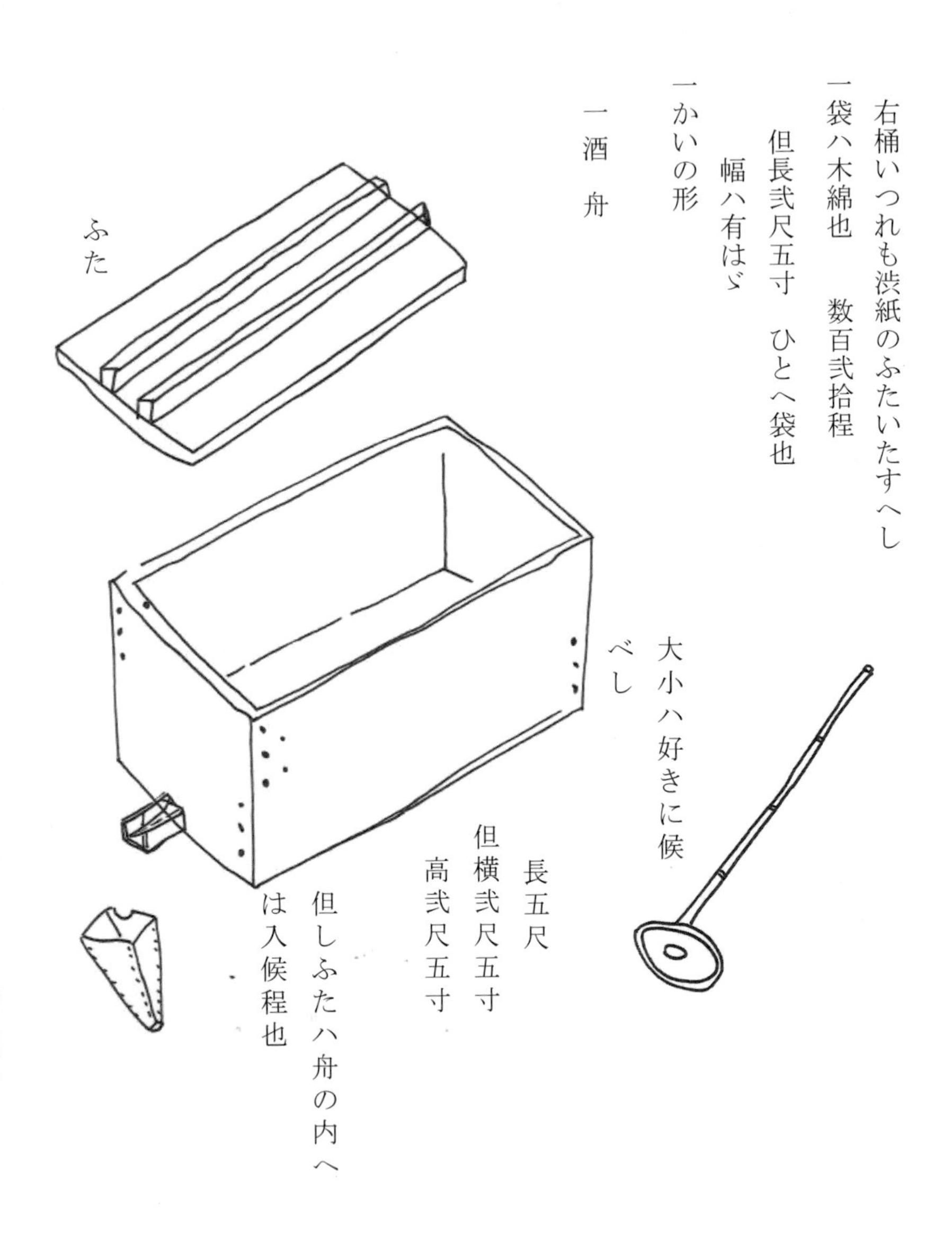

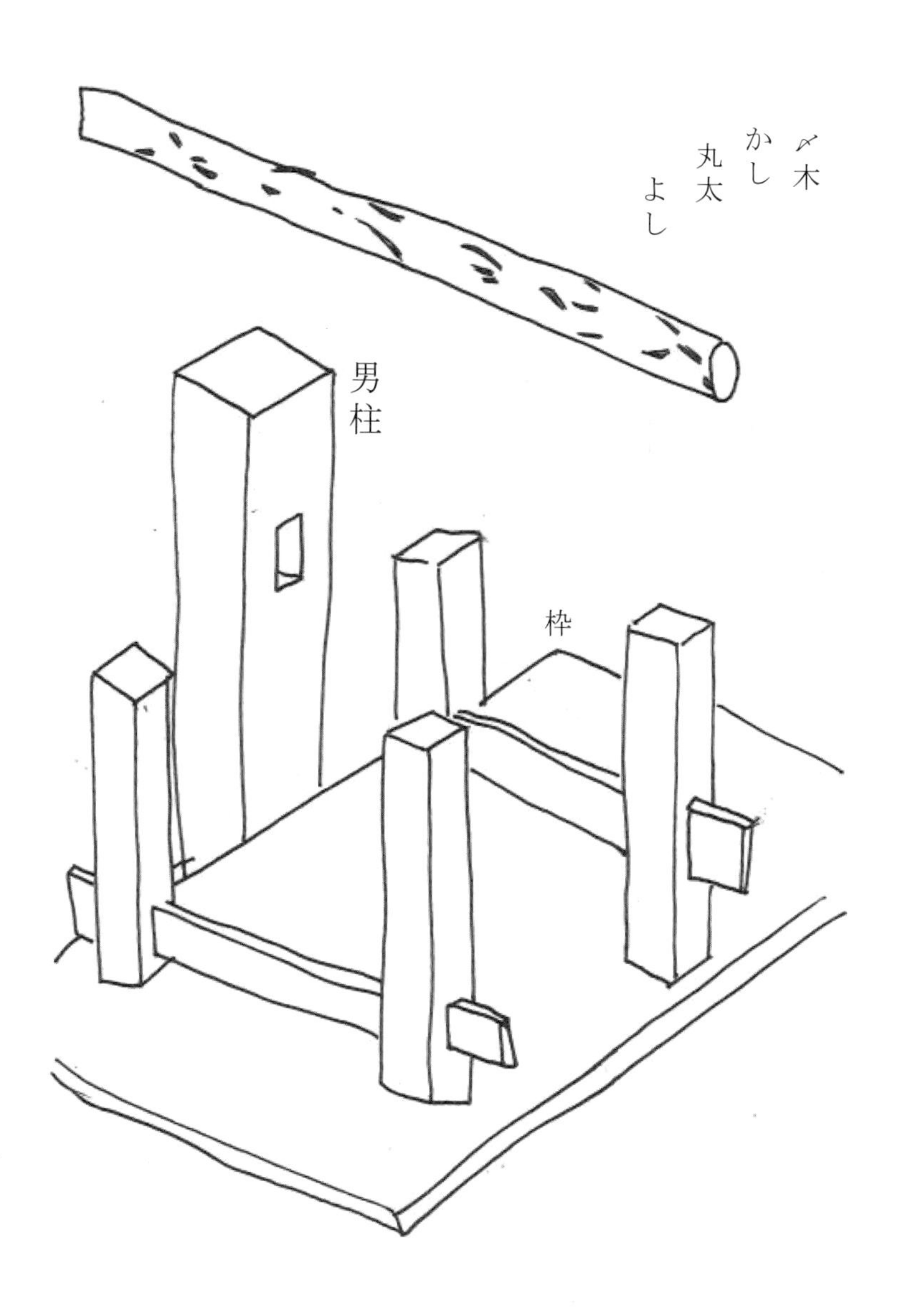
〆木
かし
丸太
よし
男柱
枠

一盞と〆木との間へ置候脚足

此脚足て
たらざるときハ
このやうな枕を
いくつも
置也

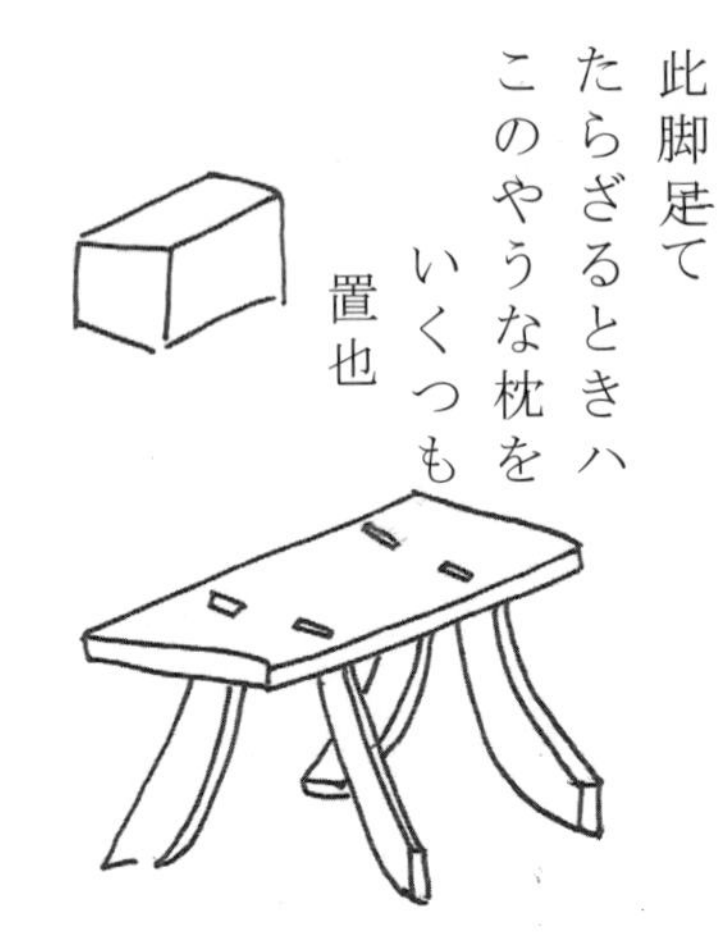

一酒舟樋口へ瓶をふせ候
かたち

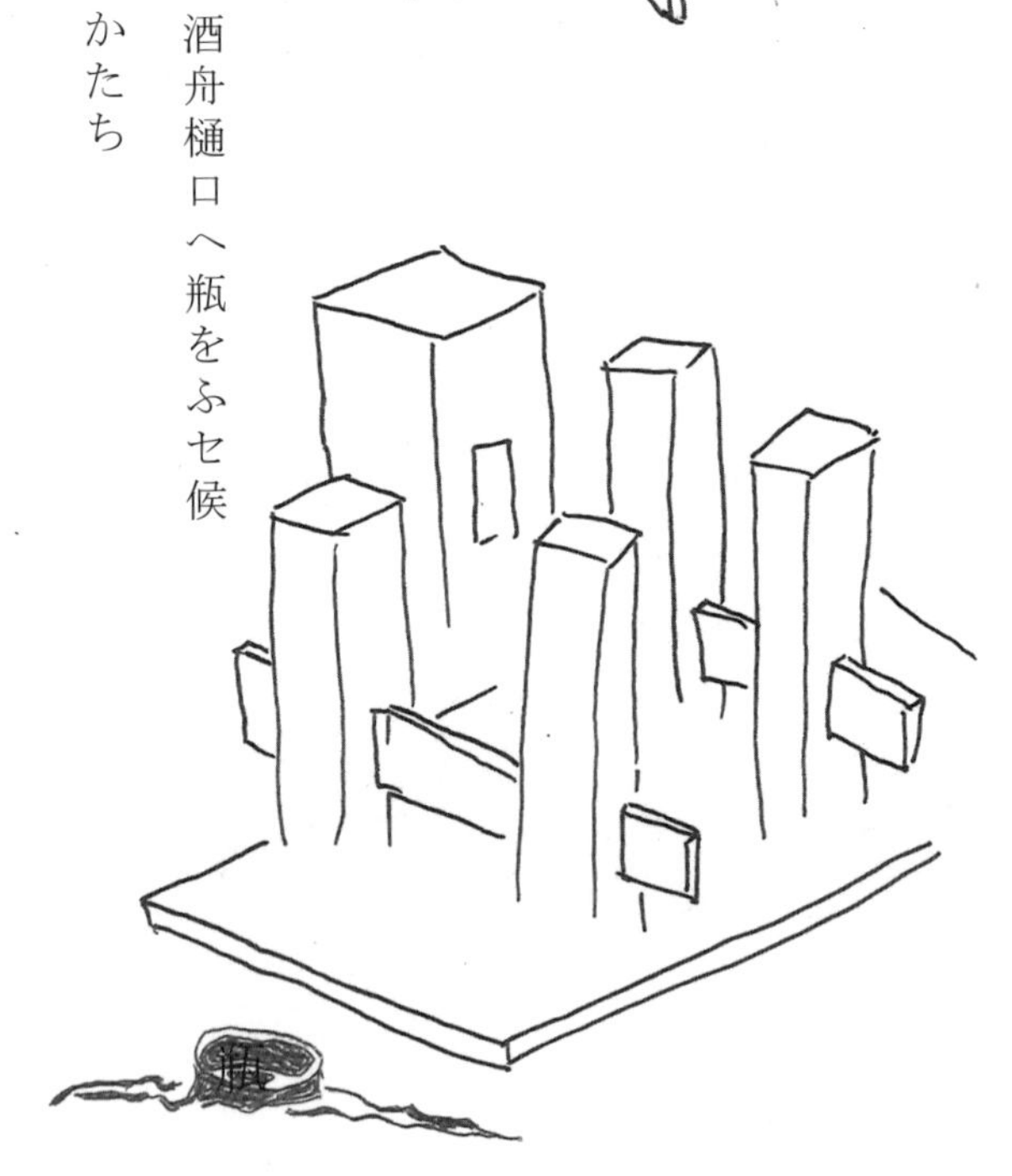

一右瓶の上へ凹の中に穴の明候ふたを置

図

此穴の内へ裾ほその桶を
入ルじやうごの心持也

此桶の内へ篩を入ル酒に
ごミのなきため也

一右凹の蓋へまたわり
わり蓋の穴より酒流込わりふたハ穴の
なきかたより刎上酒をくむ用也

一全ク酒をしぼる
取也

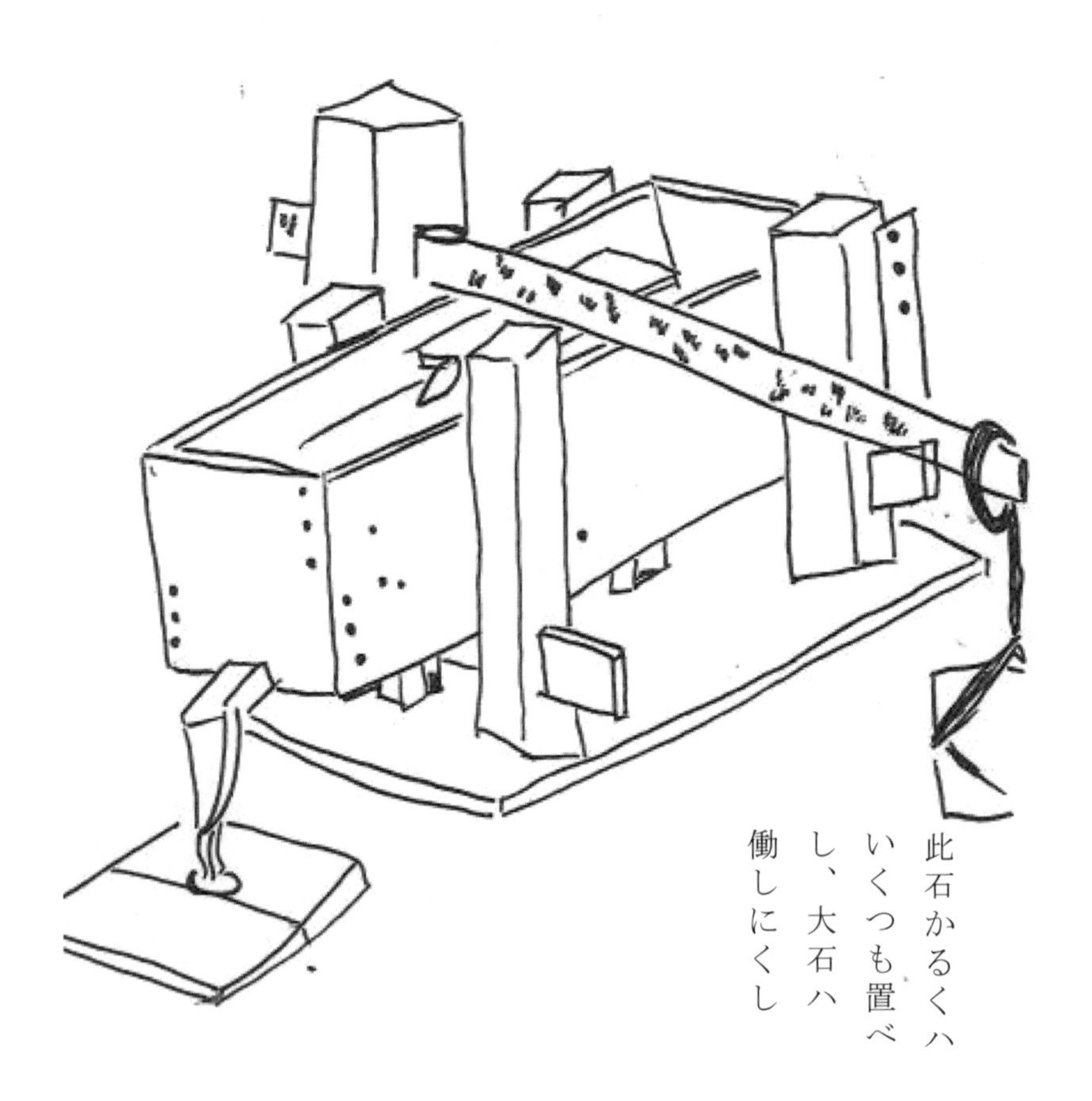

此石かるくハ
いくつも置べ
し、大石ハ
働しにくし

焼酎の法

一右之酒粕を籾殻と切合せ桶のせいろうへかけむして焼酎にとる

右道具之覚

一桶のせいろう

底を格子にいたす、尤釜の口は入ルほと上のかたへ上ケて格子をつくる

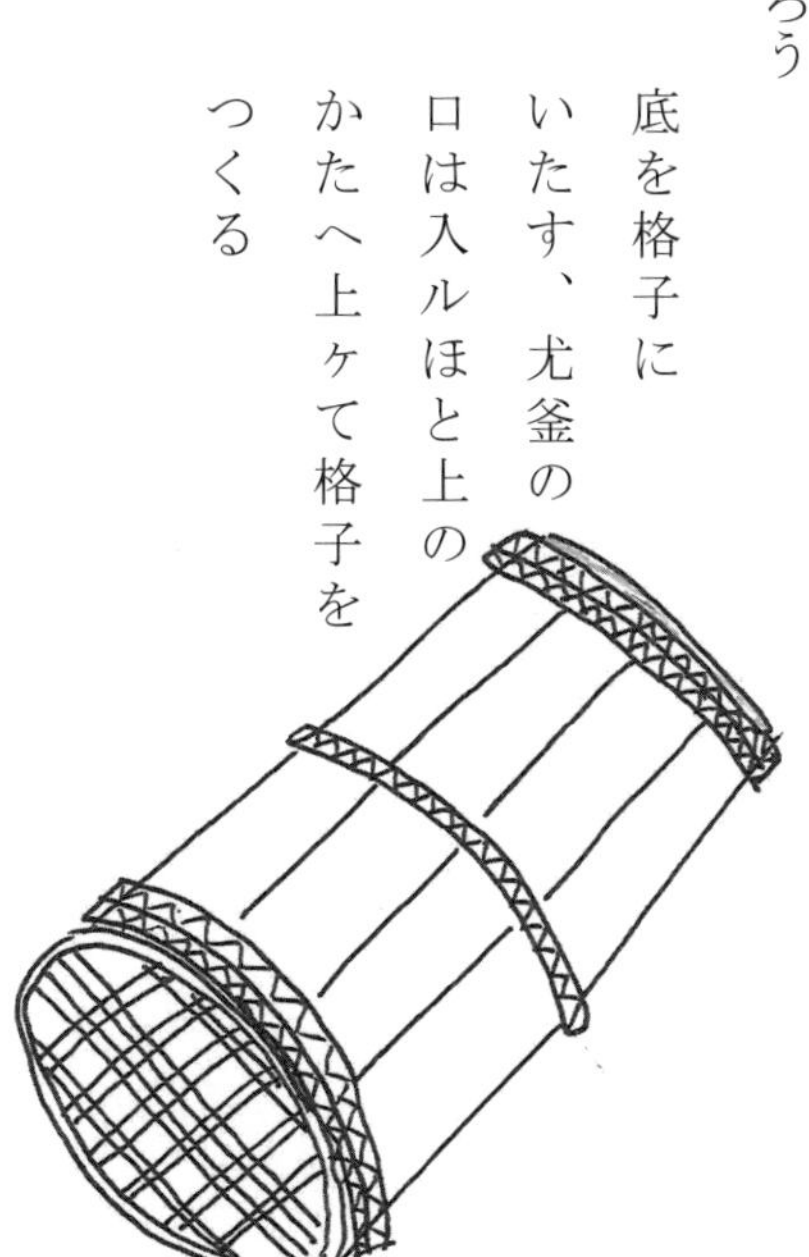

右桶のせいろう釜へかける躰左の通

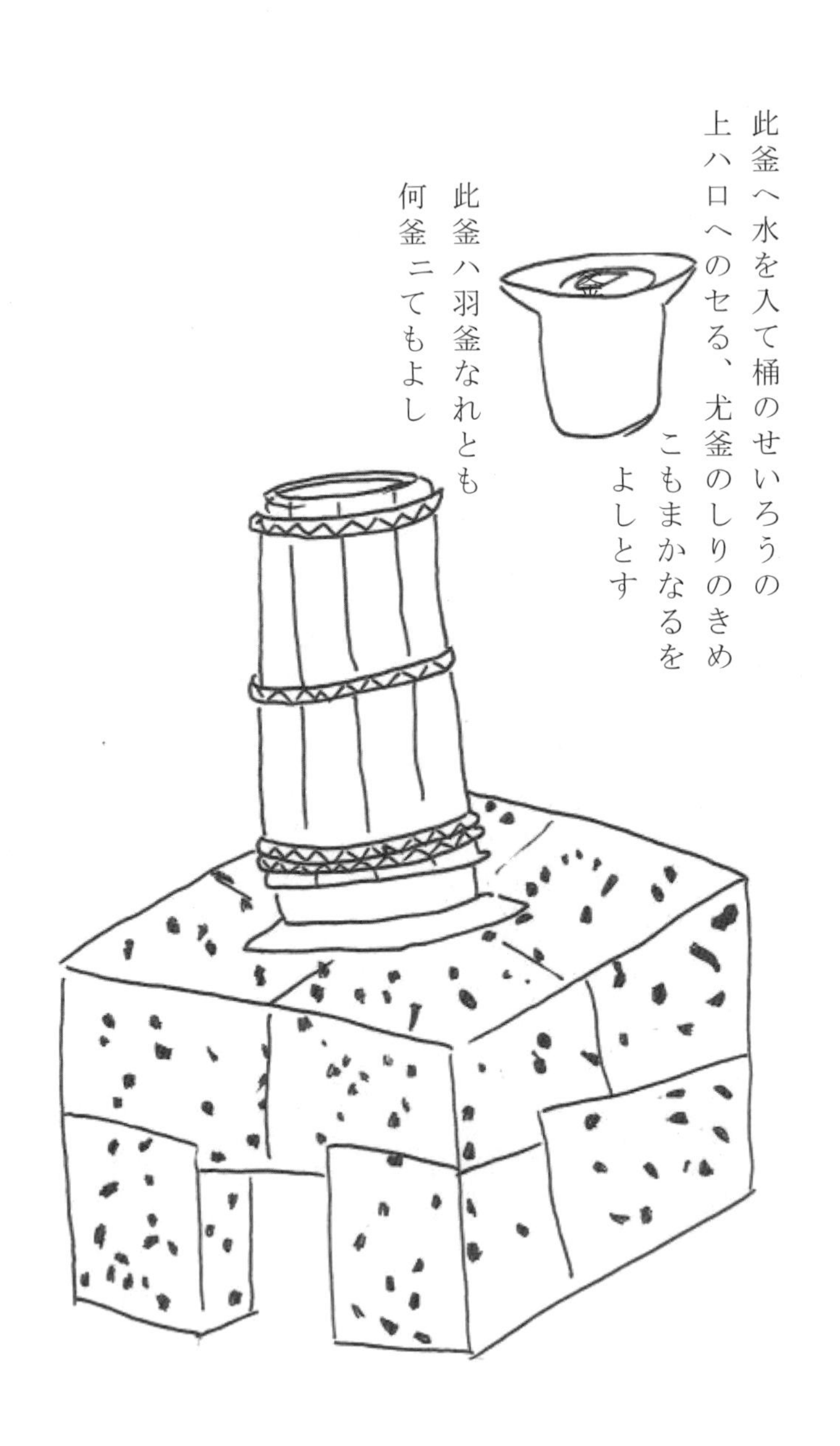
此釜へ水を入て桶のせいろうの
上ハ口へのせる、尤釜のしりのきめ
こもまかなるを
よしとす
釜
此釜ハ羽釜なれとも
何釜ニてもよし

右せいろうの中へ粕と籾をきり合候を入る、

その中へ入子の桶

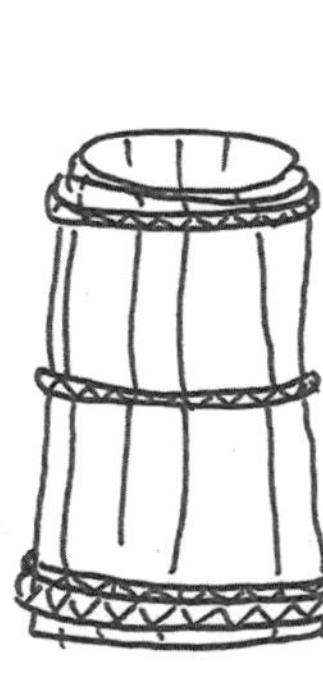

大サ壱斗樽より

少し少き方

此桶底有り、右の粕と籾殻との真中へすへ候、此桶へせいちうたまる也

一上の釜の水あつく成候へハ何度もとり替可申候

上の釜の水あたゝまり候へハせいちうとれ不申候

味淋酒の法

一上白の餅米七斗

一白米糀三斗

一焼酎壱斗

右三品かきまハし百日程置、袋へ入れ

酒舟へ酒にあぞ也

口伝

一米ハへり候にかまわす上精（ハク）につくべし、米のつくやうはまつなれは酒にごり申候

一糀右同断

一酒飯むしあげてよく〳〵さますへし、冷き程よし、少ニてもあたゝまり候へハ酸くなり申候

一酒桶とも二度目よりつくり候節ハ格別丁寧ニ洗ひ、その上藁火にていぶし可申候、末々右に準ず

一糀室も同しくハ手前ニていたすべき事

以上

右は当　御家御手製の法書ニ候得は酒造被　仰付候節掛役人此法書致拝見候得共努々不可有他言もの也

最後に、「酒造被二仰付一候節」と記載されているように、献上用酒を再び仰せつけられたら酒造ができる準備をしておくものとした。糀室があり、酒造は止めたものの、味噌づくりは行っていた。

江川家では毎年味噌造りをしていた。江川酒の醸造が途絶えて以後、糀を購入することにもなる。記録では、年不詳であるが、田方郡吉田村にある糀屋与四郎から糀を仕入れていたことが残る。この時の戌年は二石四斗という量であった。米で支払ったが、五俵一斗二升六合とかなりの量である。後にパンを焼くことになる

が、糀はいつでも手に入る身近な存在であった。

ちなみに、韮山反射炉を建造した英龍は江川家代々の当主の中で特に有名であるが、質素倹約を行っていて、酒の量は一合と決めていた。水戸斉昭に呼ばれ、執拗に勧められた時も、一合だけしか飲まなかった。このように律した生活を送っていた。

二　宝永三年の年中行事と献立

1　正月の行事

土間に設置される歳徳神

江川英龍が質素倹約を行ったので、江川家の食卓は質素だと思っている方々が多い。しかし、英龍が家督を継ぐ前は、絢爛豪華な食事をしていた。多くの献立が残っているわけではないが、宝永三年（一七〇六）の正月から始まる当時の武家の料理、文政十年（一八二七）の「日記」に記された料理の献立を紹介したい。

宝永三年の「年中行事」は正月の行事から始まる。歳徳神を祀る棚に、黒米と生肴、灯明を灯す。銚子は蝶花形のかざりを土間に作り、台所内にもすべて飾り付けていた。今日でも正月の歳徳神棚は土間に設える。年男二人が毎朝若湯をあげることになっていた。かつては歳徳神に方角があり、土間の内でも毎年違った場所に歳徳神を祀ったが、現在は同じ場所に決めている。

正月五日目までは、するめ・カズノコを肴に長柄銚子の盃を使って酒が出される。台所で朝夕侍以上は大菱餅二枚と柿一櫛、足軽以下は大菱餅一枚と柿一櫛を下された。足軽は、江川家とともに大和から韮山に下った江川家の東に住む一三家といわれる。

年が明けると金谷権現参詣、墓参を済ませ家中で雑煮を食べる。また、するめを肴に酒が出される。その後、金谷の名主・農民をはじめ、支配地の山木・瀧山・多田・中・内中・土手和田村の名主から年賀を受け、昼八つ時（午後二時）から正月の料理が出される。

まず、本膳。図のような足つきの高膳に並べる。十一日の具足開きまではこれの盛りつけが続けられる。

膾（なます）　かき大こん・うど・九年母　　汁　輪切大根・くづし豆腐・うお

酢平（すへ）小鯛　塩小鯛二つ、但し杠（ユズリハ）・うら白を敷く

ゆつりは・うら白

煮物　牛蒡・大根・白大豆

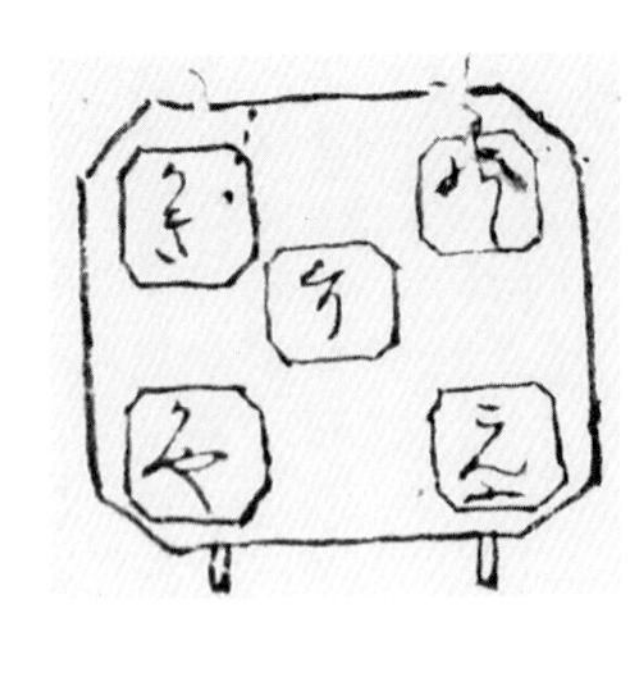

正月飾りにウラジロ、ユズリハを使う。ウラジロは二枝の対になっている。夫婦ともに白髪になるまで、また、ユズリハは次の代へ順に送って家の繁栄を願う飾りである。栗は勝ち栗、柿は「嘉来」と縁起物として使われた。現在も江川家の正月飾りには干し柿をつける。

二の膳は、時により出されるものは違うが、宝永三年当時は以下のようなものが並べられた。

割海老
吸口こしょうの粉
汁　こんぶ・たら
漬け物　香のもの
貝類　あわび・ぎんなん・くわい・とり・山のいも
煎鳥　がん・かも、小菜・せり・きじ・めうど
焼物　鮭、また、いつでも時魚
御酒　三遍
御肴　むし貝
御茶

ニワトリを食す風習は明治以後普通になった。煎鳥に使われたガン・カモ・キジを初めとして野鳥を食していた。煎鳥は鳥肉を大きめに切り、たまり醤油をかけ、皮を煎って身を挟み、鍋にひと並べにして焼く料理である。この調理に適している鳥として、白鳥、雁、鴨、雉子、鷭(ばん)、五位、鶉、鴫、最後に鶏である、ということが寛永二十年（一六四三）に発行された『料理物語』という書物にあると、矢野晋吾が紹介している（『ニワトリはいつから庭にいるのか』ＮＨＫカルチャーラジオ）。江川家でも雁・鴨・雉子を使って小菜・芹・芽独活とともに焼いた。

二日には千万歳、田打ちの舞がやって来たのでそれぞれに柿一把と扇子を贈った。七日の朝門松を外すが、それまで正月行事が続く。三日の夜、謡始めが行われ、蛤の吸物、そののち焼き餅、菜は納豆であった。謡

再現料理。左上からぶと・煎り鶏・引づり豆腐、左下からこんにゃく・輪切り大根・味噌漬け鯛

始めが終わり、参加者が帰宅すると雑煮を食べた。また、この日は泊り始めとして謡始めの賓客が泊まった。

四日は菩提寺の本立寺から上人が見え、麻裃で迎え、酒盃・雑煮を出した。その日の早朝は福沸かしとして白粥を煮、年徳棚にあげた。六日になると、六日飛脚というのが通例で、江戸での関係者一同へ年賀状を書き、それに旨酒と井田の海苔をご進物とした。そして、下男のうちの年男が七草を集めを行う。

七日は七草粥の日で、「世間でも行っていた」との記載があり、当時庶民まで七草粥の風習が広まっていた。ただし、粥の菜は牛蒡・大根の煮物、せりやきとなっていた。この日は門松を外す日で、杭木に使った桧は年男方へ渡す。こうして、正月の行事が終了した。

十一日は具足開き、蔵開きの日である。具足開きの前に邸内の書院において祈祷が催された。菩提寺である本立寺とその末寺の浮橋村（伊豆の国市）、戸田村（沼津市）本善寺、大場村（三島市）妙国寺の僧侶が全員集まり、明け六つ（午前六時頃）から読経を開始した。お経は一巻・六巻・八巻の三巻を読んだ。床の間に日蓮祖師像、大曼荼羅、御消息、その他の上人の曼荼羅を懸け、香炉で伽羅を焼き、洗米を土器に入れる。家紋の井桁菊のついた燭台に蝋燭を立て、梨地の木錫、三寸錫・両錫を用意した。

床の間の飾りは真緑の松をまっすぐに立て、梅とスイセン、その他あり合わせの花を使った。読経が始まると抹茶の量を減らした薄茶が時々出された。

現在江川家の行事として具足開きの儀式が残る。これについては後筆する。

具足開き当日の献立

初段は、木皿に醤油が用意された焼餅と、木皿に盛った酢和え物、青菜の味噌和えと、納豆、削り大根が添えられる。「ひしけ」と言っていた芋蔓と小豆の汁、大根と焼き豆腐を入れたはんぺんの味噌煮が出された。次に「引目」として黒大豆と細荒布の割醤油での煮物、飯が出た。

二の膳は串身と汁である。串身は「ぶと」という心太の隠し味噌酢、猪口、岩茸、川萵苣（ちしゃ）をナンテンの葉の上に盛ったものである。汁の具は揚げ豆腐、昆布、牛蒡、舞茸、氷豆腐を入れた。これが終わると、漬物が出され、胡麻を振りかけたこんにゃくの煮染め、牛蒡白和えと、二の膳の最後に醤油仕立ての幅海苔と山芋の入った吸物が出される。因みに「餢飳（ぶと）」という菓子があり、これは米粉で餃子のような形を作りごま油で揚げた餡ドーナツに似たもので、餢飳の「飳」は「こなもち」と読み、餅米で作った米粉である。ここで使われた「ぶと」は心太のことで注に「ところてんのこと也」とある。「ぶと」は「太」で「ところ」は「心」

書院床の間に飾られた鏡餅

が転訛したのではないかと考える。再現料理をお願いしている耕心庵次五ゑむさんに伺ったところ、心太の味噌酢は聞いたこともなければ、つくったこともないとのこと、隠し味となっているが、再現では酢味噌和えとして作ってみた。

後段は小豆餅が膳の上へ出され、梅漬け、楊梅、酢牛蒡を肴に酒が振る舞われ、最後に干菓子、榧、柿、栗が盆に盛られ、それらを食べて一連の食事が終わり千秋万歳となる。楊梅は八幡野村（伊東市）から収穫次第五月に届けられる。どのようにして保存していたかわからないが、正月まで半年以上保存していたことになる。これら一連の行事が終わると、午後に具足餅の祝儀が始まる。書院に飾られた御備えを年男が上の台所に筵を敷き、斧で割った。これを小豆粉で煮て家中に振る舞った。家中は麻裃を着して、焼きするめを肴に酒を三遍飲み、これで終わる。

十五日の早朝正月飾りを外し、下男のうちの年男が門外で焼いた。昼には大場村（三島市）から夷が来て仏間で夷舞いを行った。大場夷に米三升、柿一把、菱餅一つを返礼とした。晩には本立寺から僧侶全員が来て経本大（第）八巻の読経を行う。

十五日の晩に正月の「十五日御日待」が行われ、この日の献立も記されている。

胡麻を使った大根・にんじん・芹の酢和え、さゝく小な、豆腐の汁、焼き豆腐・牛蒡・大根・芋・小豆の煮物と飯が出される。二の膳は辛子をかけた揚げ豆腐はんへりと、とろろ汁が出る。これが終わると下げて、香の物、葛牛蒡、こんにゃく白和えが出る。

御日待なので、夜食が必要になる。夜食は白粥と、芋・焼き豆腐・牛蒡・大根・黒大豆・キクラゲの入った汁、香の物として奈良漬けが出る。そして、早朝の食事は、汁粉餅とやはり奈良漬けである。その後、五月、九月にも御日待が行われ、基本的な献立は同じであるが、それぞれ季節にあった食材が使われた。

二十日に夜待ちとして夜四つに読経があり、二十三日になると、二十三日夜待ちという行事があった。これも御日待と同様、正・五・九月に行われるもので、夜食は菜食と田楽となっている。

廿四日は天神籠もりという行事があり、食事の夜食は、菜食、引摺豆腐、青菜の辛子和えである。食事を伴う正月の行事は以上である。こうして松が開けるのである。江川邸の西側にある小高い丘を天神山といった。この丘は江川砦ともいい、後北条氏が守りを固めるために築いたものである。この丘に江川家の鎮守杜である若宮八幡が祀られている。ここに籠もることを天神籠もりといった。

2　年中行事

二月一日は松が開けるので歳徳神の棚を外す。初午の日は一ツ火で「赤ノ食焼」、豆腐一丁を上山稲荷へ備え、城衆三人が竹箒を持参、八日に大豆餅が出る。十五日にも城衆三人が竹箒を持参する。城衆三人は現在でも「城三軒」といわれている三軒のお宅がある。

三月はひな祭りの季節である。一日から五日の間雛を奥次の間に飾り、家中の者に菓子と酒が振る舞われる。白酒も出される。江川家に残された資料群を平成十三年から総合調査を行った。約七万点の資料が目録化され、その結果、同二十五年に国の重要文化財に指定された。このように多くの資史料が残っているにも関わらず、雛飾りが残っていない。端午の節句については行っていた絵が残る。明治初期のものと思われる節句飾りが現存している。

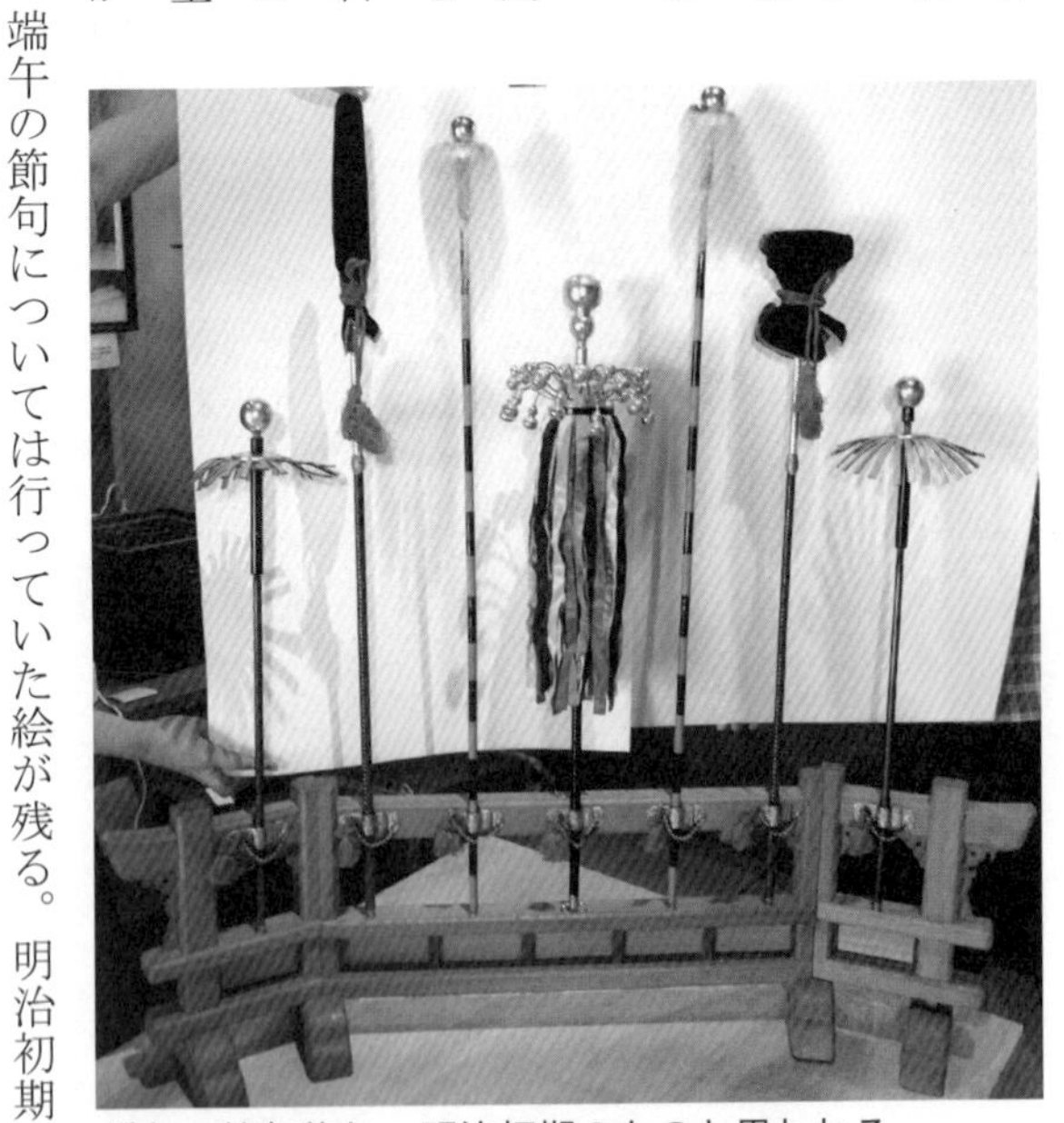

端午の節句飾り、明治初期のものと思われる

四月八日は灌仏会（花まつり）である。卯の花を門に指した。ワラビの季節になり、八幡野村（伊東市）

から漬けワラビが届く。八幡野村は江川家が中世以来の所領で、代官になって以来江戸時代を通して支配地となっている村である。

五月は端午の節句である。若殿がいる時は一日から幟を立てた。五日の朝蓬莱菖蒲を屋根に刺した。二日と三日は粽草を取り集め、四日の昼上の台所に侍衆が詰めて粽十二掛けを作った。五日の朝、家中の者に粽が二本ずつ出され、役人以上の者は粽を一把ずつ持参した。

御日待、夜待ち同様、正・五・九月は十一日が定期的な祈祷の日であった。経本は一・六・八巻を読む。床の間飾りは松と竹の子二本の飾り、柏を添え、アヤメその他季節の花を置いた。祈祷に伴う献立は、初段が柏餅と大皿に、ともに塩漬けの竹の子・梅・しそが盛られ、醤醢と大豆の葉を切ったものと削り大根の酢和え、ねいもとほうとうを入れた汁、焼き豆腐、竹の子を入れたはんぺんの味噌煮、そして飯が出された。二の膳は辛子味噌酢を使った串身でぶと、スベリヒユ、「ときか」（不明）が入れられた。汁も出され、具は揚げ豆腐、竹の子、昆布、椎茸、氷こんにゃく、牛蒡である。これらを食べ終わると、香の物と竹の子の辛子和え、古くなった蕎麦の食べられるものを浸したねち蕎麦が出された。そして最後に山芋、幅海苔の入った吸物、酒が出されるが肴として梅漬け、楊梅、酢牛蒡である。後段には、とじ大豆と枝のついた枇杷が出されて終わる。とじ大豆とは、大豆を煎り、葛粉に醤油を入れ、青山椒を擦り立て、おこしのようにしたものである。

十五日御日待の献立もやはり旬の竹の子中心である。最初に大根や栗・葉ショウガの酢和え、そして竹の子と焼き豆腐・牛蒡・蕗・昆布を入れた汁、香の物と飯が出され、二の膳は大根・牛蒡・小豆・竹の子・豆腐の煮物と蓼・しそ・湯葉・もづく・榧を入れた冷汁である。これが終わると竹の子の和え物と辛子をかけた揚げ豆腐とはんぺんが出されて夕食が終わる。夜を明かす御日待なので、奈良漬けと卵のものをつけた白粥と大豆・大根・牛蒡・焼き豆腐・蕗を入れた汁を夜食にいただく。そして、早朝の食事は小豆餅と奈良漬けの香の物であった。早朝に経本第八巻を読経した。

二十四日の晩は天神籠の行事で、本立寺から全員集まり、菜食に引摺り豆腐と竹の子の辛子和えが出された。翌朝天神へ参詣をした。

六月は大きな行事がない。一日は諸家中が羽織袴でお礼に見え、お返しに氷餅を出した。氷餅は、餅のフリーヅドドライのようなもので保存食となる。土用の入りに小豆粒を出すこと、十六日が「御かしやう」（不明）といって「あんびん餅」と舂き餅が二つずつ出された。文政年間（一八一八～一八三〇）に北村信節が書いた『嬉遊笑覧』によると、「あんひんは餡餅の音なり」とある。また「はらぶと餅」について、「皮薄くして餡は赤小豆に塩のみ入りて砂糖ケなく、ただ大につくりたるものなり。大福餅ともいう。近ごろまでもありしが、いまは絶えたり」とあり、この頃は作られなくなっていたことがわかる。インターネットで確認すると、現在、埼玉県熊谷市栄寿堂の名代菓子で大福餅の一種として売られている。

毎月一日は羽織袴の正装をして御礼が行われる。七月はこれに加えて七夕の行事がはいる。七夕は盆行事の一つで夏に向け病気が蔓延しないよう井戸替えが行われる。夏越し（なごし）の行事である。江川家では明け六つ（午前六時頃）に家来である金谷村の百姓役として、新しい桶四つを使って行われる。終わると酒が振る舞われる。七夕の日は白帷子繻袢で御礼があり、役人以上はいずれにしろ「御生身魂之御祝義」を上げ、それ以後十日・十一日・十二日までの内、時の生肴を使って十一汁七菜の料理が作られた。これまで献立を紹介したとおり、どの場面でもたくさんの材料を使った汁が中心で、お菜より汁が多い。

盆は十二日朝墓参、本立寺で茶菓子が出る。十三日に表大黒座敷へ精霊棚を作り、奥は二か所に飾る。十三日から十五日の晩まで門外に三十三鉢の松明を立て、本立寺から読経に来る。そして、十五日朝、御施餓鬼祭りがある。門外で大半紙に飯を盛り、大幡・小幡を立て、ほかに一本白紙の大幡を表門の側に立て、本立寺の全僧侶が集合して読経、その後料理が出される。大人数なので白米を六升炊いた。施餓鬼の献立を紹介する。

初段は青大豆・ズイキ・蓼と幅ショウガの酢和え、「しやんふ」(不明)茄子と粗汁の汁、香の物、飯が出される。二の膳は胡麻としそを添えた蒸し茄子、ぶり・しそ・柚の葉・榧・モズクの冷やし汁の後、ショウガをかけた葛豆腐、「さしけ」(不明、「ひしけ」か)ひたし物、「ふりもみ」(不明)が出たが、酒は出されなかった。盆行事なので、十五日の昼は荷飯の祝儀となる。「荷飯」は「はすめし」と読み、蓮の葉に糯米飯や赤飯を包んだものである。そして、翌十六日は盆飯で小豆飯、煮染めの香の物、するめを肴に酒が振る舞われた。

八月一日は恒例の八朔。十四日は北条寺家の八幡宮の祭礼で一升入三寸樽と初尾百文、鳥居用の竹二本を遣わす。八幡神社には寛永年間に二八代英長が勧請したことを示す棟札が奉納されていて、江川家と深い関係があったことがわかる。江戸時代、祭礼の旗竿は江川家殿林の松を使った。

九月九日は重陽であり、衣替えの祝儀が行われた。また、十一日には恒例の祈祷がある。立花として松、鶏頭、菊を添えた。そして、献立は、香の物とごま塩を添えた白粥と、里芋・牛蒡・大根・大豆・豆腐を入れた汁が出され、次いで鶏頭の寿司、掻き大根、「しょう」(不明)の実、剥ぎショウガを使った酢和え、そして、里芋と小菜、豆腐の入った汁が出される。また、さらに大根、焼き豆腐のはんぺんが加わり、最後に飯が出る。

二の膳になると、ぶと、岩茸、とさかの串身がまずあり、揚げ豆腐、舞茸、昆布、氷こんにゃく、牛蒡を入れた汁が出される。これらが終わると、香の物、こんにゃくの白和え、葛氷となる。後段は酒三遍、幅海苔、肴は梅漬け、楊梅、酢牛蒡で、銘々の盆にもられた焼き米と枝柿をいただき、最後は薄茶で締めくくる。

十五日の御日待の献立の基本は五月のものと変わらず、季節のものが入る。胡麻酢と大根・栗・ショウガの酢和え、柏を敷いて豆腐と小菜の汁、その後香の物と飯で初段は終了。次いで二の膳。煮物は小豆入りで、里芋・牛蒡・大根・豆腐が入る。汁は揚げ豆腐・昆布・椎茸・牛蒡・氷こんにゃくが入ったものとなる。これが終わると、牛蒡の太煮、摺りショウガを入れたこんにゃくの煮染めとなる。日待なので、夜食が用意される。ごま塩の白粥と香の物、里芋・牛蒡・大根・豆腐・大豆入りの汁である。翌朝は小豆餅と奈良漬けを食べる。

二十四日の天神籠の夜食は菜食、引摺豆腐、菜辛子和えを食べ、翌朝天神へ参詣する。引摺豆腐は再現料理をお願いした方の話しだと、おそらく焼き豆腐に引き摺った跡をつけたものだろうとのことだ。

十月一日は炉開けで、お茶の口切りの振る舞いがあった。かつては家中に料理が出されたが、元禄の初め（一六九〇年頃）に行われなくなり、宝永三年当時奥様お振る舞いとなった。十月十三日は日蓮上人の命日にあたり、日蓮宗寺院は御会式を行う。江川家でも今日まで伝わっている行事であるが、当時は飾り付けだけだったようで、古くからの知行、支配地であった八幡野村（伊東市）から蜜柑一籠ずつ、ブドウが届けられた。蜜柑一籠ずつというのは一対という意味であろう。

十一月には大きな行事もなく、二十四日の晩の天神籠で夜食として、菜食、引摺豆腐、菜からし和えが出されたことだけである。

十二月は年末で何かと慌ただしい。一日は大黒祭が行われ、黒米食、焼糟酒が振る舞われた。八日に大豆餅を舂き御家中に渡された。また、精米作業は金谷百姓役で行うことになっていた。

年末の行事は十三日から始まる。十三日は煤払い、台所は金谷百姓が出役し、その他城衆三人・侍衆・役人衆が集まり掃除を行った。当日の朝は大根の雑水、昼食の菜は鮪の糟漬を出した。

現在設置される江川家表門の門松

江戸へ御歳暮のための飛脚を出す。買物の品々は日帳につけている。御進物は塩鮎・修善寺紙・海苔等である。海苔は古くから井田海苔が使われた。送り先はわからないがさらに十五・六日にうるか・塩鮎を進物として手紙を添え飛脚が運んだ。リストは御案書帳にあるとしている。また、在々の出入りの者、医師へも歳暮を出した。

門松十六か所を作る。表大門の松は山廻り二人の役で、酒が出された。残った場所は金谷百姓役となる。山廻りの二人は古鎌を持参した。

二十五・六日両日の内、三嶋明神（三嶋大社）神主矢田部式部への御歳暮として蚫、ナヘ貝を侍中に持たせ書状を添えて贈った。日蓮宗玉沢妙法花寺（三島市玉沢）へも御歳暮が出され、当主よりは梅漬一桶、奥方より海苔が贈られた。使者の役人は羽織袴の正装で出かけた。

八幡野村同様、古来からの領地であり、支配地であった間宮村（函南町）の者二人が見え、一人は柿一束・暦・塩魚を持参、他の一人は柿一束を持参した。それぞれ返礼に米一斗二升、七升を御歳暮として贈った。二十八日に奈古谷（伊豆の国市）毘沙門別当が橙一五個を御歳暮として持参、米二升を返礼に出した。大場村（三島市）からは茶筅一二本が届く。お礼として米五升が返された。年間の茶筅使用量は四八本である。同日、本立寺へ御歳暮に酒樽一荷を贈った。出入の大工からの御歳暮で闇呑一つ、火燵箱一つが届いた。

二十九日から晦日までの間に金谷村百姓総出により、正月飾り、門松を立てた。出役した人に酒が出された。現在も金谷の人たちによって正月飾り、門松が立てられ、金谷の人たちはそれが終わると各家の準備にかかる。

晦日には本立寺の上人による読経、膳、酒が出る。そして、正月を迎えるための晦日の料理献立をここに

英龍の描いた門松

記載して、宝永三年の年中行事を閉じることにする。また、この「年中行事」を書き残した理由として、それまで行って来た行事が廃れることを憂てのこととし、今も昔もかわらない状況を伝えている。

晦日御献立

初段は皿に載せ九年母を使った鱠で掻き大根、季節の魚である。汁は輪切りの大根、豆腐にこれも季節の魚を入れた。腰高に盛った塩鯛の酢平(すへ)小鯛二尾、坪に入れた煮物で牛蒡、大根、大豆入り、そして飯である。二の膳は割海老吸い口を使った汁で胡椒、糸昆布、鱈入りを出し、これが終わると終段で香の物、貝類、炒(煎)り鳥、焼き物が出される。貝類はアワビに加え、銀杏、クワイ、鳥、山芋である。炒り鳥は雁、雉を使い菜・ショウガを添える。焼き物はキノコを使う。これらが済むと、するめ・数の子・昆布を肴にしてお酒が振舞われる。

3　文政十年の献立と江戸屋敷

江川一家がどこで何をしていたのか、日記として残されたのは、文政十年（一八二七）に記録された「参府日記」（S1416）、これ一冊である。正月一日から書き出し、伊豆韮山へ戻る四月二十九日までの記録である。最後は、韮山までの行列順で締めくくられている。旗本でもあり、代官でもある江川家の三五代当主英毅、三六代英龍の帰国行列である。

この一連の記録のなかにある食事に関する記事を抜き出して紹介したい。宝永三年の年中行事は、韮山において正月料理を食べるところから始まったが、享保の改革で年貢収穫が終わった冬から初夏まで江戸に在住することになり、江戸屋敷と韮山と二か所に屋敷が設けられた。江戸屋敷は拝領しているもので、天明元年（一七八一）からは本所三ツ目南割下水にあった（37－9－12）。英毅の時代、江戸屋敷の新築事業を行った。現在は、その場所にかつて「江川太郎左衛門終焉の地」と東京都港区がステンレスの標柱を立たが、現在は向かいの津軽藩邸跡に北斎美術館を建設、敷地全体を公園として、江川英龍の業績を知らせる立て札状の掲示板を作っている。その江戸屋敷での食事の記録である。

もう少し、状況を説明しておくと、英龍は次男である。英毅の妻、すなわち英龍の母は久といい、文政十三年に歿した。この参府日記が書かれた当時は健在であった。英毅・久の間に長男である英虎がいたが、文政四年、二十五歳で亡くなった。そこで、享和元年（一八〇一）五月十三日生まれの英龍が跡を継ぐことになった。すなわち、参府日記に記録されている旦那様は三五代当主英毅、若旦那様は三六代英龍のことで

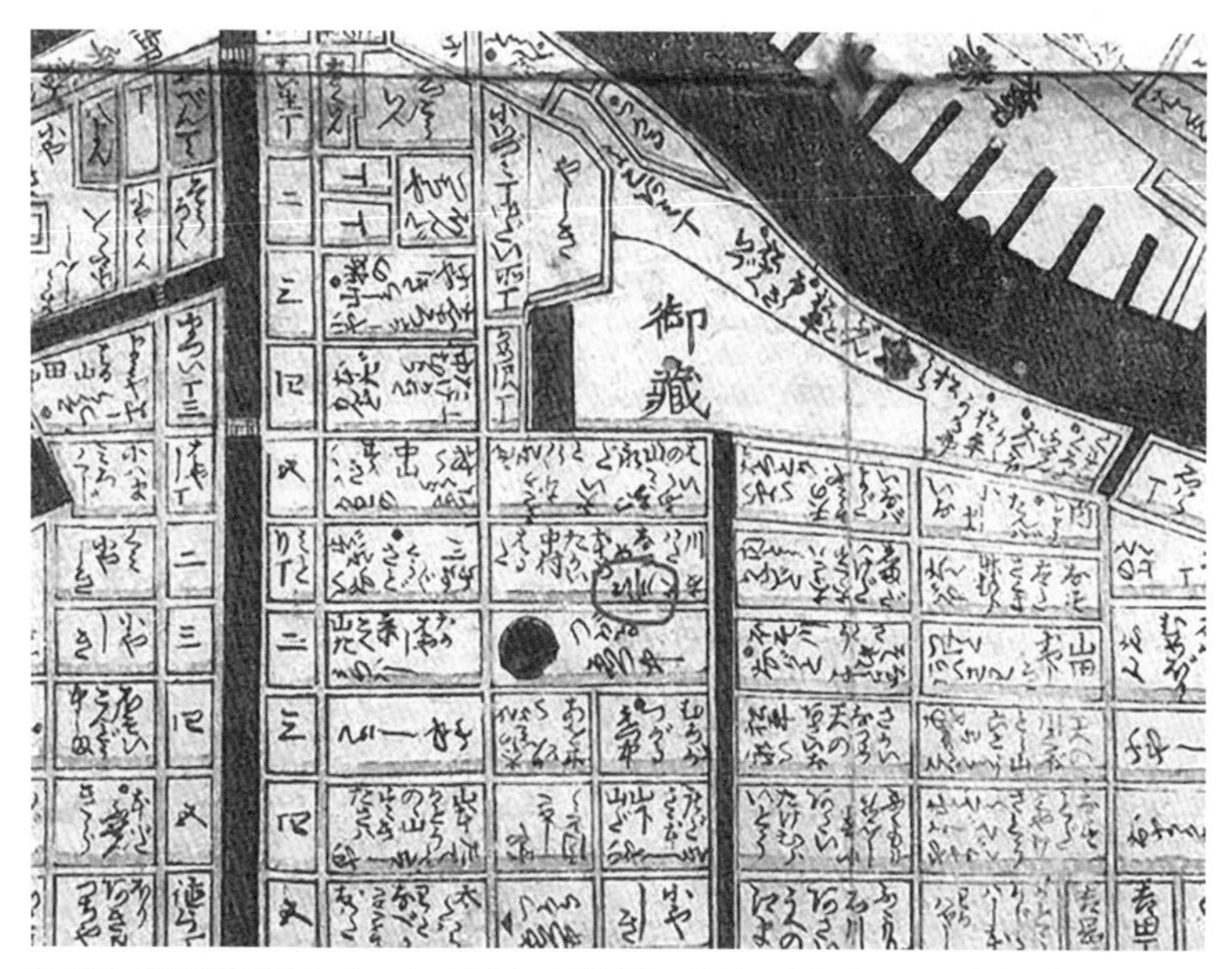

江戸本所南割下水にある江川家江戸役所、御蔵の場所に江戸東京博物館が建設された。右上のハモニカ様の場所が浅草御蔵で、伊豆の年貢も運ばれる。下図は浅草御蔵の図になる。

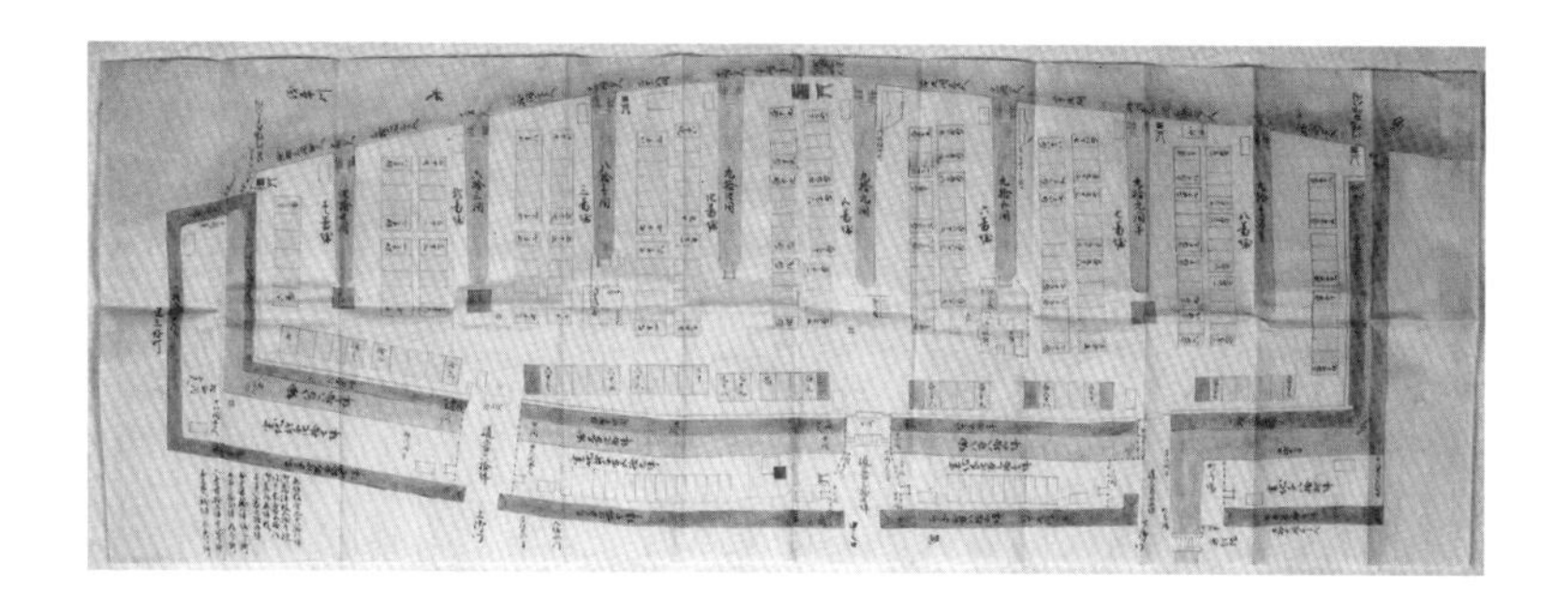

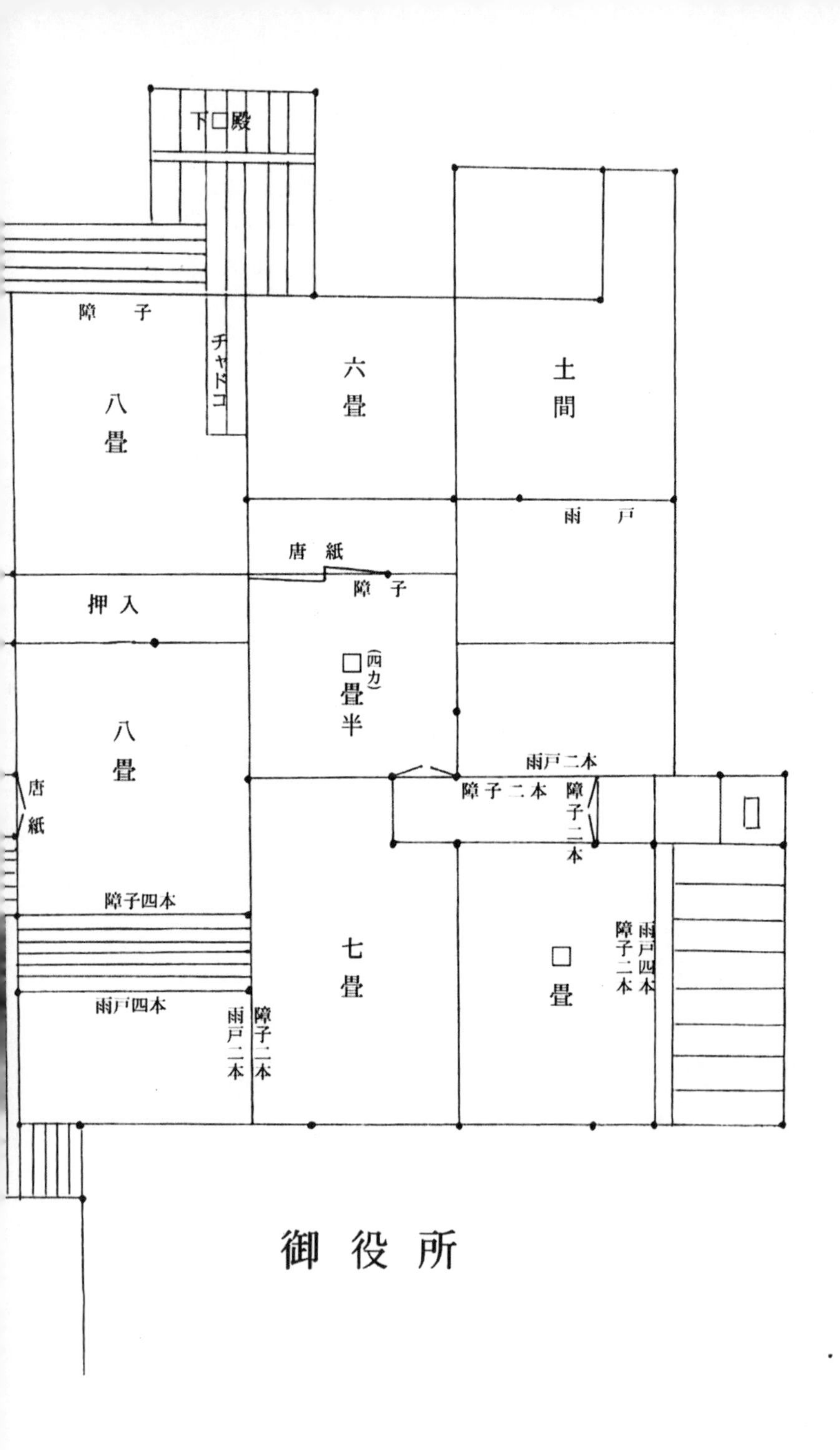
下□殿
障　子
チャドコ
六畳
土間
八畳
雨　戸
唐　紙
障　子
押入
□畳半
(四カ)
八畳
雨戸二本
障子二本
障子二本
唐紙
障子四本
七畳
□畳
雨戸四本
障子二本
雨戸四本
雨戸二本
障子二本
御役所

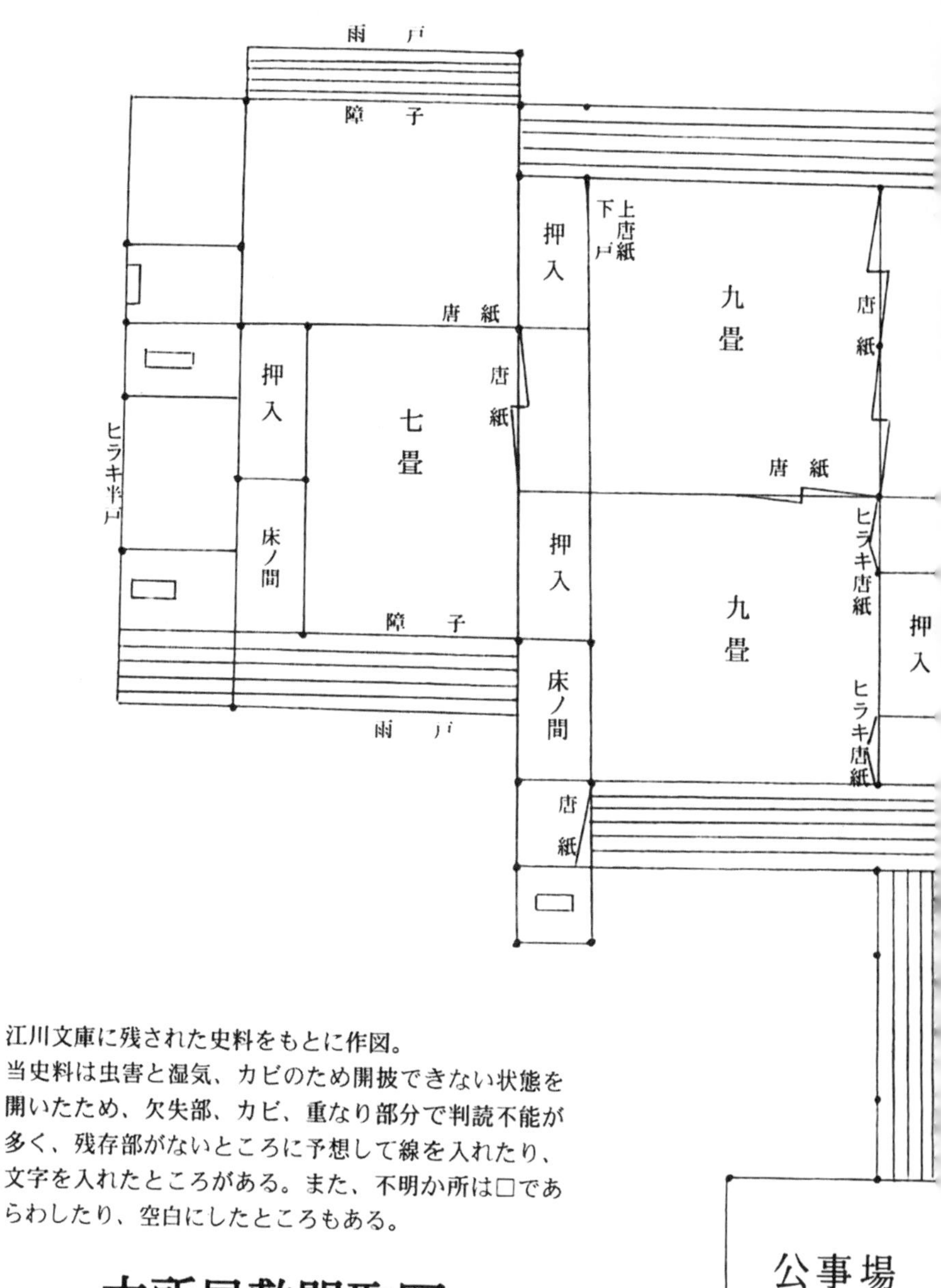

江川文庫に残された史料をもとに作図。
当史料は虫害と湿気、カビのため開披できない状態を開いたため、欠失部、カビ、重なり部分で判読不能が多く、残存部がないところに予想して線を入れたり、文字を入れたところがある。また、不明か所は□であらわしたり、空白にしたところもある。

本所屋敷間取図

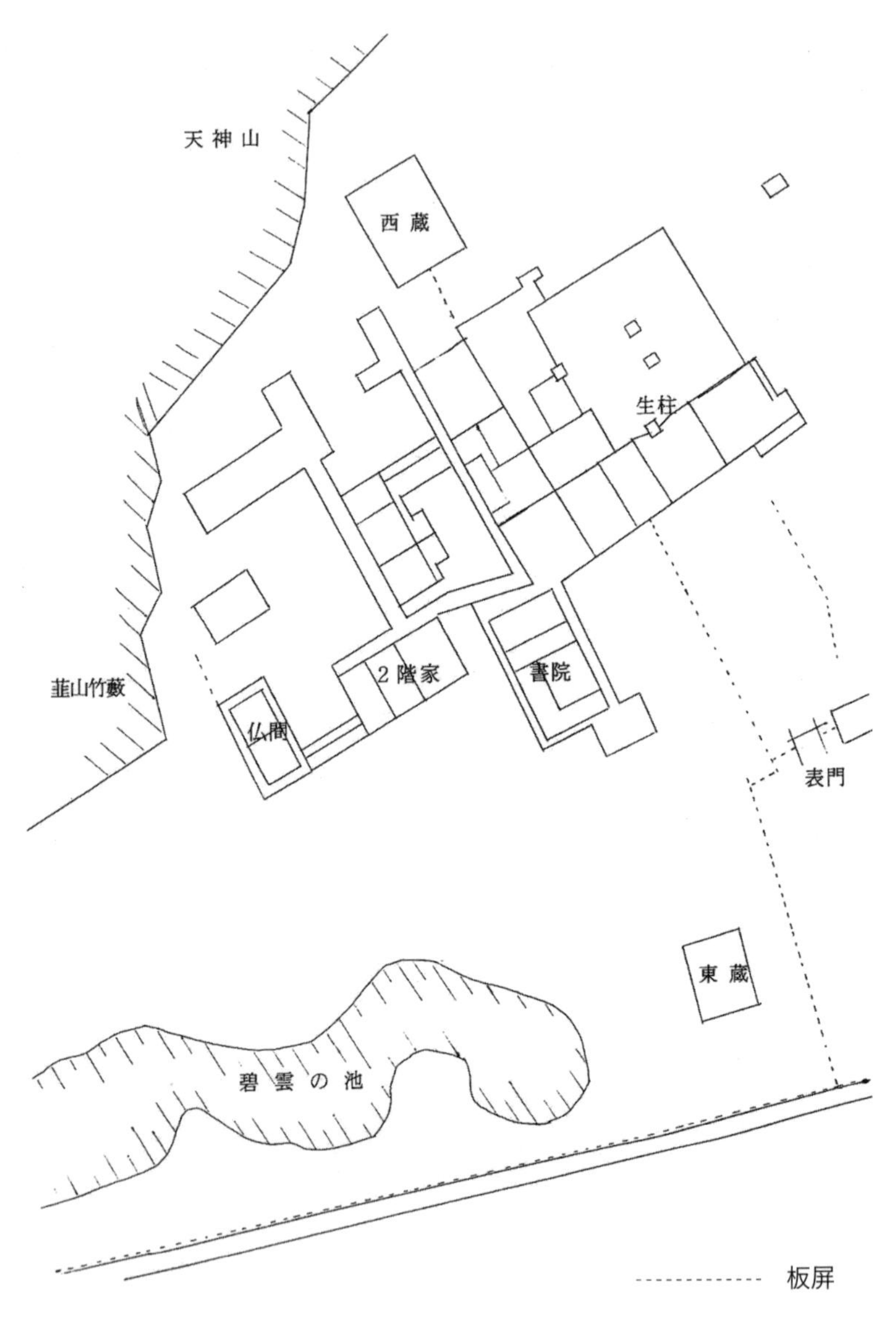

明治20年代米蔵建立直前の江川邸屋敷配置図

江川家手代前田甲龍画、幕末の江川邸

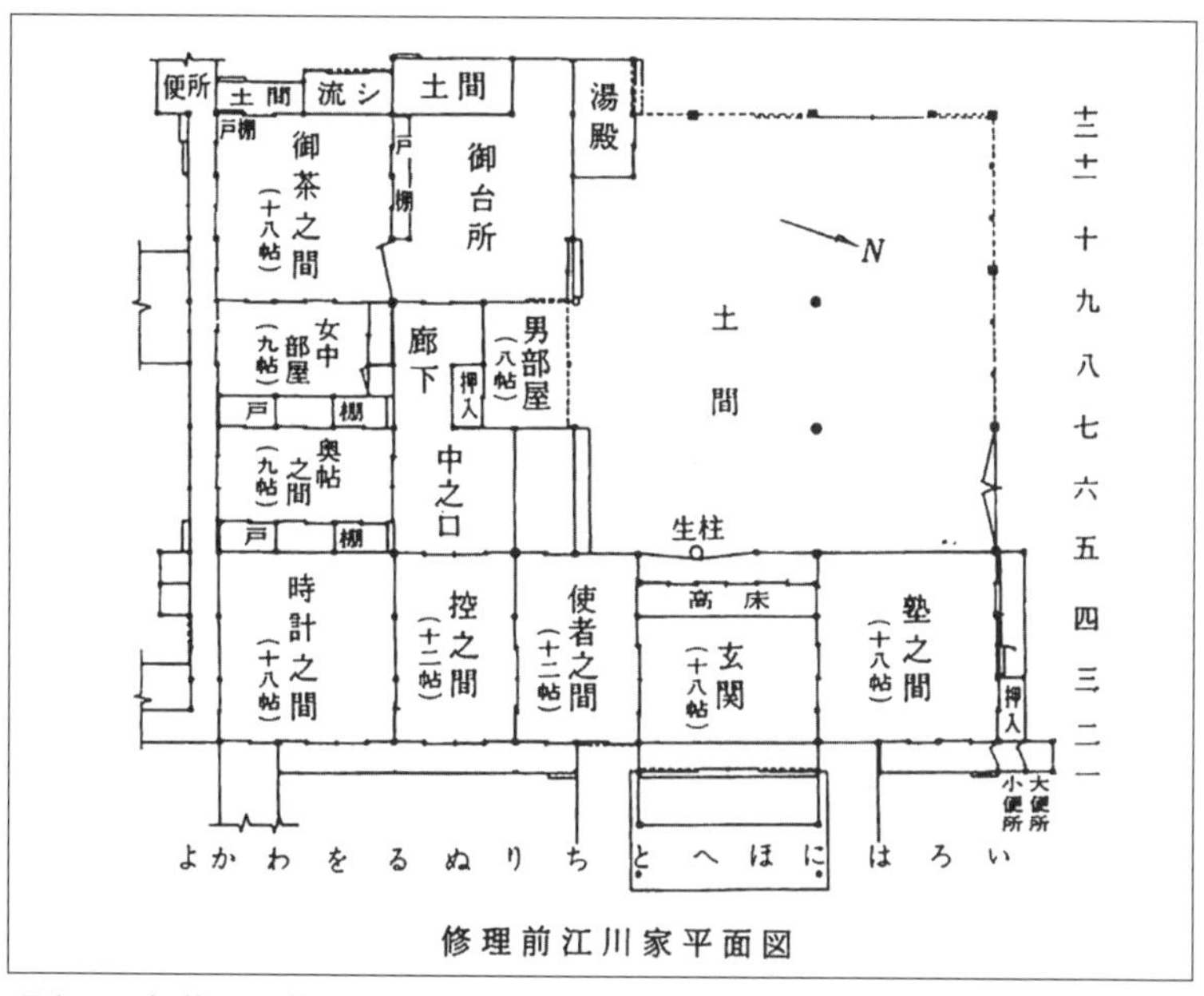

昭和 35 年韮山屋敷修理前間取り（『東京文化財江川家住宅保存修理工事報告書』より）

ある。英龍は、文政六年八月二十六日北条氏征の娘・越と結婚し、長男隼之助が生まれていた。

さて、文政十年の江戸屋敷であるが、正月料理はそこそこに年始に各関係者訪問を進め、ようやく一連の正月行事が終わり、二月になってやっと一息といったところだった。まだ、二月八日、年始祝儀および年末の取り運びがうまく行き、その返礼料理を振る舞うことになった。内容は以下の通りである。

まず、小鯛の味噌仕立て吸物、春慶塗りの三方の三つ組盃と銚子が出て、五色の硯蓋、鯛の鉢物が第一段落、ついで湯漬け御膳を食した。それが終わると、鱠、汁、香物、さらに坪、春慶大八寸に入った御飯、平、また、これも春慶塗り中八寸の猪口、そしてまた、春慶塗りの小八寸に入れた鯛の焼き物、お湯となる。吸物・御膳は二人とも食べなかったが、食事が終わり、薄茶、菓子となった。焼き物と菓子は手を出さなかったので、供頭が服紗に入れ、焼き物の鯛は手を付けず持ち帰る風習が続いている。平・坪の内容や鱠が何で調理されたかは、記録がなく、不明である。しかし、春慶塗りの漆器を使っていたことがわ

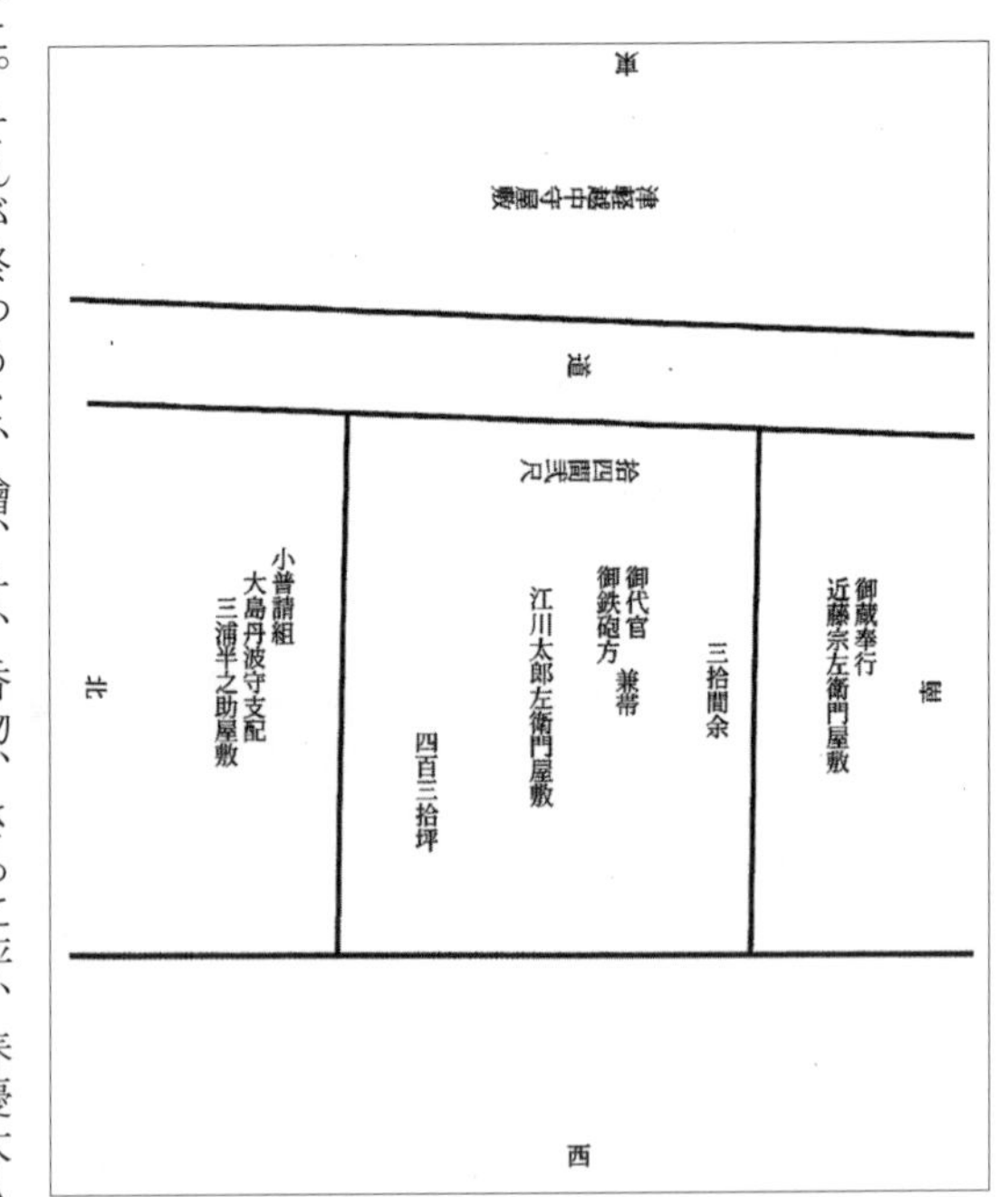

江川家の江戸屋敷は430坪あった。

かる。

供の者へは、弁当が済んでいたが、湯漬け、皿に盛ったカレイ・ショウガ、むき身のアサリと豆腐の汁物、沢庵、平ははんぺん、椎茸、三つ葉と、飯が出された。しかし、歩行(かち)仲間は弁当のため、むきみ・豆腐の汁物を用意し、さらに弁当が済んだということであったので、茶だけ出した。用意した料理がどうなったのかわからないが、同道の仲間にまで、食事の用意をしたのであった。この日、御遣い物の山葵二朱分（「朱」は金の単位で二朱は一両の八分の一）が届いた。最後に食事が残ったので、英毅の弟の婿入り先の関川庄五郎が呼ばれて食事をすることとなった。関川家は遅くとも英龍の祖父英征代から江戸屋敷の留守を預かる家であった（25－42）。そのため何かと出入りしていた。

江川家が使った高膳と椀類

二月十六日は英毅の誕生日である。英龍は当時、剣術の神道無念流の師匠岡田十松の跡目相続を巡って岡田道場へ日参していた。この日は朝ご飯後、岡田道場へ煮染め・煮豆・香物それぞれ一折りずつ持参し、夕刻帰宅した。

英毅の昼食は、誕生日なので小豆飯を用意、その他煮染めを食べた。煮染めは英龍が岡田道場へ運んだものと同じものと思われる。夕食は二人揃って酒、御膳が席に用意された。祝いの

英龍が描いたエビ・カレイ（ヒラメか）

席には、英毅の弟の婿入り先の義父関川庄五郎、鮮鯛を祝儀として持参した山田七十郎が招かれていた。

誕生日祝いの献立はほとんど鯛尽くしである。最初に出されたのは鯛・松露・三つ葉の味噌仕立て吸物である。敢えて「味噌仕立て」としたが、味噌汁としてよいものかどうか迷った。原文には片書きに小さく「味噌」そして、大きな文字で「御吸物」とある。すなわち、次の通りである。

「　　　　　鯛
味噌
御吸物　　　松露
　　　　　三ツ葉　」

次いで、蒲鉾・玉子焼き・クワイ、車エビの照り焼き、レンコンの胡麻和えの盛られた硯蓋、その後、鉢肴で鯛の浜焼き、鯛の切り身の浜焼き、長芋の甘煮（うまに）、ショウガが添えられた。刺身も鯛で波作り、ツマとして短冊に切ったウド、当然山葵と醤油である。山葵は、前段にもあったが伊豆からたくさん調達し、ご進物に使われ、ちょうどこの頃から盛んに使われるようになっていた。次は、吸物でつぶ胡椒でにおい消しをした鯛のアラの潮汁、芝エビとウドの甘煮が第一段階として終わった。

続いて本膳となる。まず、煎り酒を使った鱠である。煎り酒は醤油が普及する江戸時代中期まで盛んに使われていた調味料で、日本酒に梅干し・出汁昆布・鰹等を入れて煮詰めたものである。鱠の中身は鯖の細作り、千切りのウド、椎茸、ショウガに梅の花を添えた。そして、賽の目に切ったはんぺんと粒椎茸の汁物が出された。ここで、沢庵が出され箸休めの後、敷味噌の坪とご飯が用意された。敷味噌は、器の中に酢味噌を敷き、その上に料理を盛りつけるもので、金子・百合を盛った。百合は百合根のことなのだが、金子は不明である。

ご飯が済むと、お平が出される。松皮鯛・長芋・椎茸・クワイ・三つ葉が盛られた。そして、梅で和えた百合根を入れた猪口、最後はホウボウの開きを焼いたものが出されて、誕生日の食事が終わった。鯛入りの味噌仕立て吸物から始まり、鯛の浜焼き、切り身の浜焼き、鯛の波作り、鯛のアラの潮汁、松皮鯛のお平といった鯛尽くしの料理であった。

英龍が描いたクワイ

三月一日、英毅は留守で、英龍は朝から絵を描くため籠もって誰とも会わないでいたが、英毅が天文学や数学のことでいろいろ教えを受けていた天文方の高橋作左衛門（景保）から興津鯛（アマダイ）五枚、山葵十本入一籠届いたとの請取書を受け取った。

翌三月二日は英龍の長男隼之助の二歳の誕生日である。この日も関川庄五郎が招待され、英毅・英龍と酒・御膳をともにした。まず、三杯酢の鱠が用意された。中身には蚫の作り身、千切りウド、イカの友わた、椎茸、ショウガを入れた。また、賽の目のはんぺん、粒椎茸の汁、香物、さらにお平は「角しんちょ」・椎茸・三つ葉である。「角しんちょ」はどのようなものを指すのか不明である。誕生日祝いには定番の小豆飯の後、ウドの甘煮の入った猪口、味噌漬け鯛の焼き物が出された。隼之助は、残念ながらこの年夭逝してしまう。また、最後に出された味噌漬けの鯛は、その後、韮山から一七枚が届き、幕臣であり蘭学者である中川忠五郎へ三尾と山葵一五本と手紙を添え、時候見舞いとして届けた。

当時は、盆暮ばかりでなく、時候見舞いとして度々進物を行っていた。どのような立場の人物かわからないが、三月六日に、松下三郎兵衛へ時候見舞として魚とワサビを贈った。魚は中鯛一尾、伊勢海老二、蚫一、ワサビ二〇本入一籠である。江川家の支配地が伊豆であったので、山海の産物が多種多様と恵まれ、進物には事欠かなかったようだ。

三月十一日は英龍が刀鍛冶である大慶直胤に入門した日である。この後、直胤との間で、交流が続き、天保二年（一八三一）には英龍自身で刀を打つことになる。また、直胤も韮山へ来て、刀を打った。

江川家への来客はどのような人物かなかなかわからないが、同日、本間仁左衛門・同慶太郎・大岡左太郎・保々幸次郎の四名が来訪した。関川庄五郎が取り持ちとして、夕刻馳走、酒・御膳が出された。その日の献立は、赤魚・鯛の切り身・松露・木の芽が入った味噌仕立ての吸物、蒲鉾・小鯛・クワイ・ワラビ・百合根を盛った硯蓋（すずりぶた）、鯛の浜焼き、竹の子の甘煮、重ね蕗の葉、ショウガの入った鉢、鰤の作身、白髪ウド、双葉しその辛子味噌に茶花を添えた刺身、賽の目に切った魚、生シイタケ、ミョウガ茸の入ったすまし汁、芝エビの甘煮、ウドの重箱で第一弾の料理となる。その後、三杯酢の鱠は鰤の作身・白髪ウド・三品海苔・「けん」を

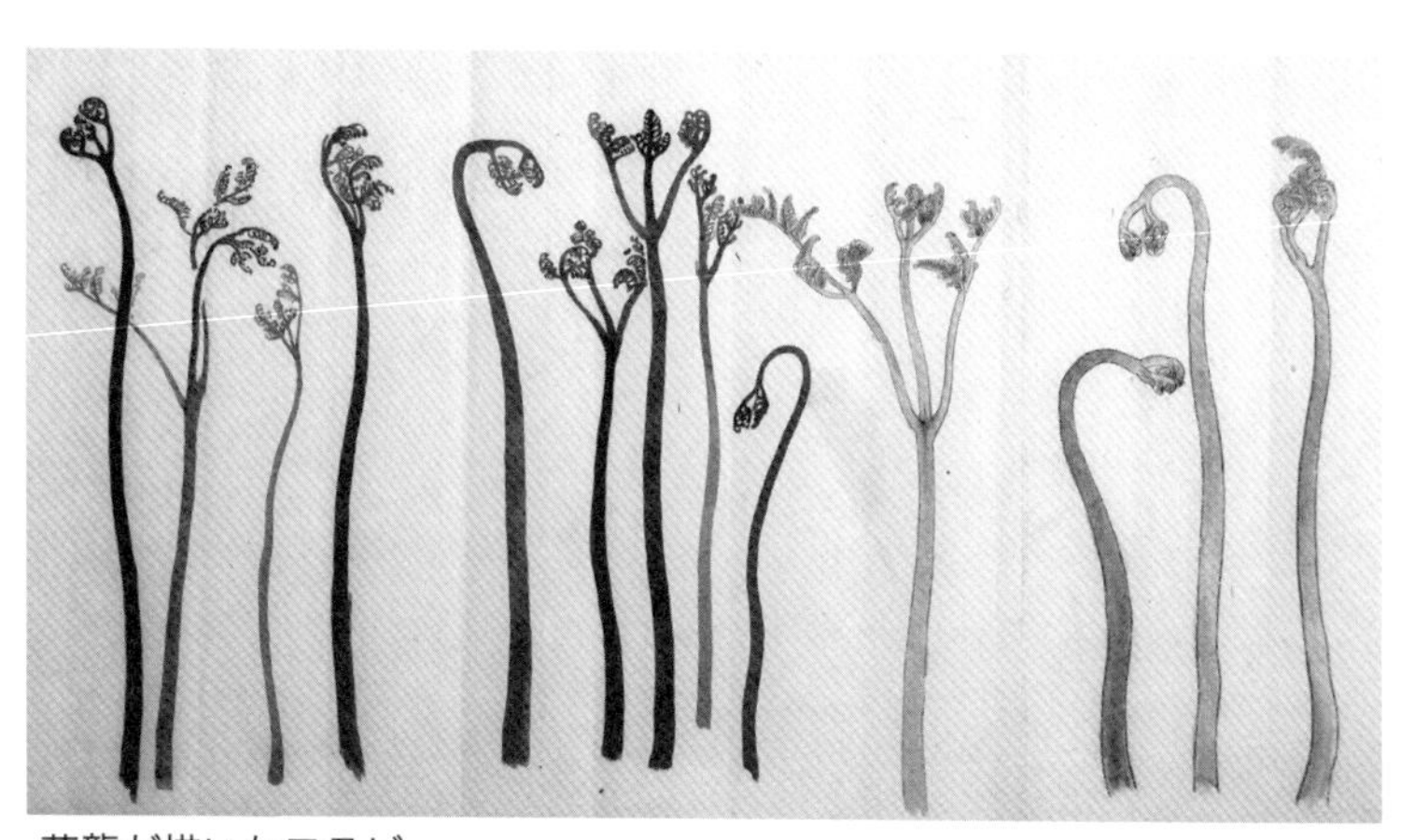
英龍が描いたワラビ

入れた。「けん」は何か不明である。刺身のツマを「けん」とも言うのでこのようなものか。そして、賽の目の蒲鉾・生シイタケ・蕗の入った汁、香物で箸休めとなる。最後は、鯛の切り身・はんぺん・竹の子・俵麩・ワラビを盛ったお平とご飯、松露・レンコンの木の芽和えの猪口、鰤の切り身の付け焼きを出して終わった。旧暦の三月半ばになると、ワラビ・竹の子・木の芽等季節のものがたくさん手に入り、鯛も美味しい時期となる。

三月十四日の訪問客は昼後に一色三郎であった。またしても関川庄五郎の同席によって酒・御膳のもてなし、夕刻帰宅した。関川庄五郎当日の献立の中身は記されていないが、味噌の吸物、口取り、平、汁、刺身、香の物、すまし汁、甘煮、猪口、飯を用意した。今までは夕食だったが、今回は昼食、または昼食後の取り持ちということで、初めて口取りが記載された。口取りは食事の最初に出される菓子である。江川家は、江戸の拝領屋敷の新築、韮山の改築と大きな出費が嵩み、大変な時期と思われたが、付き合いを欠かさず、来客に応じた饗応や誕生日などの祝い事を欠かさず行っていた。

三　「参府日記」にみる旗本江川家の食生活と贈答

1　韮山屋敷と江戸参府

昭和４年の屋根葺き替え完成写真、最後の茅葺きとなる

江川家は韮山代官として、江戸時代全期間世襲して来たが、役所・居所ともに韮山と江戸に置いていた。韮山にある江川家住宅は一説には鎌倉時代から建っていたとも言われる。昭和三十三年に民家として第一号の重要文化財に指定され、その後解体修理を行った。その結果、建物の建材の一部に室町時代のものを使っていることが判明した。しかし、残念ながら鎌倉時代から繋がっている証拠は見つからなかった。現在残っている建物は関ヶ原の合戦の頃建てられたものと推測され、約四〇〇年経った建物と説明している。

鎌倉時代からという謂われは、日蓮上人が書いた棟札が残ることによる。弘長元年（一二六一）年五月十二日、鎌倉幕府執権北条時宗によって日蓮上人は伊東に配流された。伊東川奈崎の海に浮かぶ俎岩という場所に置き去りにされたという。これを救ったのは舟守弥三郎という人物で、助けて庵を築いた場所は舟守山蓮着寺という。これを「伊豆法難」といい、弘長三年二月二十二日に許される。この間、江川邸を訪れ、その時「不老不死曼荼羅」を

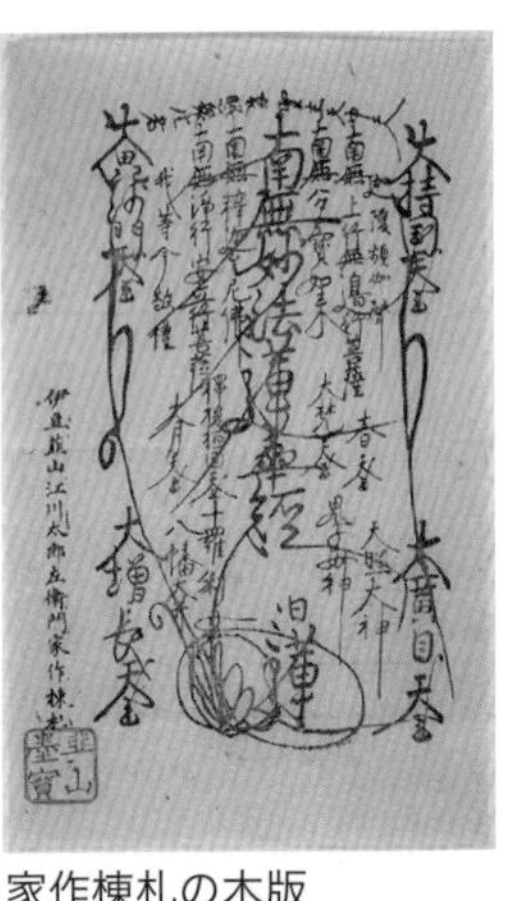

家作棟札の木版

いただいた。江川家一六代当主英親はその頃日蓮に深く帰依し「優婆塞日久（うばそくにっきゅう）」と号し、本立寺（江川氏累代の菩提寺）を開いた。建治二年（一二七六）長さ一五間半（約三〇メートル）・横一〇間（約一八メートル、一五五坪）の居宅造営に際して身延山にいる日蓮に依頼、火防棟札を頂戴し、棟札として懸けたとされる（N115－97）。この記録を残した時は、棟札を頂戴した時から五〇〇年後のことである。すなわち、建治二年から五〇〇年後は、安永五年（一七七六）に当り、当時の当主英征がしきりに由緒書をしたため時期に符合する。ここに示した史料には作成年代の記載はないが、恐らくその一環として記録したものであろう。また、最初の建築でケヤキの生えた状態のまま柱に使ったという「生き柱（いきばしら）」もある。

江川邸、表門より

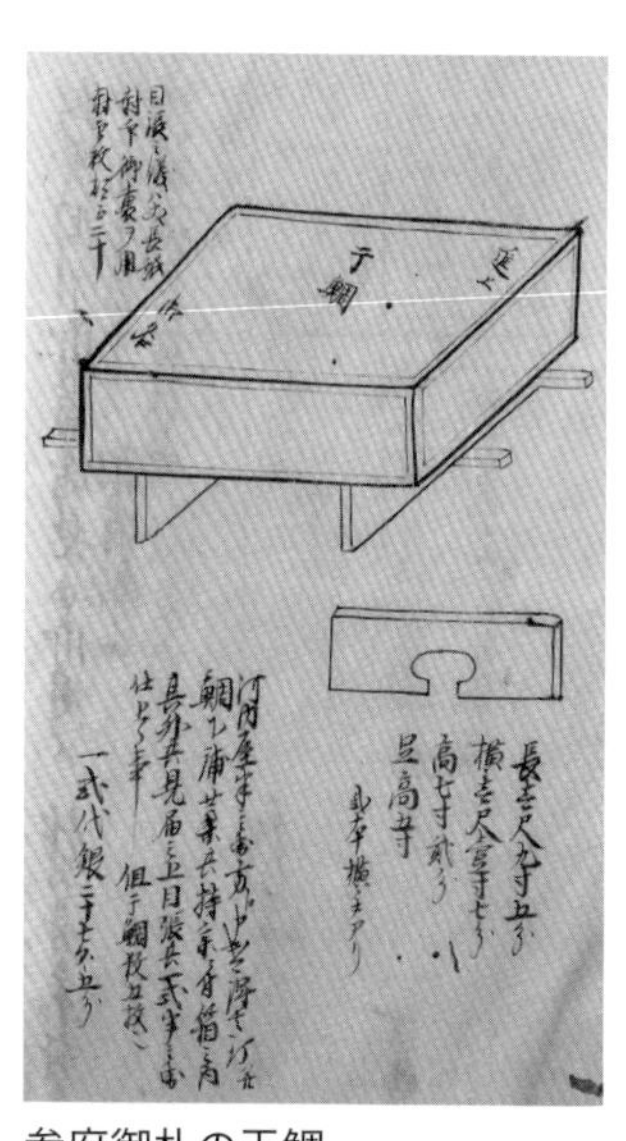

参府御札の干鯛

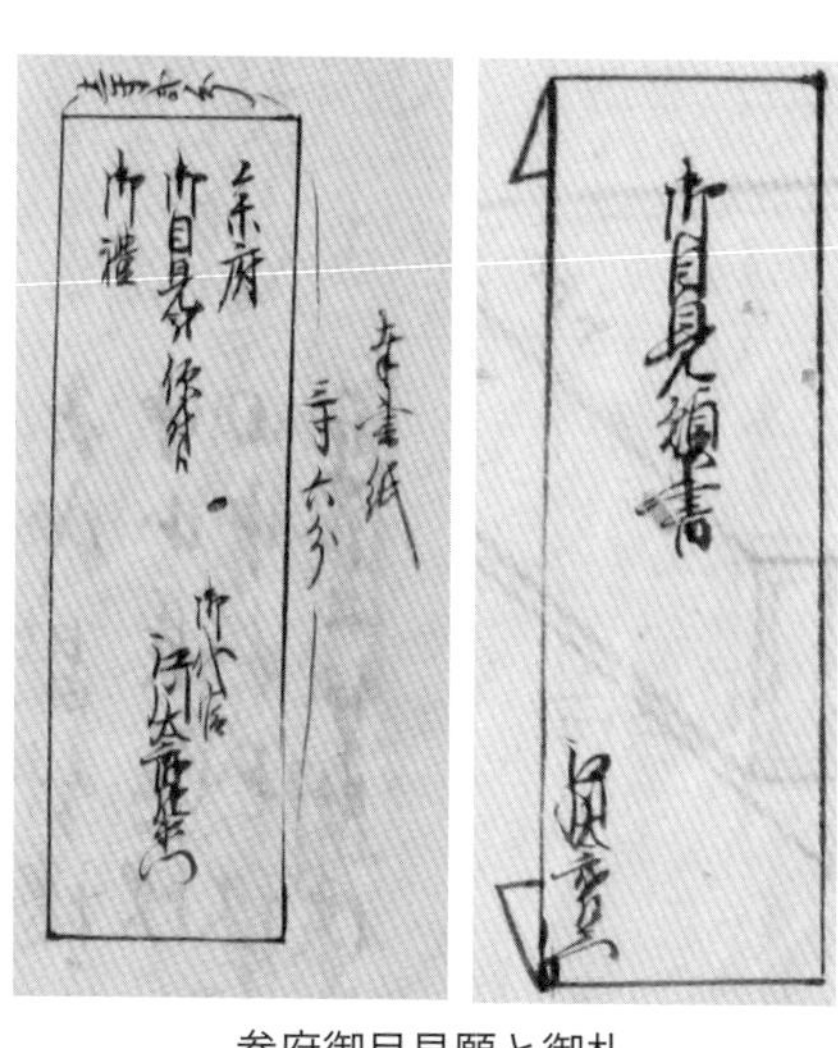

参府御目見願と御札

何回は改築が繰り返されたと考えられ、生き柱の根は残っていない。しかし、日蓮上人の直筆の棟札のお陰で現在まで火災にも震災にも遭っていないという。江川家はこの韮山にある屋敷と江戸本所南割下水にあった江戸役所兼屋敷の二か所を往復していた。

「参府日記」から参府手続きを確認しよう。参府というのは江戸に下ることを指し、江戸城に登城することをいう。天保九年（一八三八）鳥居耀蔵とともに江戸湾測量を行うように指示を受け、登城することになったのである。参府は重要任務であるが、大名の参勤交代と同様、江川からすると参府は一大行事である。

天保九年だけでなく、参府手続きは同じように行われる。写真で示したものは天保九年のものであるが、天明年間（一七八〇年代）から残る参府日記から幕末まで同様の方法で参府行事が行われる。参府すると、最初に参府報告として登城することになる。それには「御目見願」を取次に提出する。許可が下りてお目通りが叶うと挨拶に出かける。この時、干し鯛を五枚献上する。これも定例の方法で幕末まで踏襲される。箱の製作人も心得ている河内屋に依頼するのである。これらは献上物屋を通して行う（S181－1）。その後は御礼回りを行うことになる。

この年は江戸湾測量という任務のための出府であり、測量関係者との出入りが多い。三月二十五日には手代の松岡正平を使いとして間宮林蔵へ山葵を一五根を届けた。翌二十六日には壺井信道へ一五根届け、御備場見分として小田原宿通行の挨拶のため椎茸一箱・岩茸一箱・梅干し一曲・鰹塩辛一曲を届けた。

2　文化八年「参府日記」

文化八年（一八一一）の「参府日記」（S183）二月四日は公家衆の御能を見学するため英毅・英虎が連れ立って登城、この御用留にはないが、終了後振る舞いがあり、箸を持ち帰ることがあった。その箸が残っているが白箸である。英虎が歌のため大羽栄兵衛から鮮鯛一尾が書状とともに届けられた。同日、韮山の留守を守る佐藤新八郎から御披露紙一包・風呂敷一包、白酒一樽、山葵菰包二つが届いた。酒はすでに江川酒の醸造は終わっているので、別銘柄である。風呂敷包の中身は不明である。山葵はすでに贈答用に使われていた。

三月六日、下田町にいる儒者の浅岡香庵が御目通りとして何かはわからないが砂糖漬け一曲を持参、茶漬け飯を出した。また、太田作兵衛という者も訪問を受け、昼飯を出した。英虎は鎗術師範細井権左衛門のところへ通っているが、家来がお供を兼ね鎗術に入門、そのため肴一籠を持参、脇田周助から祝儀として肴一籠を受け取る。

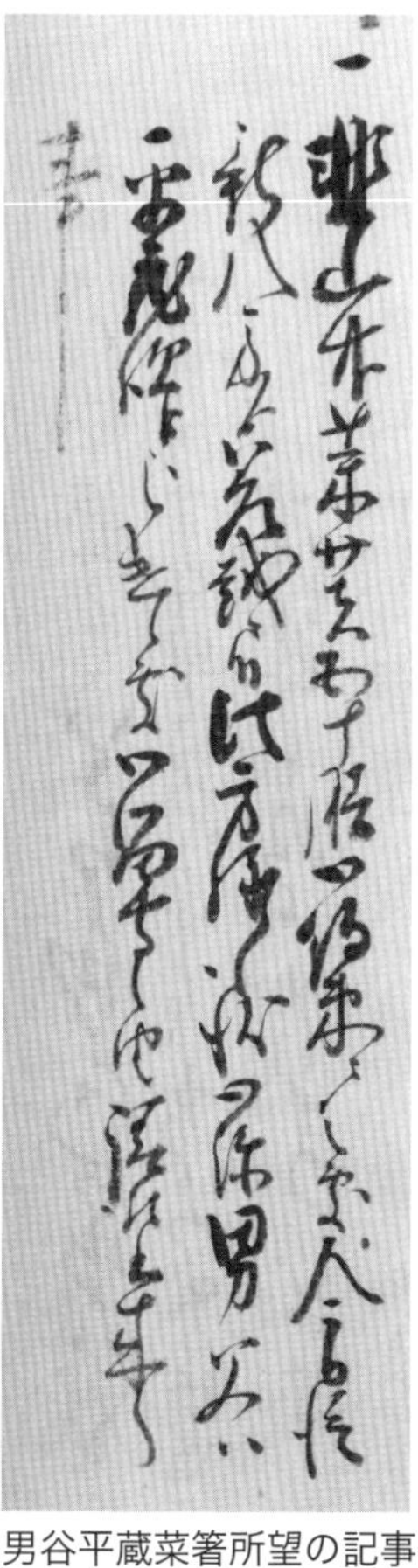

男谷平蔵菜箸所望の記事

剱術家の男谷平蔵より韮山竹で作った菜箸を五〇膳の所望の約束があり、韮山の佐藤新八郎から届き、持参、留守だったが請取に来た。

江川家手代で身の回りの世話役を代々行っている森田家は「参府日記」も記載している。森田家は永四郎・文平・留蔵と続く。最後の手代である森田留蔵は最後の代官となった三八代英武の世話役として、岩倉使節団に随行、一緒に帰国した。文化八年当時の当主は永四郎である。記事では、同日、永四郎から鰹が少々届けられた。韮山への帰国に際して、日ごろ世話になっている住友吉次郎の名代から餞別が届けられ、各方面への挨拶を済ませた。

この年四月十八日韮山の屋敷に帰館した。

3　文化十二年「参府日記」

文化十二年（一八一五）の「参府御用留」（S1373、目録では「文政元年参府日記」となっている）の最初の記事は前欠ではあるが、参府のために江戸への到着祝いと思われる。十二月十九日の記事に祝い膳の記載がある。

一御着後直ニ
　若殿様・関川様・権太様江被為入、夜五時頃御帰之事
一関川庄五郎様・同勇三郎様御出　殿様御一同御祝御酒差上御膳共相供候事
　ミそ
一御吸物　数子鯛　しめし茸
一硯蓋　五色
一鉢肴　鯛濱焼　自然しょ（薯）うま（甘）煮・せうか（生姜）
一御膾　生盛
一御汁
一御平　半へい・切身・くわゐ・せり・椎茸
一御猪口

一御焼物　　ほふ〳〵（ホウボウ）ひらき

右之通相模屋政五郎江申付候事

ここに出てくる若殿様は英龍ではなく、二十五歳で早世した英龍の兄英虎である。関川家は後に紹介する英毅の弟陽三郎の婿入り先である。江戸を留守にする時の留守番としてお願いしている武家である。権太家は英毅の妻である安藤久の弟の婿入り先である。久しぶりの再会を祝ったのであろう。

最初の味噌吸物は味噌汁、具は数子鯛（かすごたい）、しめじ。数子鯛は一〇チセンほどの鯛の幼魚で「すへ小鯛」の「すへ」は「数」からきているものと思われる。硯蓋に盛られる五色は不明。鉢肴は鯛の浜焼き・自然薯の甘煮・生姜、膾の生盛は「生」から恐らく生魚入りの膾、平ははんぺん・切り身・クワイ・セリ・椎茸を使っているが、どのように調理しているかは不明。猪口の中身も不明。最後の焼き物はホウボウのひらきとなっている。料理は相模屋政五郎に依頼した。次いで二十二日にも相模屋に依頼して登城御目見の仲介をとってもらった中川忠五郎・米倉藤兵衛へ中鯛一尾・鯔二尾・ホウボウ二尾をお礼として届けた。

二十三日には留守中のお礼として関川庄五郎へ駿河屋より酒一樽・津久井屋新兵衛と積久屋清助に頼んで鴨一つがいを渡した。また、参府お礼の挨拶回り待ち受けの代官中村清八手代衆六人に対して交肴一折、鰹

英龍が描いたホウボウ（H47-8-40）

節一箱・清酒「瀧水」一樽、鰹節一連を配り、本丸中の番・西丸玄関番の対しては酒・吸物・本膳を差し出した。料理献立は味噌吸物・硯蓋・鉢肴・すまし吸物・刺身・膾・汁・香の物・坪・飯・平・猪口・焼き物である。料理人は青柳安兵衛と盛方二人を頼んだ。

さて、正月三日の初登城では熨斗目麻着用にて出かけた。熨斗目は、「のしめ」と読み、江戸時代に、武士が小袖の生地として用いた絹織物で、練貫という織物である。縦糸に生糸、緯糸に練り糸を用いた平織りの柔らかくて光沢のある絹織物。熨斗目は、士分以上の者が礼服として用い、大紋、素襖、麻裃の下に着用した。袖の下部と腰の辺りの色を変えたり、その部分に格子縞や横縞を織り出したりしたものを腰替りといい、やがて腰と袖裾の変わり織りの意匠を表すようになった。江川家には徳川家拝領の時服として葵の御紋の入った熨斗目が残る。

徳川家拝領の熨斗目

旗本としては代官になる前は寛政二年（一七九〇）の江川金次郎（英毅の元服前の呼称）「親類・遠類書」（25－46）によると小十人鵜殿進次郎組支配、代官就任後小普請格で、小普請方とともに松の廊下で年始御礼御目見を済ませ、英毅は英虎とともに小普請の同僚と弁当を済ませ、その後、挨拶回りを行った。挨拶回りは七日まで続いた。

さらに歳暮として鰹節を貰った方々へ鳥の子餅一盒・肴を進上した。

正月八日、韮山より初用状が到着、お遣い料の山葵二五本も到来した。当日、昨年末に布衣装束をほかの人に譲ったので、大丸屋が布衣(ほい)地・熨斗目地を持参、布衣地は萌葱と玉虫色二反に決まった。九日は一連の行事が終わり、英毅は外出がなく、若旦那の英虎は浅草観音へ参詣、八時過ぎ帰宅した。この日、新年の挨拶状とともに鰹節が届けられた。

十一日、柳生主膳へ歳暮の返礼として鳥子餅一盒、肴一折進呈、また、石川主水正に土佐の鰹節一〇本を台付で進上。曽我豊後守へ中鯛一尾・小鯛・カレイ二尾・キス・アイナメ・シジミ、生椎茸・坊風・かいわり菜(貝割れ菜)・蛤一〇を肴籠詰交じり進上、柳沢佐渡守へ大ボラ二・中カレイ三・中アワビを、柳生主膳へ大ボラ三・中カレイ二を進上、いずれも御台所町魚屋吉五郎に注文した。

4　旗本の日常と食生活

しばらく、前出の文政十年「参府日記」記載の江川家の日常に触れてみよう。表紙が欠如しているので、正月元旦から書かれていたかもしれないが、書き出しは正月十五日である。小正月で、この日は、旦那様（英毅）は熨斗目を着用し六つ半時（朝七時頃）過ぎ自宅を出た。通例のあいさつのため登城する。あいさつが一通り済んだのち、幕府直営の寺社などの補修を行う普請奉行配下の小普請方の詰め所で弁当を食べる。英毅は代官職であったが、江戸にあっては直参旗本の小普請格であった。

さて、弁当の席に魚が届いたのであいさつ、その後勘定奉行である曽我豊後守のところへ出向き、九つ半時（午後一時）頃帰宅した。その日、英龍は出かけず、英毅母方の大岡佐太郎が年始に来る予定だったが、体調が勝れないということで使いの者が来邸、英毅・英龍の二人で面会した。

二人在宅中、英毅の弟陽三郎の婿入り先の親族である関川勇三郎があいさつに寄るが、直ぐに帰った。また、山田一郎という人物が見え、年始の祝儀として中鯛二尾、鰡一尾を持参し、呈上した。山田一郎と夕飯をともにし、夜になって帰って行った。鯛は、「メデタイ」という。また鰹節は「勝雄武士」ということ。北条氏綱が天文六年（一五三七）小田原で小舟で漁を見物していたところ一尾の鰹が飛び込んだのをこじつけで、カツオすなわち勝つ魚、戦さに勝つという名のめでたい魚が飛び込んだと大いに喜び、すぐさま兵を起こすや怒涛のごとく上杉朝定を打ち破り、武蔵国を手中に入れたということから、武士の間で贈答に盛んに使われた。

鯔（ボラ）（鰡）は、鰆（サワラ）、鰤（ブリ）、鱸（スズキ）や、鮗（コノシロ）と並んで出世魚として知られ、成長するに従って、関東では、最も小さいときはハク、次いでオボコ、イナッコ、スバシリ、イナ、ボラ、トドと呼ばれる。オボコは、子供などの幼い子の表現に使われ、イナは、若い衆の月代の青々とした剃り跡をイナの青灰色でざらついた背中に見たてたことから「いなせ」の語源と言われ、漢字で「鯔背」と書く。トドは、ボラが一番大きくなった呼び名で、これ以上大きくならないことから「とどのつまり」の語源と言われている。伊豆の富戸（現伊東市）にはボラ納屋が残り、盛んにボラ漁が行われていた。

正月十六日も英毅は前日同様熨斗目を着用、朝六つ半時頃出宅、江川家との関係は不明であるが、守屋権之丞宅・島田帯刀宅・齋藤覚右衛門宅・石川辰悦宅の四軒を回り、九つ時（正午）頃帰宅した。英龍は、平服で五つ（午前八時頃）過ぎお忍びで岡田十松宅・益田重蔵宅・石川辰悦宅・小野田三郎右衛門宅を回り、八つ半（午後三時頃）頃帰宅した。石川辰悦宅へは親子で立ち寄っている。岡田十松宅は英龍の神道無念流剣術の師匠で、当時、師匠である十松の子息の問題を片付けるためにこれからも度々立ち寄ることになる。

英毅帰宅後、市川主水正、山木其次郎が年始のあいさつに来る。山田茂左衛門より鮮鯛一尾届く。陽三郎の婿入り先の義父関川庄五郎が夕刻立ち寄り直ぐに帰宅、植松安左衛門が祝儀として鴨一番（つが）いを呈上しに来て、夕飯を共にした。

十七日は、英毅はどこへも行かず在宅していた。英龍は朝食後岡田十松方へ出宅、八つ時（午後二時頃）頃帰宅した。役宅へ石川栄平が訪れ、酒、湯漬けと振る舞い、夜まで滞在した。今後も湯漬けがたびたび振る舞われるが、当時、櫃に入れて保管するご飯は冷えていた。温めて出すため湯漬けとなった。

献立に記載された菓子が何かわからないが、菓子について若干述べておこう。加賀前田家では、四代藩主前田光高公以降、歴代加賀藩主の婚礼のほとんどは江戸の本郷邸で行った。文政十年（一八二七）、十三代加賀藩主前田斉泰の正室となった十一代将軍徳川家斉二一女溶姫の輿入れも、本郷邸に新築された御守殿であった。その際の『御住居、御間飾絵図』が残され、それによれば、御婚礼菓子が飾られたのは御化粧之間であった。床飾りとして掛物二幅、犬張子、蕨絹張（わらびきぬばり）、鳥子餅、御料理は五三三御本膳、同二膳、同三膳、盃、銚子（さしなべ）、堤子（ひなげ）であった。それに菓子が記されている。

では、いかなる菓子がどのように飾られたのか。かねがね気にかけていたところ、平成十年（一九九八）に石川県立美術館で開催された『前田利為と尊經閣文庫』展の図解を見て、積年の疑問が氷解した。大正十四年（一九二五）二月の利為侯と酒井菊子様の本郷邸における婚礼写真中に、くだんの御婚礼菓子が載っていたのである。それは、『有職厨具図　紀宗直（きむねなお）伝』に『折（おり）お柜（ひつ）菓子』として記された有職の様式であった。香立を施した器に若松と雌雄の鶴を立て、中に饅頭が盛られている。器は五寸角と定められた、饅頭の大きさは直径わずか一寸（約三チセン）余りである。

この饅頭は祝儀用に作る平たい卵形の紅白の餅で鶴の子餅である。金沢固有の酒饅頭ではなく、京都風の諸蕷（しょよ）饅頭だったと思われる。前田家の慶弔儀式は公家のしきたりに則っていたからである。実際、山芋を使って粘り気をもたせなければこれだけ小さな饅頭を作ることは出来ない。いにしえの菓子の実現を通して実地に学んだことのある一つである（北國新聞出版局月刊「アクタス」）。

5 文久元年の「参府日記」

三八代当主英龍は、安政二年（一八五五）正月十六日に没した。英龍は本所にあった江戸屋敷と韮山に開講した韮山塾との往復、本所での塾だとが手狭であり、韮山を離れて江戸に開講できる広い場所を幕府に要望していた。英龍が没するのと同時期、品川浜御殿近くに大小砲習練場として芝新銭座に塾を開き、江戸屋敷を拝領することになった。

長男・次男が早世したため跡を継いだのが三男の英敏である。英敏も生来体が弱く、はしかを患って二〇歳で亡くなった。しかし、英敏も代々の当主が行ったように江戸参府、登城と代官職を全うした。英敏の場合は、調練場教授方という任務もあり、英龍が敷いた道とは言え、父同様に多忙であった。文久元

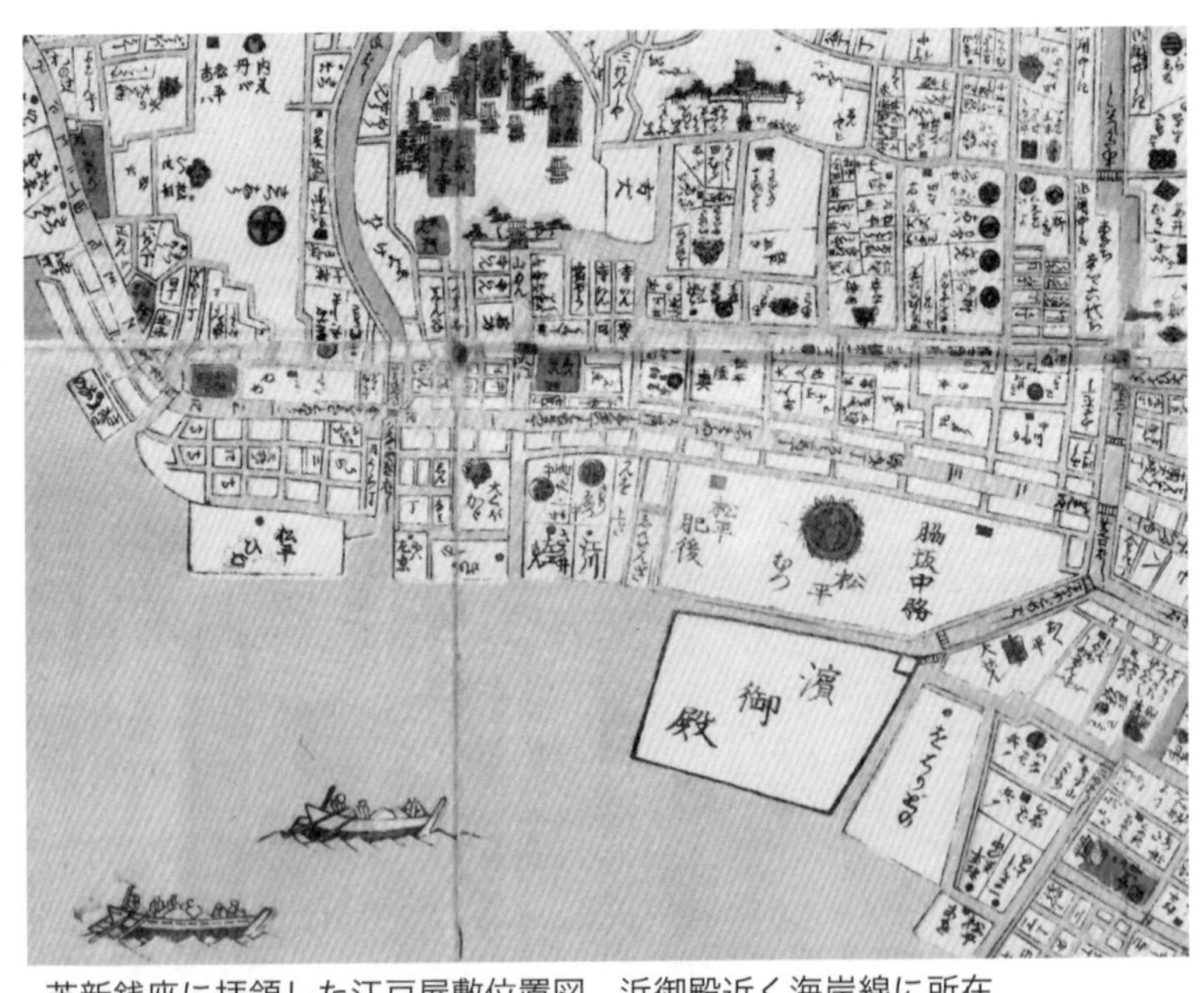

芝新銭座に拝領した江戸屋敷位置図、浜御殿近く海岸線に所在

年（一八六一）に参府した時の日記があり、その時の様子が記されている。少し抜粋をしてみよう。

四月二十六～二十八日にかけて山葵を各所へ進上している。二十六日には一〇軒三四五本、二十七日は一九軒七一五本、二十八日は一二軒三五〇本、合計四一軒一、〇一〇本がが使われた。最も多く渡したのは英龍の開いた高島流砲術を伝授するための塾の門人を送り出した遠藤備前守と一〇〇人以上を送り出した信州高遠藩主内藤駿河守には一〇〇本である。少ない人で二〇本を進上した。手代の松岡正平等が使いとして運んだ。

山葵は伊豆の中央に、東西に連なる天城連山の麓の支配地である湯ヶ島村（伊豆市）から調達したもので、後述するように、椎茸とともにすでに伊豆の特産品となっていた。

五月晦日、韮山本立寺貫主日建入院となり、浅草本法寺より初めての御対顔が済んだので、手代雨宮新平の案内で書院において昼食を摂った。昼食の献立は

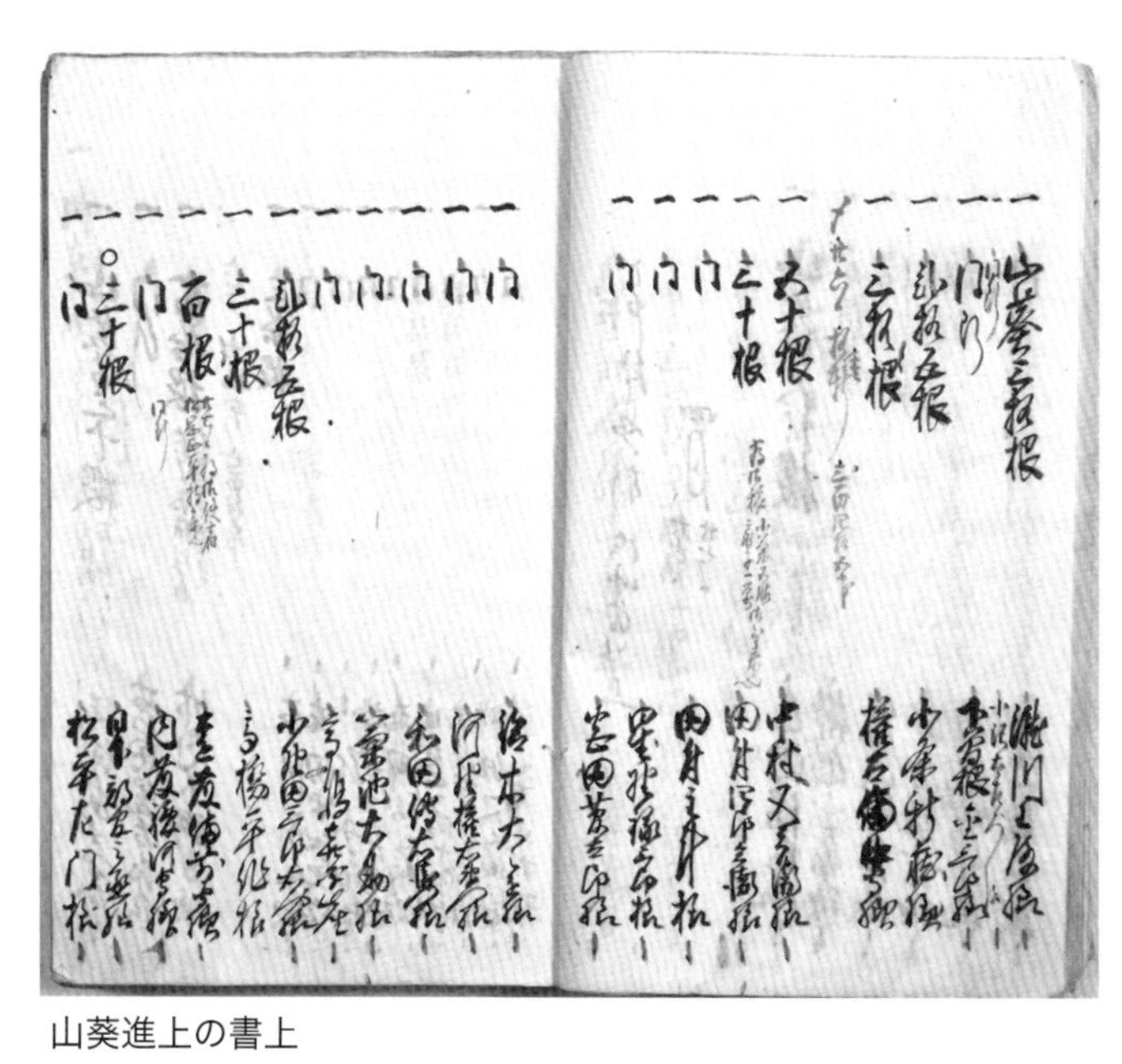

山葵進上の書上

向　紅白水仙巻
　　岩茸
　　白瓜
　　糸こんにゃく
　　あげ　　合交
　　かき
　　椎茸
　　けん生姜

平　花形長芋
　　角切椎茸
　　あじろゆば
　　唐上ヨ麩
　　さわらび
　　　下部

向　金てん
　　岩茸　　合交

汁　吉野つミいれ
　　竹とふが
　　鹿の子椎茸

●猪口　たせゆにんじん
　　はじけ豆
　　百合の根

○香物　まきな
　　なら漬
　　みそ大根
　　白しほ

菊見
けん

平　姫ゆり
むしぶ
島田ゆば
中椎茸
いんげん青煮

香物　白瓜
沢庵
日光唐辛子

飯

昼食後、茶・菓子
御菓子　壱台
紅桜餅五ツ
但　腰高饅頭五ツ
蒸ようくわん五切

食材不詳のものもある。たとえば、向に供される「紅白水仙巻」、インターネット情報では菓子だが、菓子は最後に出るので、最初に出されるのは菓子ではないだろう。その他にも不詳のものがあるが、後考を待ちたい。

四　一汁一菜

1　一汁一菜

はじめに述べたように、坦庵弁当を作ろうと提案されたが、一汁一菜の弁当は誰も喜んではくれまい。天保九年（一八三八）十二月に英龍は江戸参府を行った。正月は江戸で過ごすこととなった。すでに父英毅の参府中日記から誕生日の献立などを紹介した。ここでは、「小買物帳」を使って当時の生活の様子を見てみよう。江戸での生活は、韮山と違ってすべて買物をする生活である。そこから、日常の食生活やどのような必需品を購入していたかが垣間見える。さらに当時の小間物購入の記録から物価を知ることもできる。ここで必要なのは文化ではなく、おもに食生活を見たいので、物価に興味のある方は一覧を検証して欲しい。しかし、翌十年（一八三九）正月に武蔵国久良木郡町屋村から報告のあった物価を紹介しておこう（N117－62－45）。

白米一升　一六四文、大麦一升　五八文、大豆一升　一〇〇文、小豆一升　一四八文、水油一升　五四八文

金一両に付銭六貫八〇〇文

である。本節「3　天保九年伊豆巡見使」で湯ヶ島村（伊豆市）が示した物価と一年違いではあるが比較して欲しい。白米値段は同じであるが、大豆・小豆とも湯ヶ島村の方が高い。銭相場も一〇〇文高い。

ところで、一汁一菜であるが、以下の代官から支配地村々へ発給される廻状といわれる史料にそのことが

書かれている。「亥」年のものなので、年号を明記することは困難であり、また、記載したのは、「江川太郎左衛門」名があるが、本人ではなく手代が記すので、英龍の発給かもわからない。しかし、いずれにしろ、代官江川家から出されたものであることは確実である。

其村々当田方立毛為検見、我等手代共近く相越候間、内見小前帳之通田毎々字番附仕、田主名前内見合附相記、建札いたし、地所聊ニ而茂不残様案内可致候、

（中　略）

一泊休之儀、行掛ニ申付候間、得其意、止宿取繕ヶ間敷儀決而致間鋪、且上下共木銭米代相払候間、賄之儀者、所有合野菜を以一汁一菜之外、何ニ而も馳走ヶ間敷儀致間敷儀致宜敷候

（中　略）

右之通申渡候間、急度相守、心得違無之様可致候、此廻状村下名主致請印、早々相廻、留りゟ可相返候、以上

亥九月廿一日　　江　太郎左衛門㊞

大　畑　村㊞

（以下、村名を縦書きに記す）

本宿村㊞・木瀬川村㊞・今沢村㊞・大塚町㊞・原宿㊞・一本松新田㊞

助兵衛新田㊞・植田新田㊞・西船津村㊞・平沼村㊞両組
鳥谷村㊞・徳倉村㊞両組・柳田村㊞

右村々
名主
組頭
惣百姓

駿河国駿東郡大畑村ほか一三か村（静岡県裾野市、沼津市、駿東郡長泉町・清水町）へ宛て、田地の収穫の様子を巡検調査する廻状に、廻村中は一汁一菜でなければならないとの記述がある。しかも所あり合わせの野菜を使っての調理、としている。宿泊にも気を使わないよう「取繕いヶ間敷」ことをしてはいけないとあり、接待を受けないということを明記している。一汁一菜の「菜」は香の物と考えがちであるが「菜」はおかずのことである。また、「一汁」は現代の人たちが考える味噌汁や吸い物ではなく、具がたくさん入った煮物に似たものであった。野菜を具だくさんにしたけんちん汁がその代表的なものである。

英龍が天保八年（一八三七）郡内騒動が収まって甲州の預かり地を巡見した時の献立は、ほぼ毎日豆腐であった。現代のように花がつおが添えられているわけではなく、ただ醤油をかけて食べるだけの食事であった。

宝永三年（一七〇六）「年中行事」に記された汁を確認しよう。繰り返しになるが、汁のところを集めてみた。まず、正月五日に「汁　輪切大根・くづし豆腐・うお」とある。この時振る舞われた汁は、輪切り大根とくづし豆腐、魚を煮込んだ汁料理である。十一日に行われる具足開きに出された汁の具は、揚げ豆腐、昆布、牛蒡、舞茸、氷豆腐である。正月「十五日御日待」で出されたのは、昼間は現代でも定番の豆腐の汁である。当日は御日待なので、夜食が必要になる。夜食は白粥と、芋・焼き豆腐・牛蒡・大根・黒大豆・キクラゲの入った汁と香の物が振る舞われた。まさに一汁一菜である。

十五日御日待の献立もやはり旬の竹の子中心である。最初に大根や栗・葉ショウガの酢和え、そして竹の子と焼き豆腐・牛蒡・蕗・昆布を入れた汁である。

このようにして見てくると、一汁一菜は、味噌汁や吸い物に香の物ではない主菜であったことを理解できる。内容によって栄養価の高いものであったこともわかるだろう。

五月の端午では、ねいもとほうとうを入れた汁が用意された。また、十五日の日待ちでは、汁も出され、具は揚げ豆腐、竹の子、昆布、椎茸、氷こんにゃく、牛蒡である。食事の最後に山芋、幅海苔の入った吸物、酒が出される。

大名、旗本は自分が支配している村々を巡回、視察する場合、同様の「一汁一菜」の食事用意の廻状を村々へ触れ出す。しかし、次に記載するように、旗本の家来の廻村では無理した村々の接待ぶりが窺える。

食事の献立記載はないものの、旗本鳥居氏の家来の廻村ぶりは尋常ではなかった。

江戸時代中期の元禄年間、将軍綱吉の時代、幕府の財政赤字が膨らみ、それを解消するためのさまざまな政策を打ち出した。そのうちの一つとして、同十一年(一六九八)、それまで給料として米を受け取る蔵米取りだった旗本の多くが知行地を渡され、知行地から受け取る年貢が給料の代わりになる「地方(じかた)直し」ということが行われた。

江川家は旗本として、一年の大半を江戸で過ごし、登城して城内で待機している。旗本はそれが日課で何事も起こらなければ、それが日常である。そのため、時間に余裕があり、剣術・槍術・馬術や絵画・音曲など様々な芸術に取り組んだり、博物学等をたしなむ人たちが数多くいた。そして、その中で多くの交流が生まれ、ネットワークもできたのである。英龍は、それら芸術についてほぼ一流とされるほどの腕前であった。父・英毅の時代は化政文化といわれる庶民文化が根付き、食に多くの関心が寄せられる時代で、様々な献立を見ることができた。ところが、文政末年から天保にかけて、水害や飢饉に見舞われ、天保の改革とともに質素倹約が励行されるようになった。江川英龍も家督を継ぐとすぐに家政改革に乗り出し、質素倹約を家中に申し渡した。当然、本人も質素倹約を実行したので、畳はすり切れ、障子は反故になった紙を張ったと

天保９年出府中野菜物外小買物請払帳

12月21日	下馬茶代	48文
	いも１升	58文
	菜代	36文
12月22日	下馬茶代	48文
12月23日	とこ□	2匁
	下村すき油	100文
12月24日	筆代片岡伴六郎写本ニ用	32文
	茶代	48文
12月25日	醤油５合	100文
12月26日	そふり豆	36文
	下馬茶代	48文
	そふり豆	22文
	堀出一服	36文
	な代	12文
12月27日	茶代	48文
	とうふ半丁	30文
	水にかわ・みやうばん代 にかわ代	40文
12月28日	下馬茶代	32文
	な代	48文
	大根代	36文
	鍋いかけ	28文
	昆皿１つ	150文
12月29日	油代	164文
	味噌こし１つ	300文
12月晦日	醤油５合	40文
	味醂１合	124文
	す１合	48文
	豆腐１丁小半	24文
	菜代	75文
	大根	48文
	醤油５合	12文
1月1日	菜代	124文
1月2日	豆腐代半丁	32文
	醤油５合	30文
	油５合	124文
1月5日	雪駄なおし代	300文
	な代	72文
	なづけ代	64文
	下馬茶代	64文
1月6日	たくわん代	48文
1月7日	菜漬代	200文
	下馬茶代	48文
1月8日		48文

3月17日	ほうり1ほく	16文
	ほうき1本	10文
	あげ3つ	15文
	大根1わ	20文
3月18日	な代	12文
	酒1升	400文
	かご1つ	24文
	いをふ	15文
3月19日	な代	12文
	肴代	120文
	豆腐代	30文
3月20日	てんがく	18文
	箸	10文
	若め	32文
	下馬茶代	48文
3月21日	豆腐小半挺	15文
3月22日	いわし	24文
	な代	32文
	いわし	24文
	大根1わ	32文
	豆腐半挺	30文
3月25日	豆腐半挺	30文
	醤油代	100文
	しゃくし1本	12文
	ふき2わ	32文
	豆腐小半丁	15文
	大根1羽	36文
	あげ4枚	20文
3月26日	豆腐半丁	30文
3月27日	御持草り1足	40文
	あげ4枚	20文
3月28日	ふき	20文
	あげ(カ、図示)	20文
4月1日	とうふ半丁	20文
	あぶら	200文
	あげ	45文
	醤油	100文
	いも	24文
4月2日	す代	40文
	醤油	200文
	いわし	100文
	とうふ	15文
4月3日	下馬茶代	48文
	元結代	28文
	な代	20文
	はし	8文
4月4日	酒代	400文
	しんき(真木)	8文
	ふき	16文
	めうがつけ	48文
	せうか	50文
	しらがこんぶ	50文
4月5日	酒1升	400文
4月6日	あげ	25文
	はみやき2つ	32文
	下馬茶代	48文
	な代	5文
	あげ	15文
4月7日	下馬茶代	48文
	醤油	100文
	つけぎ	24文
	とをしん(灯芯)	8文
	す代	12文
	あげ代	15文
4月8日	豆腐	15文
	うちわ1本	8文
	酒5合	200文
	醤油5合	100文
	さんせう(山椒)	8文
	酒5合	200文
	な代	12文
4月9日	あげ	10文
	大根	36文
	な代	12文
4月10日	ふき	16文
	どびん	148文
	うを代	16文
	な代	8文
4月12日	ぞうり	20文
	台所茶代半遣	48文
	きりぼし	16文
	油代	200文
4月13日	あげ	15文
	な代	8文
	どびん	84文
4月14日	とうふ	15文
	な代	10文
	大黄・硝石・甘草	148文
4月15日	せきちく	24文
	な代	8文
	あげ	15文
4月17日	とうふ	15文
	とうふ	15文

いわれている。こうしたなかで、江川家が江戸でどのような食生活を送ったのか、質素倹約を進めた英龍の天保九年（一八三八）「出府中野菜物外小買物請払帳」（N117-160-1）を使ってみてみよう。

江戸に出府して最初にするのは、出府仲介をしてくれた旗本へのお礼と登城して参府報告をすることである。これについては、別項で述べたので、触れないが、帳面は十二月十一日から始まり、翌十年七月十日までの記載がある。七か月の滞在であった。野菜・小買物の帳面なので、日常の食卓に上るものすべてではな

6月1日	酒5合	200文
	なす代	16文
	下馬茶代	48文
	せうゆ	100文
	ひちりん網	84文
	とうふ	15文
	なす	16文
	下馬茶代	48文
6月2日	なす	172文
6月3日	せきた(雪駄)なをし	40文
	附木	12文
6月4日	御持草り代	48文
6月5日	味醂5合	300文
	砂とう	100文
	油代	200文
	桃10	44文
6月6日	とうふ	15文
	あふらけ	25文
	なす	24文
6月7日	ねき	8文
	はへふき(灰吹き)	18文
	土びん	132文
	茶	48文
	手拭	132文
	茶	100文
	登油(燈油)	8文
6月8日	ねき	12文
	大根1本	18文
	なす	24文
	酒	105文
6月9日	下馬茶代	48文
	なす	16文
	とうふ	15文
6月10日	なす	12文
	下馬茶代	48文
	はし	8文
	やくし三昧	56文
6月11日	ねき	24文
	なす代	32文
6月12日	はみかき	100文
	ねき	12文
	酒代	250文
	せう油	100文
	せきたなをし	64文
6月13日	なす	24文
	下馬茶代	48文
	なす	24文
	なす	24文
	なす	16文
	水筆1本	32文

6月15日	なす	28文
6月16日	なす	56文
	白うり	60文
	手桶たが代	32文
	魚油代	200文
6月17日	草履	40文
	茶代	48文
	酒2合	80文
	す	20文
	いわし	24文
	しお	24文
	茄子代	28文
	醤油代	100文
	夜中麻布行仲間へ	64文
6月19日	茄子	48文
	水ひしゃく1本	40文
	下馬茶代	48文
	茄子	72文
6月20日	茄子	72文
	附木	28文
	うちわ	8文
	草ぼうき	16文
	いわし	56文
	大皮茶	100文
6月21日	鰹節1本	264文
	塩5合	24文
	せった直し代	48文
6月22日	甘草1分・反鼻5分	20文
	まめ	28文
	茄子	24文
	醤油	100文
6月23日	茄子	36文
	酒3合	124文
	こまの油	24文
6月24日	榊原様御出ニ付菓子	200文
	布巾	68文
	6月7日巡回昼夕食	280文
6月25日	御勝手大たらい	80文
	とうふ	30文
	とうしん・茶袋代	24文
6月26日	せった直し代	56文
	油代	200文
6月27日	醤油	100文
	茄子	56文
6月28日	茄子	48文
6月29日	菜	24文
	ごま	24文
	水にかわ	24文
	草り1足	40文
	茶代	48文
	ちひん1	88文

いが、食卓を垣間見ることができる。

たとえば、年末年始であるが、日常の多くは豆腐を食べることが多いようだが、十二月二十五日醤油五合、晦日五合、翌正月一・二日にも醤油五合ずつ購入している。また、味醂も一合ある。これら調味料を食卓で一度に使ったとは思われないので、恐らく別に魚などを購入し正月料理を造ったものと考える。十二月から春までの買物は豆腐のほか、ねぎ、油揚げ・大根・菜が中心となっている。「そふり豆」は豆だろうが、どのようなものか不明。三月にはいわしやフキを購入している。

七か月間の買物すべてを一覧にするとほぼ毎日の買い物なので、かなりの紙幅を要する。ここでは、正月前後、晩春の三月から初夏四月、夏六月の買い物状況を一覧にして示した。夏は、ほとんど茄子が食卓の中心である。恐らく茄子を焼くためかと思われる七輪用の網の購入もある。別の買物になると思われるが、主食の米、付け木はあるが、燃料の炭・薪の記載がない。今後も解読し切れていない史料の読み込みにより、食卓を中心に日常生活を浮き彫りしていきたい。

2　旗本鳥居氏の伊豆巡見

旗本鳥居氏は二〇〇〇石の蔵米取り、書院番の役職を勤めていた。この鳥居氏は元禄地方直しで伊豆国内を含む知行地二五〇〇石を渡された。渡された村は武蔵国児玉郡・那賀郡（埼玉県本庄市・神川町）、上野国緑野（みどの）郡（群馬県藤岡市）、伊豆国君沢郡花坂村・戸沢村・天野村（現静岡県伊豆の国市）、田方郡大平柿木村（現同県伊豆市）、賀茂郡梅木村・筏場村、上白岩村（現伊豆市）の一部が知行地となった。

鳥居氏の知行地である天野村の名主であった狩野家に残された宝暦十四年（一七六四）「惣百姓困窮の次第」という天野村がなぜ困窮したかを書き連ねた記録が残る。これに、鳥居氏の家来が廻村するときの強要された接待が記されている。

旗本は知行地を受け取り、その年貢で生活することになる。凶作の年があっても保障されず、幕府直轄地の場合は代官がすべての事務を行い、蔵米だけを受け取ればよいところ、年貢収納をはじめとする知行地の管理すべてを行わなければならない。年貢が不足すると、年貢先納と称して翌年、翌々年の年貢を要求するなど、財政が苦しくなると知行地の村に要求するようになった。こうなると、年貢取り立てと称して役人たちがたびたび村を訪れるようになる。村方に逗留しては私用で遊んで帰って行く始末。とくに、寛延四年（一七五一＝宝暦元年）に就任した役人小栗重兵衛の行状は目に余るものがあり、ついに名指しで宝暦十四年（一七六四）になって、伊豆国全知行地九か村（上白岩村は二村に分郷していたので、九か村と数えた）で訴えることとなった。そこには今も変わらぬマスコミを賑わす役人の体質がにじみ出ており、その姿はドラマの中の悪代官である。

重兵衛が郷役人として伊豆へ来てからというもの、宝暦九年から十四年にかけての五年間で重兵衛のためにかかった費用は七五両二分となった。現在の貨幣価値でみると一両約十万円として七五〇万円である。それに加えて十三年には相模(神奈川県)へ入湯に出かけた。その費用も村方へ掛けたので、合わせて八五両二分の出費となってしまった。また、重兵衛は毎年村へ来ると、九か村の中心的役割を果たす割元宅に着くなり酒宴を始め、二～三日後酔いが覚めてからようやく仕事に取りかかるのである。

次の村へ行っても同じことを繰り返す。仕事は二の次で遊興のみが先行する状態が続いていた。下白岩久保村に逗留中、二度までも船元見分と称して大勢の人足を引き連れ伊豆東海岸にある宇佐美(現伊東市)へ出かけて行った。一度はたまたま操り芝居をやっていたので、五～六日も逗留、昼夜の酒宴、挙げ句の果てに芝居見物の桟敷で裸になって大騒ぎを始めた。いたたまれず、宇佐美の漁師や暴れ者たちが「打ち殺してやる」と大騒ぎになった。船元の扱いでようやく事なきを得ることができた。

天野村に逗留中は、川狩りをすると言って、狩野川に設置されて用水の取水場である江間堰(現在は取り払われている)を切り、水干しをするよう命じた。多くの人足が駆り出され、人足たちは大切な用水を溜める堰であるので躊躇していると、ひどく叱られるということがあった。また、宝暦九・十年の二度修善寺温泉へ湯治に出かけた。その時も多くの人足が使われた。宝暦九年以前に来た時には金策のため無尽を企て二〇両を受け取った。さらに十四年は村方の方でも割合を掛けて持つことになった。

小栗重兵衛の行状は目に余るものがあった。あまりのひどさに十四年二月知行主である鳥居氏へ訴え出た。

その後、同年四月に領主から役人連名で出された書付には重兵衛の名前が見えなくなっていた。その後の書付にも一切名前が記されたものがないところを見ると、訴訟の結果、訴えは聞き入れられたものと思われる。

幕府は旗本が一か所ではなく、分散して村々を治めることによって、領主が権利を主張しないような方針をとったが、村と領主が離れていると不正の温床となりやすい。この事件はその典型的なものとなってしまった。

3　天保九年伊豆巡見使

次に、天保九年（一八三八）三月、湯ヶ島村・市山村賄「御巡見様御休泊一件書留」（湯ヶ島足立家文書）を見てみよう。

江戸・武蔵・上野・下野・相模・安房・上総・下総・常陸・伊豆を安藤治右衛門・馬場大助・内藤源助の三名が巡見することになった。巡見とは地方視察である。幕府命令の任務となるので、荷物の運搬などは朱印となって費用負担はないが、これだけの国々を視察する長旅になるのでそれだけでは足りず賃人足も頼むことにもなる。

伊豆に入る前、相模国小田原宿から山石村で休憩、その後伊豆国賀茂郡熱海村（三月十五日泊）↓網代村（熱海市十六日休）↓川奈村（伊東市同日泊）↓八幡野村（伊東市三月十七日休）↓白田村（東伊豆町十七日泊）浜村（河津町十八日休）↓下田町（下田市同日泊）↓箕作村（下田市十九日休）↓梨本村（河津町同日泊）↓田方郡湯ヶ島村（伊豆市二十日休）↓吉奈村（伊豆市同日泊）↓北条四日町（伊豆の国市廿一日休）↓君沢郡三島宿（同日泊）↓相模国足柄郡箱根宿（二十二日休）↓小田原宿（同日泊）と、東海岸から下田を視察、下田往還を北上して天城越え、三島まで向かい、箱根を越えて、再び小田原宿に帰る行程であった。

それぞれの家来は、安藤治右衛門が四三人、馬場大助が四二人、内藤源助が三七人、総勢一二五人という大所帯での移動である。天城峠を越え湯ヶ島村に到着してから、安藤氏は名主清次郎宅、馬場氏は弘道寺、内藤氏は湯ヶ島村の小字大瀧の嘉七宅に分宿休憩となった。韮山代官手代も伊豆国内視察のため動向、手代の中村清八は御用炭会所である源助宅で休憩を取った。休憩とは昼食である。

昼食は前の出発地である梨本村が弁当を用意、持参した。湯ヶ島村ではあらかじめ何を出したら良いか調査しておいたが、一切不要と断られた。茶を飲むに当たって茶代として清次郎・弘道寺に三〇〇文ずつ、嘉七に二〇〇文が支払われた。弁当は茶碗飯と箱に入れた平で、水こん・青物・かんぴょう・午房・人参・椎茸・包豆腐である。

地域の実情視察であるから、料理とは少し離れるが、視察内容に触れて置きたい。まず、湯ヶ島村の農業生産高、面積、荒れ地面積、支配として大名領か旗本知行か、名主を初め村役人名の書き上げ、朱印地の有無と規模、家数・人口、本年貢以外の運上・冥加の報告を行った。休憩・昼食を摂った湯ヶ島村だけでなく、遠方の村についても調査を行った。もっとも遠方の村については手札のみや御機嫌伺いとして書物を持参して済ませ、村境に「是より何領分」と記載した棒杭を立てたところもある。伊豆地域に天保九年の村絵図、村差出明細帳が各地に散見するのはこのためである。

巡見の同行者が問題を起こさないよう宿泊の宿となった三軒は高札の写し、板札を掛けるよう指示があった。必要な買い物は所相場を以て相対で行うが、相場より安く買い入れることがあれば問題とする。総勢一二五人ともなると家来の不祥事など、何が起こるかわからない。

こうして掛けられた板札と相場書は以下のようである。

板掛け札

条々

一万事申付候法度之趣可相守事
一悪事ニ付一味同心致間敷之事
一火の用心可致大切之事
一押買狼藉致間敷事
一男女色道禁制之事
一酒之義誓詞之通堅可相守事
一博奕幷少々之勝負事も致間敷候事
一自分として買物致間敷候事
一宿之者江非分申掛申間敷事
一宿之諸道具扶不申様可心得事
右之条々堅く可相守、於令違背者可為曲事もの也、仍而如件

天保九年戌三月　　如此下宿江掛置申候

相場書

差上申一札之事

一白米壱升　　代百六拾四文
一味噌百匁　　代四拾文

一醤油壱升　　代百七拾文
一大豆壱升　　代百四拾壱文
一小豆壱升　　代百六拾四文
一酢壱升　　代百拾六文
一諸白壱升　　代三百文
一わらじ壱足　　代拾文
一金壱両ニ付　　銭六貫七百文
右之通諸相場相違無御座候、以上
　　天保九年三月　　湯ヶ島村名主清二郎
　　　　　　　　　　吉奈村名主庄左衞門

宿泊代

　　奉受取木銭米代之事
一銭三貫六百拾四文　　御上下四拾三人様米代
一銭七百七拾六文　　御上下御壱人三十四文
　　　　　　　　　　御同勢四拾弐人様十七文宛
〆銭四貫三百九拾文　　風呂薪木代ハ温泉ニ付相除
右之通り　御公儀様御定之通木銭御米代御払被遊、慥ニ奉受取候、

御上様ハ不及申末々迄も御非分成義毛頭無御座候、為後日仍而如件

小堀織部知行所豆州田方郡

湯ヶ島会所に集められた村々と仕事分担

村名	役職・名前	仕事分担
市山村	七郎右衛門	馬入払い、印形方賄い人兼書役１巻
青羽根村	名主彦左衛門	会所常番取締
門野原村	組頭善次郎	人馬賄人諸帳面取締
田沢村	名主又左衛門	人馬賄人諸帳面取締書役兼
湯ヶ島村	儀右衛門・久右衛門	諸色調方受払人馬賄兼借物等迄
中原戸村	名主代源兵衛	諸色調方受払人馬加役
柳瀬村	名主忠兵衛	
原保村	名主代平右衛門	
市山村	武兵衛外３人	小遣い常番
安藤様昼休宿		
湯ヶ島村	名主清次郎	昼休宿、同勢４３人
湯ヶ島村西平	庄右衛門	亭主代
	粂右衛門・栄助・甚七	料理人３人
	福吉・乙松・徳三郎	給士３人
	平右衛門・亀吉・新兵衛	膳椀方
	清二郎方・友右衛門・政吉	水夫３人
市山村	七郎右衛門・武兵衛	人馬賄２人
湯ヶ島村	名主代藤五郎	宿主村境迄出迎え、見送り、袴付
馬場様昼休宿		
	弘道寺	昼休宿、同勢４２人
湯ヶ島村金山	三郎右衛門	亭主代
湯ヶ島村大瀧	太郎兵衛・吉兵衛・膳蔵	料理人
市山村	又助・安兵衛	給士４人
湯ヶ島村大瀧	国蔵・直吉	
湯ヶ島村大瀧	平兵衛	膳椀方３人
湯ヶ島村宿	嘉吉・小左衛門	
田沢村	名主又左衛門	人馬賄人２人
中原戸村	名主代源兵衛	
湯ヶ島村長野	友右衛門	出迎送宿主代、袴付
内藤様昼休宿		
湯ヶ島村大瀧	嘉七方	昼休宿、同勢３７人
湯ヶ島村大瀧	茂兵衛	亭主代
湯ヶ島村大瀧	傳左衛門・五右衛門	料理人３人
湯ヶ島村宿	善右衛門	
湯ヶ島村大瀧	林蔵・平四郎・慶助	給士３人
湯ヶ島村久保田	儀右衛門・久右衛門	人馬賄方４人
原保村	名主代平右衛門	
柳瀬村	名主忠兵衛	
湯ヶ島村大瀧	宿主嘉七	出迎送宿主代、袴付
湯ヶ島村大瀧	久次郎方	下宿２０人
湯ヶ島村大瀧	市五郎・権次郎	給士・水夫
湯ヶ島村宿	御用炭会所源助方	韮山出役中村清八、上下２人
湯ヶ島村	武兵衛方	大見組衆休所

天保九年三月廿日

吉奈村
名主庄左衛門印

御本陣
七兵衛印

人馬諸色賄会所分担

吉奈村	久右衛門方	人馬諸色賄会所
大平村	惣七	印形方諸受払取締
田沢村	又四郎	会所常番取締人割元
本柿木村	名主甚右衛門	会所常番取締人
白岩村	勇次郎	人馬賄方
白岩村小河	大次郎	
柿木村	常右衛門	
上修善寺村	忠右衛門	
矢熊村	善次郎	諸賄諸著帳面取締
雲金村	善八	書役
本柿木村	善蔵	
上修善寺村	伊三郎	諸品借入買物兼返済方迄
松ヶ瀬村	半左衛門	
大平柿木村	平蔵	
月ヶ瀬村	弥七	
柿木橋	重兵衛	
青羽根村	弥吉	
門野原村	善次郎	湯ヶ島会所済の上加役
市山村	七郎右衛門	
田沢村	又左衛門	

宿泊代は通常燃料代の支払いを行うが、吉奈は古くからの温泉湯治場のため温泉利用で燃料代の支払いが必要なかった。吉奈温泉は平安時代応天門の変で流罪となった伴善男（別名魚名〈よしな〉善男）が在住した場所であり、徳川家康の側室であるお万の方が湯治、子宝の湯として知られている。そのため、湯ヶ島も温泉地であるが、湯治客や今回に限らずたくさんの巡見使も宿泊している場所である。

総勢一二五人もの移動となるので、当然荷物の運搬には多くの人馬や賄いが必要になる。これらを援助するのが周辺村々から集められた助合（東海道では助郷といった）である。湯ヶ島村から道程三〇町の宿泊地吉奈村までの移動に経費がかかる。おもに荷物の運搬であるが、人足一人に二〇文、本馬一疋四二文、軽尻二六文、山駕籠一挺四〇文である。本馬は荷物運搬専用、

諸品損料人夫賃銭

夜具1人前	損料60文	但し蒲団分20文
膳椀10人前	100文まで、100文、72文	
料理人1人分	48文	
給士1人分	48文	
先飯料1人前	150文	

軽尻は乗馬と荷物両方を載せる馬である。

宿泊後の翌日は吉奈村から次の継立場である本立野村（伊豆市）に移動するが、これも湯ヶ島村の継立賄いとなる。人足四三文・本馬一一八文・軽尻八五文・山駕籠一二四文である。

さて、吉奈村の夕食三宿分が用意された。

皿　せん生か　　汁　つみ入
　　さしみ　　　　椎茸
　　うとめ　　　　青み
　　岩たけ
　　赤のり　　　　御飯
平　人参
　　ふき　　　猪口　椎茸
　　能椎茸　　　　しらあい
　　やまめ
　　午房

一汁一菜のほか無用ということであるが汁・飯は三人とも食した。しかし、一汁一菜のため、菜の部分は、皿は安藤氏のみ、平は馬場・内藤両氏が食べ、安藤氏は無用となった。猪口は三氏とも口をつけない。皿・

平の盛り付けだけでもかなりの分量と思われる。用意したものを食べずに無駄にすることはないので、公式的には食べないことにして恐らく食べたのではないかと想像してしまう。食材に岩たけ・やまめの記載がある。吉奈は狩野川上流の渓流地で今でも渓流釣りが盛んに行われ、ヤマメも漁獲される。また、江川家の献立にもたびたび登場する「岩茸」はインターネットで検索すると、高級食材のようであるが、江戸時代にはどこでも採れたものだろうか。

翌日の朝食で用意された献立は以下のようである。

皿　さかな
　　大こん
　　三しま
　　椎茸
　　干大こん
　　　青み

御汁　わらび
　　　とうふ

平　山いも
　　かんぴょう
　　ふき
　　豆腐

召上り
手塩　函々
御飯

継立荷物、輸送人足数

荷物名	安藤様分	3人合計	
		荷数	人足数
具足	1荷　3人	3	9
召駕籠	8人	3	24
両掛	6荷12人	18	36
長持	2棹18人	6	56
茶弁当	1荷　2人	3	6
合羽籠	3荷　6人	9	18
分持	1荷　2人	1	2
御供駕籠	4挺24人	12	72
山駕籠	5挺20人	15	60
竹馬	4荷　8人	8	16
手替	5人		15
跡箱	2箇　4人	6	12
小品持川印持	10人		30
灯燈籠		2	4
本馬		14疋宰領14	
合　計		255	

江川文庫に残る「醤油通」
商標は「韮」にも見えるが
「豊年」印（23-37-24）

猪口　わさひ葉
　生椎茸
かすあい　　是ハわさひ漬ト申函々ニ
　御座候ト申上候へは召上ニ相成申也

朝食ももちろん一汁一菜、皿盛り合わせは三氏とも不用、汁・手塩・平とご飯を食べた。一菜ではなくなるが、猪口の山葵漬けは食した。江戸時代の史料に伊豆の山葵漬け記載があるのは初めてである。こちらの皿も恐らく食べたのではないだろうか。平の椎茸は生のものを食べているように見えるが生椎茸を調理したものか。皿の「三しま」は不明であるが、三島へ食材の買物をしているので、三島からの調達品と思われる。江川家の献立にも度々登場する。

この史料中に醤油の記載もあり、当時、本柿木村（伊豆市）では醤油の作り方を門野原村（同市、吉奈村の隣村）から聞いたと記載された文政六年（一八二三）「大福帳」が残る（土屋家文書）。宝永三年（一七〇六）の年中行事にも記載があったが、文政六年には地域で醤油醸造が始まっていたものと思われる。併せて味噌の造り方も記されているので、以下に紹介する。

味噌醤油造り覚　門野原内方ゟ聞
味噌　大豆一斗、こうじ二升、見合五合迄、塩五升、見合五合、六升迄
しやうゆ
大豆一斗　　小麦一斗、いり候後引わり　　塩一斗　　水二斗五升
二番ハ塩も水も一番の半分也
但シ中くみ十日程前ニ米のかいヲ入ル
小麦一斗へ米のかい五升程、二番も同断

江川文庫に残る同時期の天保九年一月からの「醤油通」（N80－125）でも南條村（伊豆の国市）日野屋から購入している。調味料として味噌とともに一般的になっている。巡見使通行での相場書でも醤油一升

一七〇文と記され、すでに一般販売されていた。ちなみに日野屋は近江国蒲生郡日野から南條に転住して酒をはじめとする醸造業を開業した商人である。当時、醤油を江川家や伊豆地方でいくらで購入したかは江川家に残る通帳(かよいちょう)ではわからないが、同年の江川家が江戸で買い物をした記録によると、醤油一合二〇文であった(前出 天保九年「出府中野菜其外小買物帳」)。味噌は自家生産をしている。嘉永七年(一八五四)「御勝手方日記」(N123－82)によると、「味噌は何樽仕込み何月幾日に口切りをしたか」と記録しておくように、醤油や燈油は遣払いを行ったのがいつかを記録するよう指示している。明治五年(一八七二)「清濁醤油造高鑑札渡帳」(江川文庫S834－1－2)によると、清酒醸造高五〇石、醤油高二五〇石となっている。清酒高は三島宿方面で二〇〇石を醸造する者がいるが、醤油高は三島宿で醸造している一人とともに、伊豆で最大規模である。現在は山中彦右衛門商店と改名して御殿場市で営業を続けている。

五　パン祖江川英龍

1　パン祖

英龍はパン祖といわれている。そこで、江川文庫に残るパン製法史料を紹介しよう。川越藩士岩倉鉄三郎がパン製法についての照会文を出していることを、「芝新銭座大小砲習練場」の項で示した。ここでは、松代藩（長野県）の藩主真田幸貫が海防掛に任命されたので、江川とのつながりを深めていたが、その老中金児忠兵衛からの照会に英龍自身が回答を送ろうとした（N35－23－10）。パンのことが中心ではあるが、「去る書等の事」とあるように、様々な照会のうちの一つである。これが江川文庫に残っているのは、実際には送られなかったのか、また、控えとして残ったのかは不明である。また、江戸時代には戴いた手紙を読んだとして、差出元へ返すこともあった。原史料の翻刻ではなく現代文に書き改めた。

一この間お話ししたカネールコックカステイラの様に厚くしてはいけない

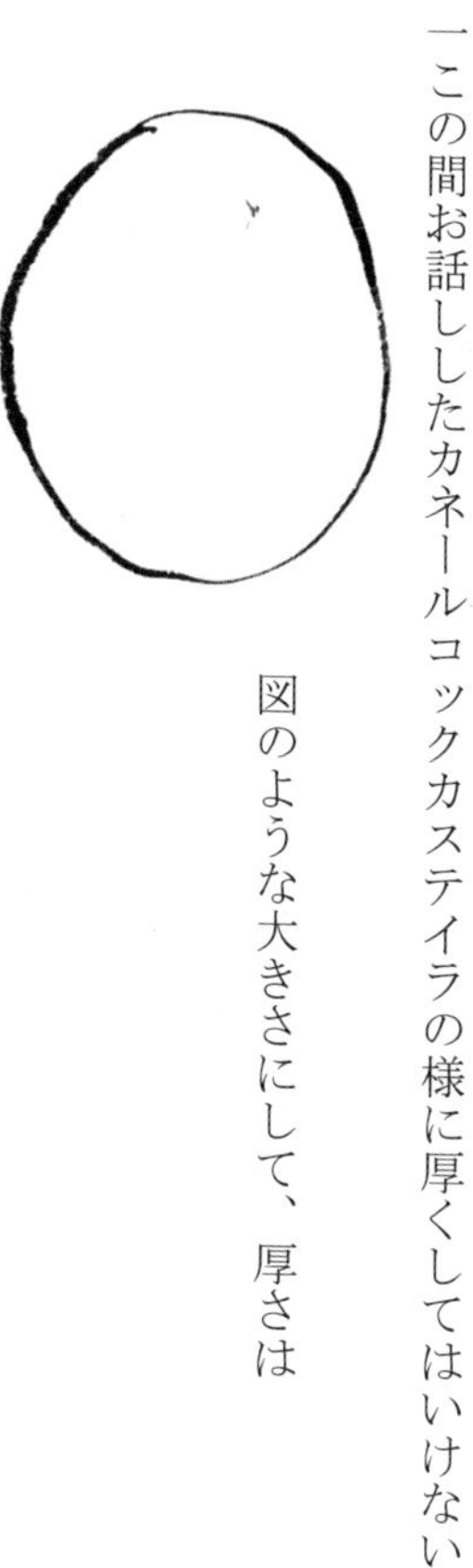

図のような大きさにして、厚さは

焼なべに油を引き

このくらいにして狐色に焼くこと

一パンの法　西洋人の兵糧

麦粉　百六十目

砂糖　四十目

玉子　五ツ

右の三味を水にてこね、焼なべにて焼く

又の法

麦粉　百六十目

醴(あまざけ)　五勺

是は饅頭の本(もと)になるものである

砂糖　二十目

又の法

麦粉　百六十目

醴　五勺

水　適宜

これらはいずれも製方に手がかかりよくない、山入村方では麦粉を水でこね

図のごとく

まるめ

おし平め、ぬく灰のなかに入れ、塩けをつけたいと思えば、ほどよく塩を入れ水にてねる、

此の方法が一番手軽で実用的である。麦粉というのは、小麦粉のことである。

（以下略）

十月廿五日　　太郎左衛門

忠兵衛様

4月12日「パンの記念日」に行っているパンフェスタでのパンの再現、実際には4月12日に近い日曜日開催

省略文のところに「励二郎」にも伝えたとある。励二郎は当時金児忠兵衛とともに韮山塾に在籍した上田藩士加藤励二郎である。川越藩・上田藩・松城藩には少なくともパン製法が伝わっていた。

英龍の母久が、義弟陽三郎あてに丁寧なカステラの製法を送っていたので、すでに英龍は幼い頃からカステラを食べていたことになる。前に紹介した文政十一年（一八二八）「参府御用留」の四月六日条に、旗本佐藤忠右衛門から棟札一〇枚を所望され、その一〇枚の棟札とともにカステラを焼いて付けたことの記載がある。江川邸が鎌倉時代から火事などの災厄に遭わないようにということで、建長三年に伊東に流された日蓮上人が救い出され、江川家に招かれ、火伏せの曼荼羅を書いた棟札を揚げた。この棟札の効力のために江川家は現在でも災厄から免れているのであるが、棟札の写しを版木で刷って所望する人たちに配付していた。ご利益のために、一枚につき百回の題目を唱え、一日七枚限定で配付、お札は頂かない、あるのは信心だけということである。これを一〇枚所望ということは二日分ということになる。ありがたい曼荼羅とともにカステラをつけて渡したのである。火伏せの曼荼羅の評判は高く、幕府も火災に遭った江戸城の再建時に求めている。

さて、厚いカネールコックカステイラに戻る。カネールコックはオランダ語の「カネールコック」でシナモンケーキのこと、四角に厚く焼き上げたものである。そのため、「カネールクックカステイラのように厚く焼かない」と記しているのである。現在でもオランダでは家庭で日常普通に焼いている。しかし、これでは菓子なので兵糧にならないから、大きさ、厚さを変えて焼き携行食となるよう工夫したものである。文面の最初に記されている製法で復元してみた。甘さがあまり感じられず、ぱさぱさした感触は、長期保存に耐えられる工夫か、当時の貴重な砂糖の限度かわからないが、現代人の食べるカステラの甘みを減らし、水分を飛ばしたものと考えればよい。さらに、醴（あまざけ）を入れた製法などを紹介しながら、松代藩を意識してか、「山入村方では」塩をいれたパンが手軽に作ることができる方法であると、伝えている。

塩入りの最終形態のパン「パン祖のパン」

今までよく使われていたパン製法の史料を紹介しよう。これは、末子英武が英龍の業績を残そうと「六六世代記」としてまとめた中にある。「六六」とは三六代英龍を指す。当時江戸詰手代であった柏木捴蔵（柏木忠俊）が、英龍に宛てたパンについての上申書を次に示す。（これも現代文に書き改めた。）

上　　　　　　　　　　　　　　柏木捴蔵

別紙で申し上げます。作太郎へ面会してパン製法を承ったところ、仰っていたとおり、饂飩粉と饅頭ノ元（糀）を使い、味をよくしようと思えば鶏卵・砂糖等も加えるが、これは長崎で行っている工夫である。西洋では麦を荒く挽き、それへ塩を少々入れて味を付けて焼くとのことである。勿論、平常食する分についてては毎日食用するだけを拵えている。出陣等で使う時は、種は矢張同じするが、焼き方が難しく、厚さ五七寸もあり、切石を使って薪二十把以上を焚くことができる位の大釜を築立て、その上を土で十分塗付け、一方に小さな口を開け、その口から薪二十把も入れおよそ半日も焚く、十分火気が満ちたところで火を残さず取出し、そのあとへパンを入れ、口を塞ぎ、空気が少しでも入らないようにすれば、焦げず真ん中までフックリと火が通り、水分もなくなる、このようにして作ったパンは一年は作った時の状態を保つことができる。すでに長崎でも大釜を二つ用意して年々製造して試しているとのこと、長期保存には鉄鍋などでは無理である、現在行っている仕事を片付け、来る十五日過ぎにも私宅へ呼んで製造してもらうことにした、また、前書で仰っている製法では味は良いが十日も食べればあきてしまい、長く食すには麦粉一品に塩で味付けしたパンに限るとのこと、パンの大きさは三分ばかり差渡しも三寸ばかり、それを一度に一つ半、大食の者は二つも食べ、その後湯茶水を　呑めば腹中に入って殖へた感じとなり、必ず軽弁食と思われる、ここで使う大釜は何様にも炭焼釜と同様の工夫をしているように察せられ、作太郎はそのうち熱海へ湯治に行くとのことている。

で、大分砲術の心得もあり、御目通りしていただきたいと希望があり、その場合、韮山にも行きたいと言っている。

作太郎は長崎の者で、高島秋帆の付き添いで出府し、作太郎がパンの製法に詳しいとのことは品川藤兵衛から聞いて、狩中試しにパンを使ったところ至極便利であった。いろいろな製法を知っているとのことで、摠蔵が作太郎と会って、また手伝って作り方を詳しく教えて欲しい、こちらでの作り方はうどん粉と饅頭の元で、卵・砂糖などを加え味をよくしている、藤兵衛は長く保存するためのいろいろな製法を知らないが、作太郎は心得ているので訊いて欲しいと、英龍が摠蔵に返書している。この日が四月二日である。秋帆は天保十二年十月にとらわれたので、その直前の四月のことと思われる。その後、天保十三年四月十二日に韮山でパンを焼いたというので、この日を記念して、パン普及協会が昭和五十八年に「パンの日」を制定したことになっている。しかし、残念ながら、現在まで江川文庫史料のなかに、記念日とした日にパンを焼いた記録を発見することができない。また、明治期の新聞によると、パンを製法日は「四月二日」との記事が残る。今更であるが、四月二日と書かれた史料は残っている。どこかで取り違えてしまったのだろう。

また、前段にあげた金児忠兵衛宛て書状であるが、後段の史料中で山方では鉄鍋がないのでパンはできないとしているが、鉄鍋を紹介している。後者の史料は直接のものではないので、何ともいえないが、英龍がすでにカステラを食べていたこと、鉄鍋を使ったこと、後者の史料にもあるように、長崎の工夫で「味をよくしようと思えば鶏卵・砂糖等も加える」とある点、金児忠兵衛の韮山塾への入門時期から考えると、前者の史料での製法が古いものである可能性が高い。ただし、焼いた日は相変わらず不明である。

ＮＨＫ名古屋放送局が平成二十七年に「麦の穂にのせて」というパンの番組を制作した。当時、江川家に残る金児忠兵衛宛て書状にあるパンの製法を再現したいということで、協力した。特に、鉄鍋がない場合には温灰の中で焼くと記されていて、これを再現した。信州のおやきの作り方である。おやきの伝統的な作り方は、小麦粉や雑穀粉の皮であんを包み、焙烙（ほうろく）で表面を軽く焼いて乾かしてから囲炉裏の熱い灰に埋め、蒸し焼きにした食品だった。松代藩家老金児忠兵衛宛てということで、信州の食材を知っていて、製法にしたものと思われる。

そこで、製法書にあるとおり、酒精で練って丸めたパンの生地を江川家の竈の温灰のなかに入れて焼き上げた。表面が狐色に焼き上がり、香ばしくフランスパンのような食感でとても美味しく感じた。また、製法書の別に記載のある鉄鍋で焼いたものも食べてみた。こちらも同じような食感であった。これを数日放置しておくと堅い乾パンになった。これが兵糧のパンと言うことである。

さて、パンが携行食として有効であることはわかっているが、果たして当時の者たちに受け入れられることができたか、次の事例をあげておこう。嘉永二年（一八四九）四月、天城山への狩猟において、狩猟中米食を禁止しパンのみを使うこととして、米を持たずそれぞれがパンを携行することにした（Ｎ101－21）。天城の狩猟が三〜四日経過すると、多くの者が下痢を患った。しかし、英龍は米食の許可を出すことはなかった。その後、四〜五日経過したある夜半、麓の片瀬・奈良本（東伊豆町）の両村の農民が狩小屋に駆けつけ、先刻異国船が浦賀方面へ通過するのを見たと急報してきた。折しも降雨となったが、松明を灯して奈良本村へ向かった。同村へ到着すると直ぐ押送船を雇い八幡野村（伊東市）の江川家の侍医でもある肥田春庵宅に到着して休息した。

朝食の時、厨房をみると釜には米飯が炊きあがっている。パンのみで下痢をしているので春庵に飯を欲しいと訴えたが、英龍はこれを許さなかった。冷川峠（伊東市と伊豆市の境）を越え、一～二村を過ぎたところにある茶店での休憩、昼食もパンのみで、夕刻に韮山に帰着した。米食を許さず、夜来寝ることなく雨を

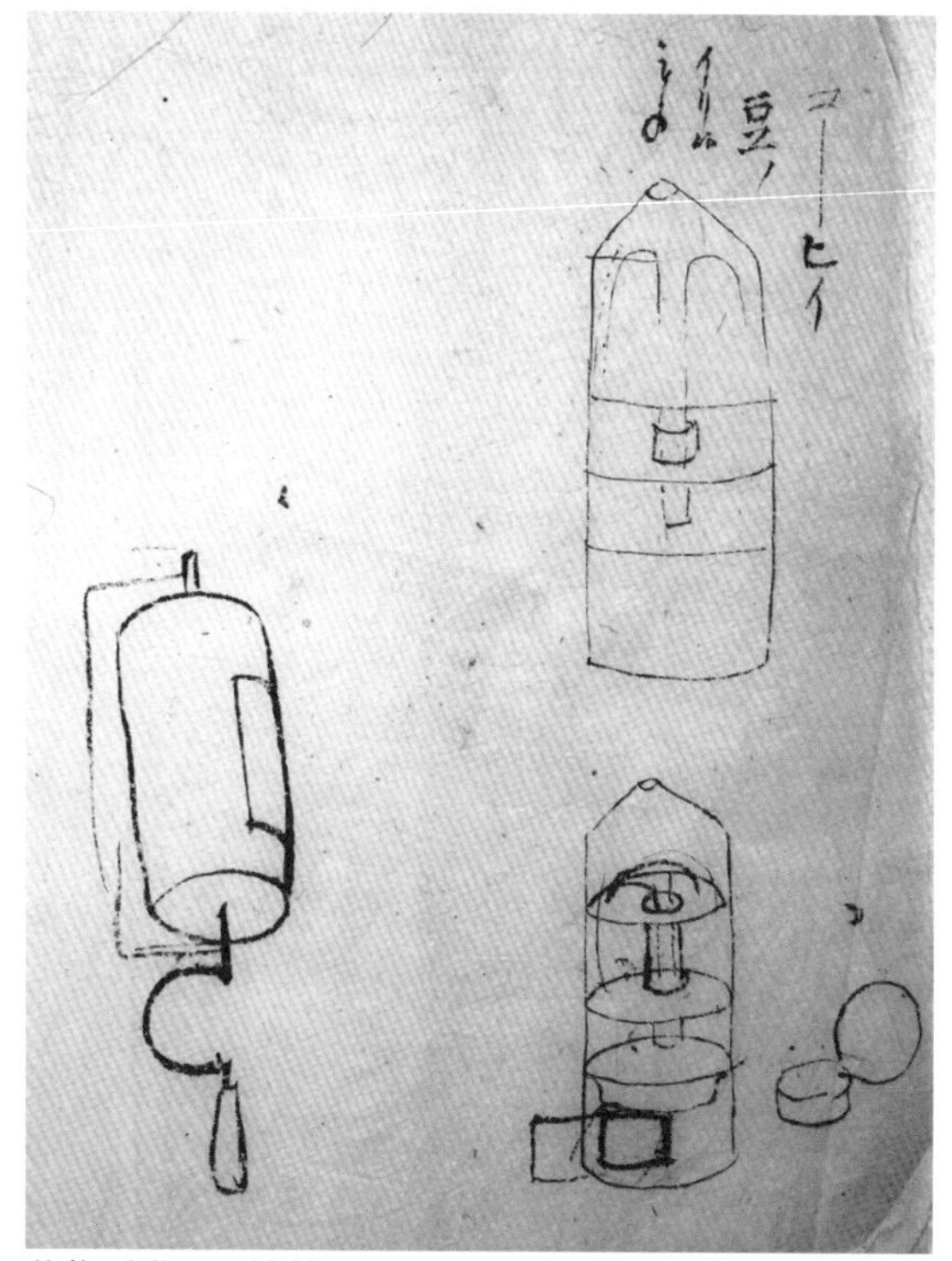

英龍が描いた焙煎器具・パーコレーター

現代のパーコレーター

ついて険悪の山道を越えた家来たちの様子を見て、英龍はようやく米飯の禁を解いた。行動に一貫性があり、信念を持ってことにあたっているのが英龍である。また、食後、異国船渡来について、非常の警衛にも注意を喚起したという。異国船はイギリスのマリナー号であろう。その後下田へ入津、測量をしたので幕府は英龍に退帆を促すよう命じた。このことがきっかけで農兵建議に向かって行くことになった。

江川家では英龍の母・久がカステラを焼いたり、既にコーヒーの焙煎器であるパーコレーターの絵を描いていることからコーヒーも飲んでいたことが知られる。「コーヒィ豆ノイリ候もの」とあることから、焙煎用具とみることができる。三八代英武の時代の文久三年（一八六四）から慶応四年（＝明治元年、一八六八）まで書かれた「勝手方日記」（52－3）は家政の様子を綴ったものであるが、その中の慶応三年八月六日の項に、「殿様、葡萄酒をお製遊ばされ候に付殿林へ出張」とある。殿林は江川家の所有する山林で、ここにヤマブドウが生育していたか、ブドウが植えられていたものと思われる。伊豆地方にも野生のヤマブドウの生育があったので、おそらく野生種であろう。当時、江川家では葡萄酒を飲んだことを知る史料である。また、「奥の間で英学」とあり、英語の学習とともに、葡萄酒もすでに飲んでいたのである。因みに慶応三年は嘉永六年（一八五三）四月五日生まれの英武は若干満十四歳であった。

2　新発見の製法書

さて、英龍は天保十三年（一八四二）四月十二日に初めてパンを焼いたことになっているが、実は前年十二年の英龍が記録したメモ帳にいくつかのパンの製法を残している。前述の金児忠兵衛へ宛てた手紙に「西洋人兵糧」と書かれていることや、このメモ帳にも「兵糧」という文言が使われていることから、兵糧に適したパンを試行錯誤で研究していたものと思われる。

一つは、金児忠兵衛宛て書状にも記載のある「カネールコック」である。前述の手紙では「カネールコックのように厚くしない」とあったが、これには具体的な製法が記され、「桂枝の粉」とあるので、明らかにシナモンケーキということになる。続いて「ハンネコック」の記載がある。「コック」はオランダ語でケーキのことから、「ハンネ」はおそらく「ハニー」つまり甘いケーキだろう。製法を提示するが、どのパンも砂糖を入れている。また、カステラの製法もある。これはすでに英龍も承知のことであった。

続いて興味を引くのが「スセースブロート」と書かれたパンである。製法は「不章」とある。「ブロート」は英語のブレッド＝パンであろう。「スセース」がわからないが、粒胡椒を混ぜているので香辛料か、あるいは「スイート」と解釈して甘い胡椒入りパンかもしれない。粒胡椒も既に料理献立で汁に使われている。「製法不章」とあるが、材料だけで函南町にあるグルッペ石渡食品の社長石渡浩二氏に製法に従って再現していただいた。このパンは、現代に通じる味で、早速商品化してもらい、機会を見つけて販売をしている。食べた方は異口同音に「美味しい」と言ってくださる。

まだほかにもミョウバンを入れるものなど、パンの記載があるが、英龍の走り書きにより解読困難な状況で、さらにゆっくり解読作業に取り組みたい。以下、メモに残された製法である。

三斤八百六拾目
ハンネコツク
　麦壱斤　玉子八ツ　砂糖四十目
カネールコツク
麦壱斤　砂糖百目　玉子八
桂枝十匁
カステーラ
麦八十目　砂糖壱斤　玉子壱斤

カネールコツク
麦粉壱斤
砂糖百目
桂拾匁

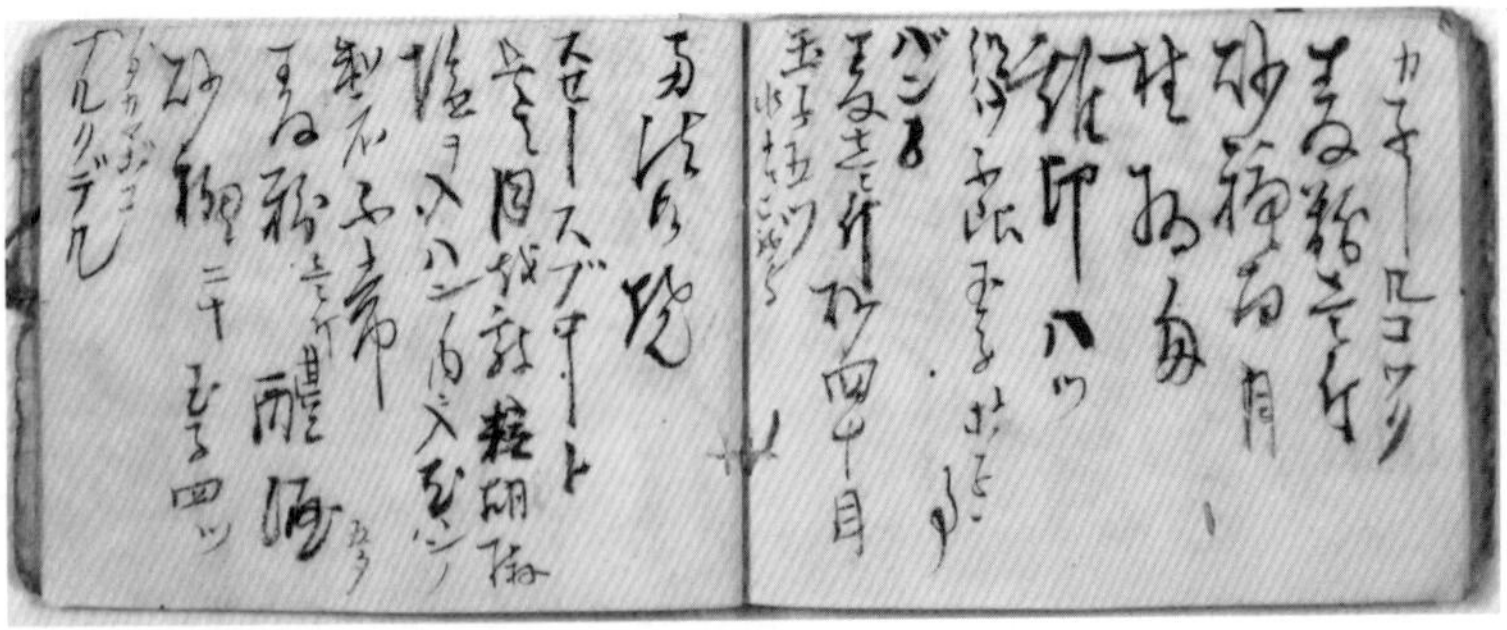

新たに見つかった天保12年パン製法書

鶏卵八ツ
但八ツ不限玉子にこね候事
バン方
麦壱斤　紗四十目
玉子五ツ
　水にてこねる
両法を焼
スセースブロート
是は肉を敦粒胡椒
塩ヲ入ハンノ内ニ入、尤ハンノ
製不章
麦粉壱斤醴酒五勺
砂糖二十　玉子四ツ
コールはール
明礬
黒砂糖　各当分

再現したスセースブロート

附、海術之ち濱水
ゼーマンスウヲルデンブック
麦百六拾目
醴五勺
水適宜
海水エ焼塩少入煮立カル石ヲヤキ
二ツ三ツ煮立候処江入、ランビキニ而
引手水同様申ヨシ
少々ニ付アラヒヤ
打袋

これらのパンの種類は、ハンネコック・カステーラ・カネールコック・バン・スセースブロート・コールハールが記されている。コールハールを除いて(株)グルッペ石渡食品に再現していただいた。たとえば、スセースブロートは「尤もパンの製不章」、すなわち製法は章かではないとしていて、材料のみしか書かれていないことから、これは製造しなかった可能性もある。それを乗り越えてグルッペが再現を実現してくださったのである。簡単に特徴を述べよう。ハンネコックの「ハンネ」は恐らく「ハニー」で「コック」はオランダ語でケーキを指すことから甘いパンということができる。

史料の書き出しに「三斤　百六十目」とあるが、これは重さ三斤は一六〇匁（六〇〇グラム）と重さの説明をしていることから、自分のメモということもあるだろうが、他人が見てもわかるようにとの配慮と思われる。そこでハンネコックの配合の説明として、麦一斤（二〇〇グラム）、玉子八ツ、砂糖四十目（一五〇グラム）を使って焼くことが記される。続いてカネールコック、これは別の場所にも記載がある。麦一斤（二〇〇グラム）、砂糖百目（三七五グラム）、玉子八つを使い、桂枝（肉桂・ニッキ）一〇匁（三七グラム）とある。

カステーラは英龍の母の味でもある。母はカステラを焼いて家族に振る舞った。母久宛てに叔父陽三郎から「カステラの作り方を教えてもらった」礼状が届いている。麦八十目（三〇〇グラム）に砂糖一斤（二〇〇グラム）、卵の同等の重さで焼き上げるものだ。

スセースブロートはいろいろ想像して意味がよくわからない。「ブロート」はパンのことだとわかるが、スセースの意味である。オランダ語に詳しい方に聞くと「サクセス」で、「すばらしい」などの意味ではないかと言う。製法は「肉を敦」は肉を入れるのではなくパンの肉を厚くするということだろう。粒胡椒と塩をパンに入れる。材料は、小麦粉一斤（二〇〇グラム）、醴酒五勺（九〇cc）、砂糖二十（七五グラム）玉子四つで製造するのである。次いで「コールハール」「ゼーマンスウヲルデンブック」とあるが、よくわからない。明礬は膨張剤として重曹のような役割を果たすものである。

これらは実際に作って食べている。それは、後の柏木忠俊の書付に「カネールコックは食べ飽きる」ので「塩を入れて作る」とある。食べてみないとこのように書くことはできないはずである。

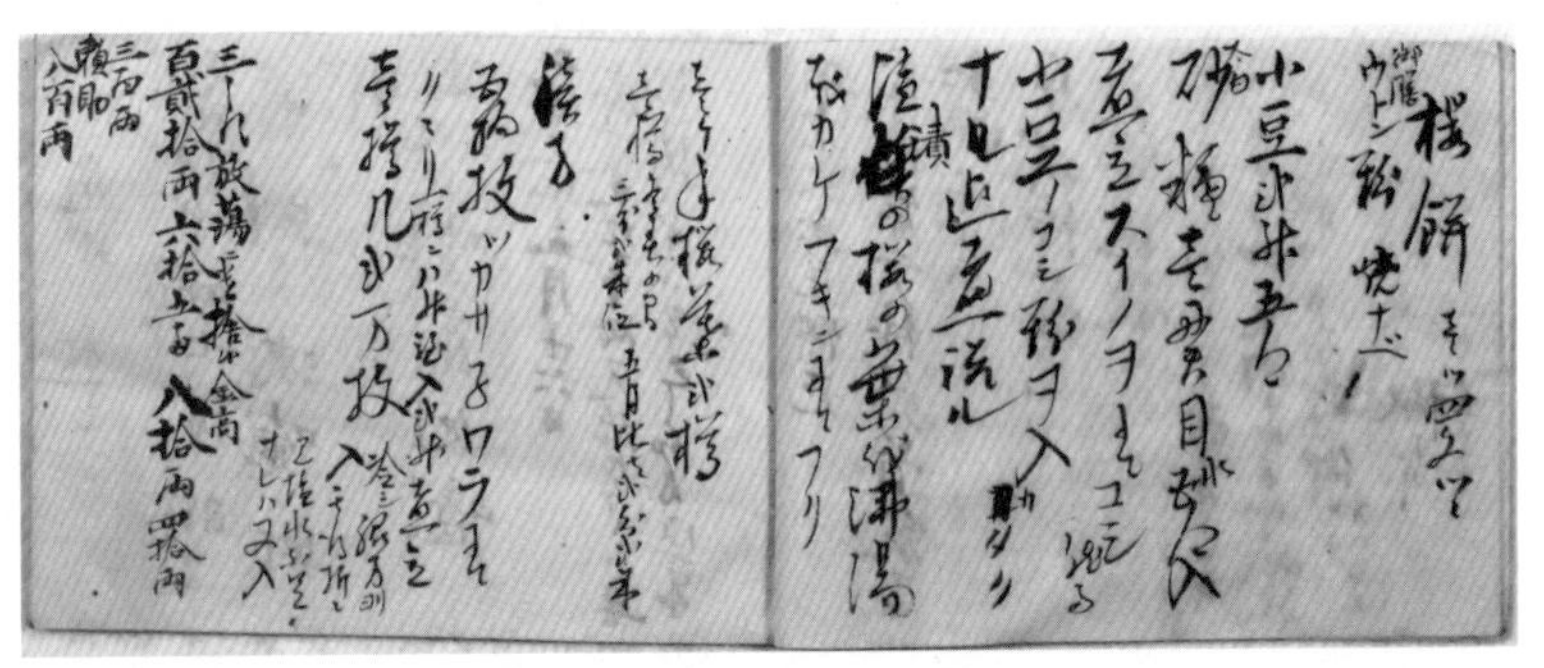

桜餅の製法が記された英龍の書付

再現した桜餅

桜餅

英龍は何にでも興味を持った。江戸で売られていたと思われる桜餅を四文で購入した。ついでに店の人に製法を聞いて書き留めたのだろう。こちらは販売用にする大量に製造する製法書を残している。さらに桜葉の漬け方も記載している。これも五〇枚束にして漬ける、とあり、一般家庭で扱うものではない。江戸向島にある長命寺で小麦粉を使った桜餅を作り売っていた。本所から近いので英龍はこれを購入して食べたのではなかろうか。これも、伊豆市にある和菓子司「和楽」さんに再現を依頼して作っていただいた。江川邸で催すお茶会や食事会などのイベントで提供している。

江川酒またはパンにしろ、献立の再現の試みはそれぞれの事業者にお願いして実現できた。海外旅行で見学する場所は世界遺産や日本でいうところの国立公園、そして文化財の残る名所や旧跡である。日本国内にもたくさんの文化財があるが、なかなか知られない。再現した食文化を通じて文化財を身近に感じて貰いたい。また、江川文庫の資史料も重要文化財に指定されている。江川文庫だけでなく、旧家にも資史料が残る。しかし、近年の住宅事情から建て直しの時にそれらが処分されたり、住まなくなった旧家に眠っていて、日の目を見ず廃棄されたりするものが数多くある。こうした紙に書かれたものからも新たな発見がたくさんあり、史料の重要性を気づいて欲しいと念願している。その一歩として、食の再現にも取り組んでいる。後に記載するように湯ヶ島足立家文書の中から山葵漬け史料、吉田の旧家には江戸時代の婚礼料理献立が残されていた。

六　江川家に残る料理関係史料

三四代当主英征は茶を嗜んだり、雪門の立花庵官鼠を師として俳諧を嗜む等文化人として知られている。そのためか、江川家の借金を作ってしまったという評判がどこかで立ってしまっている。実は、そのようなことはない。もともと江川家の借財が重なったのは、代官制度そのものの禄米制度にあり、決して個人的な趣味で借財を作ったということにはならない。

三五代英毅の殖産事業

寛政四年（一七九二）に英征の跡を継いだのが三五代英毅である。緊縮財政、田沼時代の米不足の解消のための農村振興索を取った松平定信が寛政六年に失脚した後、江川家の財政改善のため、地域振興の方策として支配地に肉桂や甘蔗（サトウキビ）の植栽をして支配地農民の殖産事業を手がけた。八丈島に竜眼樹、吉佐美村（下田市）には肉桂を植え、吉原周辺では甘蔗を栽培させた。米以外の産物に関心を抱いていた。当時は老中田沼意次が経済優先の政策を採っていたことと相俟って、このような取り組みが行われた。肉桂はシナモンであるが、英龍がカネールコックを焼くのに使ったはわからない。

寛政八年八月吉原宿から一昨年分の甘蔗代金および荷造り入用金を受け取った報告がある。これによると、三、七三〇本分二六〇貫目生産、代金二両永八八文と荷造り代金二分永一三文三分となった。これらがどのように精製されたかまではわからないが、生産に力を入れていたことが判明する。当時、甘蔗栽培から製法の諸道具を設えたこと、白黒砂糖ができたので販売したところ、享和二年（一八〇二）ころより値段が格別に下落してしまっているようだった。地元で白砂糖が精製されたことをみることができる。これは、寛政八年の一昨年分の甘蔗代金を吉原宿が受け取った記録と符合することであるが、栽培、製法奨励のため、吉原宿に寛政七年から文化二年（一八〇五）の期間、韮山代官が十年一割の利息で貸付を行っての実施となっていた。砂糖値段の下落により貸付金の返済できない旨を訴えた史料による。江川文庫に残るこの史料は断簡でなおかつ抹消線が付けられているのでこれ以上のことはわからない。しかし、寛政から文化にかけて他地域でも同様に砂糖製造が行われるようになった可能性があり、いずれにしろ砂糖が簡単に手に入る時代が来ていたのである。松平定信の失脚した直後から行われたのが砂糖製造の奨励であった。慶応二年（一八六六）の史料と思われる「覚」（23－46－2－30）に、韮山屋敷で、伝法村（富士市）から白砂糖を一貫目・代金一分三朱と銭二〇〇文で購入している。寛政年間から始まった砂糖製造が幕末まで続いていたのである。伊豆の国市内北江間でも砂糖の製造を行っていた。

江戸の食文化はちょうど文化史でいう化政文化の時代にピークを迎えたという。三五代当主英毅の時代である。文化十四年（一八一七）記載と思われる「飲膳摘要」があり、当時、どのような食材が使われたかを知ることができる。それらがいろは順に記されていたので、その順に従って一覧にしたものが次ページからである。すべてを食べたかは不明であるが、カラスも記されている。後述の天保三年（一八三二）木村喜繁の紀行文の『伊豆紀行』にはハトの料理が出てくるが、この一覧にはない。

（文化 14）飲膳摘要（N34-4）

	イネ	稲	ウルゴメ、モチゴメの総名なり
	イリマメ	炒豆	禁忌 ヤマモヽと同く食べからず
	インゲンサヽゲ		京師にてトウサヽゲと云、菜豆、甘平毒なし
	イモ	芋	トウノイモ、サトイモ、ハスイモ、ヤツガシラ総名なり
	イモガラ		ズイキとも云、芋茎、辛冷滑、毒なし
	イタドリ	虎杖	甘酸平毒なし、月水を通じ小便を利
	イハタケ	石耳	甘平、毒なし、目を明にす
	イチク	黄饅頭	「呉蕈譜（ごしんふ）」、白イチクは毒なし、油イチクは毒あり
	イチゴ	苺	総名なり、甘微酸平毒なし、肺気虚寒を治す
木	イチヾク	無花果	甘平毒なし、胃をひらき酒毒を解す
魚	イサヾ		甘平毒なし、江州和爾堅田（わにかたゝ）より出す
	イハナ	嘉魚	甘温毒なし
	イシモチ	鮸魚	淡水のもの、甘平毒なし
	イシモチ		鹹水、甘平毒なし
	イトヨリダイ	金絲魚	清浴、甘温毒なし
	イナ	魣魚	「閩書」、甘平毒なし
	イワシ	鰮	「閩書」、鹹温毒なし、瘡毒及び小児の虫積（シャク）を動かす
	イボゼ		甘温毒なし
	イサキ		甘平毒なし
	イサヾ	鱎魚	甘平毒なし、中を和し気を益す
	イルカ	海豚魚	甘腥（少し生臭い）、毒なし
	イカ	烏賊魚	甘酸平毒なし、気を益し、志を強す
	イヽダコ	望潮魚	「閩書」、気味タコに同じ
	イリコ	海参	五雑組、甘平毒なし、陰を補い、精を益す
	イセエビ	蝦魁	「閩書」、甘平小毒あり
獣	イノシヽ	野猪	甘平毒なし、肌膚を補い五臓を益す、禁忌 巴豆（はず）を服す人食うべからず
魚	ロクノウヲ		ムツなり、甘平毒なし
	ハスネ	蓮藕	甘平毒なし、胃を開き食を消し酒毒を解す
	ハスノミ	蓮実	甘平温毒なし、中を補い血気を益す
	ハスノセン	藕粉	甘平毒なし、禁口痢（きんこうり）を治す
	ハツタイ	麨	（麦こがし）、甘微寒毒なし、熱渇を止む
	ハウレンサウ	波稜菜	甘苦寒小毒あり、禁忌 五倍子（ふし）と返す
	ハツシャウマメ	黎豆	甘微苦温小毒あり
	ハコベ	繁縷	甘酸平毒なし、積年の悪瘡痔愈ざるを治し血を破り乳汁を下す
	ハタケナ	油菜	甘辛温毒なし、気を下し食を消し中を和し、大小便を利す
	ハセウガ	紫薑	気味主治、セウガに同じ

	ハスイモ	白芋	味蘞からず、生食すべし、病人に宜しからず
	ハダナダイコン		水蘿蔔の類、辛甘毒なし
	ハタケゼリ	旱芹	甘平毒なし
	ハヽコグサ	鼠麹草	甘平毒なし、中を調べ気を益す、痰を治す
	ハヽキヾ	地膚	甘苦寒毒なし、痢を治し小便及び諸淋を利す
	ハヽキタケ	掃箒菰	「八閩通志」、小毒あり
	ハリタケ	松毛菌	「雲南通志」、苦甘涼毒
木	ハシバミ	榛	甘平毒なし
魚	ハエ	鰷魚	(ハヤ)、甘温毒なし、小児疳疾を治す
	ハモ	海鰻鱺	甘平毒なし
	ハタジロ		甘平毒なし
	ハゼ	鰕虎魚	甘温毒なし
介	ハマクリ	文蛤	甘鹹平毒なし
	ハカガヒ		甘微温毒なし
鳥	ハクチャウ	鵠	甘大温毒なし、醃(しおづけ)にし或は炙り食すれば人の気を益す、多食すれば眼疾頭熱の病を発す
	バン	田雞	甘平毒なし
	ハシブトガラス	烏鴉	酸澁平毒なし
	ハト	鳩	総名
	ニンジン	胡蘿蔔	甘辛微温毒なし、気を下し中を補い胸膈腸胃を利す
	ニンニク	大蒜	辛温毒あり、一切補薬を服する人食うべからず、禁忌 蜜と合し食すれば人を殺す
	ニラ	韮	辛微温毒なし、多食すれば目を眀くす、酒後最も忌む
木	ニハムメ	都李	酸平毒なし
	ニシン		青魚「東医実鑑」、甘平なし、気力を益す
	ニベ	石首魚	甘平毒なし
	ニゴイ		白魚、甘平毒なし、多食すれば痰を生ず
介	ニシ	蓼螺	甘平毒なし
	ニナ	蝸螺	甘寒毒なし
鳥	ニハトリ	鶏	甘温毒なし、肝肺腎を補い脾胃を調う
	ニハトリノタマゴ	鶏卵	甘平毒なし
	ホシナ	乾菜	毒なし
	ホシダイコン	仙人骨	甘毒なし
	ホウヅキ	酸漿子	甘酸寒毒なし、酒毒を消す
	ボウブラ	南瓜	甘温毒なし、中を補い気を益す、多食すべからず
	ホダワラ	馬尾藻	甘鹹滑寒なし
	ボンシメ	海帯	性冷なり、虚人食べからず
	ホシガキ	乾柿	甘冷毒なし、宿血を消し下血を治、禁忌 カニを同く食すべからず、大毒なり
魚	ホシウオ	鮑魚	甘鹹温毒なし
	ボラ	鯔魚	甘平毒なし、胃を開き五臓を利す

	ホウボウ	竹麥魚	「寧波府志」甘平毒なし
	ホヤ	石勃卒	「雨航雑録」鹹冷毒なし、小水を利し、婦人帯下を治す
	ホシアワビ	決明乾	甘鹹微温毒なし
	ホトヽギス	杜鵑	甘冷毒なし、瘟疾の熱毒を除き虫を殺す
	ホウジロ		甘平毒なし
	ヘチマ	糸瓜	甘平毒なし、腫を消し痰を化し虫を殺す
	ベニタケ	胸脂菰	「八閩通志」春生するものは毒なし、秋生ずるものは毒あり
木	ベニリンゴ	柰	甘寒毒なし
	トウフ	豆腐	甘鹹寒小毒あり、中を寛し気を益し、脾胃を和し酒毒を解す
	トウガラシ	番椒	「花鏡」辛温毒なし、宿食を消し西瓜の毒にあたるを解す
	トウヂサ	恭菜	甘寒滑毒なし、禁忌 胡椒と同く食うべからず、大毒あり
	トウナ	菘	平毒なし
	トコロ	草薢	苦甘平毒なし
	トウノイモ	紫芋	蘞平滑小毒あり、多食すれば気を塞ぐ
	トサカノリ	雞脚菜	甘大寒滑毒なし
	トコロテングサ	石花菜	甘鹹大寒滑毒なし
	トコロテン	瓊脂	「時珍食物本草」気味前(トコロテングサ)に同じ
木	トチノミ	天師栗	甘温毒なし、小児多食するを忌む
魚	トビウオ	飛魚	甘平毒なし、難産の人黒焼にし末(ふんまつ)となし酒にて服すれば安産す
	トヒエイ	雞子魚	甘鹹平毒なし
	ドゼウ	泥鰌	甘平毒なし、中を暖め気を益し酒を醒す、禁忌 草薢(ところ)と同く食すべからず
介	トリガヒ		甘鹹平毒なし
鳥	ドバト	鴿	甘平毒なし、気を益し瘡疥を治し薬毒を解す
	トキ	紅鶴	甘微温毒なし、夫人血証を調う
	チサ	萵苣	苦寒毒なし
	チヨロギ	草右蠶	甘平毒なし、禁忌 諸魚と同く食すれば人をして吐せしむ
	チャウセンヒシキ	虎栖菜	「閩書」、味甘鹹
	チマキ	糉	甘尾毒なし
木	チヤ	茶	苦甘微寒毒なし、禁忌 威霊仙(クガイソウ)土茯苓を服する人飲むことを忌む
	チョウセンマツノミ	海松子	甘小温毒なし、水気を散し五臓を潤す
	チヤウセンクルミ	胡桃	甘平温毒なし
魚	チリメンザコ	鷺毛鯅	甘平毒なし
	チヌダイ		クロダイとも云う、甘温毒なし
鳥	チドウ	水喜鵲	「清余曽百鳥図二」、甘温毒なし、気血を補う
木	リウガンニク	竜眼肉	甘平毒なし、五臓の邪気を去り志を安ず

	リンゴ	林檎	酸甘温毒なし、気を下し痰を消す
	ヌカ	米粃	甘平毒なし、腸胃を痛開し気を下し積を磨す
	ヌカミソ	粃醤	胃を開き職を進む
	オホムギ	大麥	甘涼毒なし膈(かく)を寛し気を下し食を進む
	ヲカタイトウ	早稲	気味タイトウゴメに同じ
	オホアワ	粱	甘平毒なし、気を益し中を和し鶴乱下痢を止め小便を利
	オランダチサ		萵苣の類
	ヲハリダイコン	大盧葩	通雅気味ダイコンに同じ
	オニバスノミ	芡実	甘平濇毒なし、中を補い精気を益す
	ヲゴノリ	頭髪菜	「間情偶寄」、甘鹹寒毒なし
	ヲシキウオ	魴魚	甘温毒なし
	ヲシドリ	鸂鶒	甘平毒なし
	ヲットセイ	膃肭臍	鹹大熱毒なし、中を補い腎気を益す、肉は虚労を治す
獣	オホカミ	狼	鹹熱毒なし、五臓を補益し腸胃を厚す
	ワラビ	蕨	甘寒滑毒なし、脱肛を治す、久同すれば目をあしくす
	ワケギ	冬葱	辛温毒なし
	ワサビ	熚菜	「正字通」辛温毒なし、生根を磨り牙疼に伝れば即効なり
	ワカメ	裙帯菜	「時珍食物本草」甘平毒なし、水を利し酒毒を解す
魚	ワタカ	黄鲴魚	甘温毒なし
	カユ	粥	脾胃を補い元気を益し五臓を養う
	カウシ	麹	甘温毒なし、胃気を平にし痔を消し小児の癇を治し中を調え気を下し胃を開く
	カブラ	蕪菁	辛甘苦温毒なし、常に食すれば中を和し人を健にす、多食すれば気を動す
	カハヂサ	水萵苣	「救荒本草」甘苦寒滑毒なし咽喉腫傷の治し癬(びんがさ)を治す
	カリヤ	漢葱	辛温毒なし
	カボチャ	番南瓜	「君羊芳譜」甘温毒なし、多食すべからず
	カラシ	芥	辛熱毒なし、中を温め痰を治し喉痺を去る、多食すれば目をあしくす
	ガヾイモ	蘿藦	甘辛温毒なし、虚労精気を補益す、血を止め毒虫のさしたるを治す
	カシュウイモ	黄独	微苦小毒あり、痘毒瘡毒を解す
	カラシイモ	蹲鴟	薟冷滑小毒あり、多食すれば気を塞ぐ
	カモウリ	冬瓜	甘平微涼毒なし、小水脹を除き、大小便を利し渇を止む、黒焼にすれば口中の諸疾を治す
	カウタケ	茀蕈	「西湖遊覧志」生は苦し、乾は甘し、毒なし
	カンテン		気味トコロテンに同じ
	カンピヤウ	瓠畜	「劉熙积名」甘平滑毒なし、熱を消し水を利す、病人に害なし

	カタクリノコ		車前葉山慈姑粉、甘平毒なし
木	カヤノミ	榧実	甘平濇毒なし、五痔寸白虫を療す、痰を治し老人小便数に良なり、禁忌 ブンドウと同く食べからず
	カチグリ	乾栗	甘鹹温毒なし
	カラマツノミ	海松子	甘温毒なし
	カキ	柿	甘寒毒なし、渇を止む、禁忌 カニと同く食すべからず
魚	カワムツ	石鮅魚	甘平小毒あり
	カワマス	鱒魚	甘温毒なし
	カジカ	杜人魚	甘温毒なし、禁忌 荊芥を服する人食へからず
	カワエビ	蝦	甘小毒あり
	カマボコ	魚肉羹	甘微温毒なし
	カラスミ	鱝子	産後痛を治す
	カズノコ	青魚	「東医宝鑑」鯆、甘平渋なし、多食すべからず
	カツホ	鮰・鰹	「台湾府志」甘小毒あり、中を温め腸胃を調ふ、多食宜からず
	カツホブシ	木魚	「清俗」甘微温毒なし、気血を補ひ筋力を壮にす
	カマス	梭魚	「閩書」微温毒なし
	カマスゴ	梭魚児	
	カナガシラ	火魚	「寧波府志」微甘毒なし、病人食すべからず
	カレイ	鮕魚	甘平毒なし、虚を補ひ気力を益す、多食すれば気を動す
	カヽミウヲ		甘平毒なし
	カニ	蟹総名	禁忌 カキと同く食ふべからず
	ガザミ	蝤蛑	鹹寒毒なし
介	カキ	牡蠣	甘温毒なし、中を補ひ気を益し胃を平にし腹蔵一切の虫を殺し水腫を補
	ガン	鴈	甘平毒なし、腎を補ひ胃を益す
	カモメ	鴎	甘平毒なし
	カラス	慈烏	酸鹹

江川家に残る料理関係史料

江川文庫にはそれほど多くの料理関係史料があるわけではない。当主自ら料理をすることはなかった。そうはいっても、発行当時大流行したと言われる天明三年（一七八三）発刊『豆腐百珍』がある。このことと関係するとは思えないが英龍は視察に出かけた先で一汁一菜を出すよう命じていたので、ほとんどの村では豆腐を出した。江戸での食卓にも豆腐がよく並んだようすを買物帳で見ることができる。

他には、天明五年発刊、寛政七年（一七九五）正修『万宝料理秘密箱』、文政三年（一八二〇）発刊『（精進料理）素人包丁』である。『万宝料理秘密箱』は『豆腐百珍』から生まれた卵百珍で実際には一〇三の玉子料理が掲載されている。『素人包丁』は享和三年（一八〇三）に第一冊目が出版され、文政三年に出版されたものは三冊目で主に精進料理を扱っている。質素倹約を行った英龍以前の料理書で、当時庶民がよく読んだと思われるものでもある。江川文庫にはこの三冊しか残っていない。

天保九年（一八三八）に手代望月鴻之進が書き残した手控にはオランダ語を使った献立の記載がある。これを紹介する。天保九年は英龍が天保六年に代官になって三年目、天保十三年韮山塾開講の四年前である。ここまで、同年の江戸小買物の紹介、また、伊豆巡見使の接待のようすなどを述べたところである。時代背景として天保の飢饉からようやく解放された時期でもあった。望月はオランダ語の知識を上司である英龍から取得したものと思われる。献立名をオランダ語で記載するとともにイノシシ料理や鴨・鶏料理を紹介している。これを本人がオランダ語の書物から学んだのか、本人の考案したものかは不明である。

「天保九年四月日
手扣
望月鴻之進」（N71－77－1）

料理の献立

鴨かまぼこ
椎茸せん
「パステイソップ」
氷こんにゃく
ふりたて玉子
ねぎ　すましの如き塩仕たて

「コクトヒス」
焼肴
「ハクトヒス」
油揚魚
「コストルヒス」
浜焼鯛
「フラートハルコ」
猪の股丸焼
「カルマナーチイ」
猪の薄身
塩こセう摺こミやき

「コテレット」

鶏

胡椒

肉豆蔻の花

葱

右よくたゝきて紅毛紙に包ミやき

「ラーグー」

鶏たゝき丸めて

しいたけ

ねぎ

すましあんばい

「ゲールウヲルトル」

にんじん

油にて揚醤油にて煮しめ

以愚筆啓上致候、然者其方儀今日御定通り鉄砲当り候ニ付原文をそのまま書き写したので、わかりにくいと思われるが、最後の人参の煮染め「ゲールウヲルトル」はニンジンを油で揚げ醤油で煮染めるものである。すべて作ることが可能と思われる。韮山塾が始まったのが天保十三年九月である。九年は四年前のことで、三六代英龍が代官に就任したのは天保六年である。代官就任後三年であるが、手代達がオランダ語を習得する機会があったということも読み取れる。

猪の調理法の記載もある。英龍が手代松岡正平に宛てた書状（N42－666）に、所属、身分不明であるが、三宅銀蔵へ猪の半分を分けることが記されている。「猪の半分」とあるのは猪肉の半分のことであろう。書状は記載した年代がわからないのが普通であるが、長女鎌の縁談で忙しい旨も記されているので、嘉永元年頃と思われる。猪肉を食べることがあったということが判明する。

英龍が描いた猟でイノシシを仕留めるようす

七　伊豆の食材と献立

1　伊豆の旅行記に記された食材

文化十年（一八一三）、大坂商人升屋が仙台へ旅行した記録「升屋平右衛門仙台下向日記」によると、三島宿での食事の記録が残る。宿泊施設は書いてないが、食事が用意されるのは旅籠である。夕食に汁（無品）・平付（いも・にんしん・昆布）・坪（すり身・干大根・こくしょ）・菓子椀（海老・青海苔）・焼き物（小鯛）が出され、朝食では汁（無品）・平付（八杯豆腐）・菓子椀（かまぼこ・板海苔）・猪口（黒豆・氷豆腐・ふ）が出された（『江戸の旅人たち』八二頁）。

天保三年（一八三二）浜奉行木村喜繁が西浦河内山御林（沼津市）での見分を終えての帰途、伊豆の国市江間と原木の間にある狩野川の松原の渡しを渡る時、紀行文の『伊豆紀行』に「この川筋、秋の中頃までは鮎のことのほか取りしける由、さもあるべし。石川にてある。」と記している。後述するが、この頃から伊豆の狩野川で鮎の友釣りが始まった。鮎は、当時から狩野川の名物であった。

丹那（函南町）や神益・下畑・浮橋（いずれも伊豆の国市内）の各村を知行した旗本酒井氏の家臣である箕川墨江（寛助）が知行地の巡見使として天保六年（一八三五）十月から十一月に伊豆を訪れ、そのときのようすを紀行文集に著した。それが『伊豆の国懐紀行』である。

昭和 30 年頃の神益附近での鮎釣りのようす

（神益村）里正武左衛門が家に入る。種々の肴の中に生鮎の寿司を出だす。いと大きやかにして庖丁目を入れてあなれば、すなはちとりて味はふるに、殊に美味にして、かの美濃の国岐阜などの産に等し。時今霜月の節に入りたり。いかがしてかかる生鮎有りやと問ひければ、答へて狩野川は鮎の名所なり。されど冬はかつて無し。しかるに今年は気候遅れていまだ暖気なれば、もしよろづに一つありもやせんと、ここの悴の日に日に網もてこの川の岩間岩間の深きよどみをあさりして、幸ひにこの三尾を得て、着村日数をはかり漬け置きたりと言ふ。

このように記している。箕川墨江の本名は箕川官兵衛といい、酒井氏の地方支配の役人であった。丹那川口家文書（日本大学国際関係学部図書館蔵）の中にしきりの名前が登場するが、支配旗本酒井氏との交換書翰で「神益村正月献上鮎当年出水にて無之、承知」と記したものもある。
箕川墨江は神益村から続けて支配地である下畑村へ巡見する。

> 酉の刻半ばに下畑里正良蔵が家に着く。この宿は四夫婦ありて、先の里正は隠居なして別家に住まひ、今の里正良蔵倅(せがれ)孫まで家に在る由。孫嫁ももらうていまだ里方に在りと言ふ。豊かにして目出たき家なり。(略)山独活(うど)・椎茸(しいたけ)などこの所の産物にして、ひといしほ味はひよし。ここに一つ感味せしは、いと大きやかなる蓋(ふた)茶碗に、肉厚き生椎茸・山独活・鳩の肉・小口切りの鶏卵、やまいもの五味を程よくしょう味して器に盛り、糖汁を十分に盛りて、山葵を加へて二の膳の一椀に備へたり。

里正は名主のことで、当時の村役人の家では豊かな食事をしていたことが見える。ただし、支配の役人が巡見して来ると言うので、特別料理でのもてなしでもあった。鳥居耀蔵の家来が巡見時に豪華な酒宴を用意させたのに近く、役人の巡見に対して村では気を遣っていた。

また、「右の方の谷間はすべて下畑の耕地なり。遙かに谷川流れて、そのあひだあひだ高き方畑あり。低く平らかなる所に田あり。東西に開けて相応の地所と見ゆ。この谷間は殊に大石など多く有りて、田の中畑の中にも一丈二丈に余大岩など形よく、その岩頭に松など生じて、浮き根などのおぼつかなうはひつたひたる様、又松も木ぶりおもしろく屈曲して、またおのづから形を得たる岩には、立つあり横たふありふせるあり、大小の数を尽くし、松・柘植(つげ)・あすならう・とべらなどいふ木々の程よく生じ覆ひ、下草にはしだ・しのぶ・つはぶきなど生えて、げに遠州・石州など名家の作りなせし庭中とも覚しき場所、幾所もあり。（略）されどもこの畑主などその奇など愛する心かつてなしと見ゆ。ただただかかる苦石なく空おほふ木立もなく、広く平らかならん事を思ふのみ。」と記す。村絵図を見ると、深沢川の河川敷を開発した跡があり、大石が描かれている。

さらに「この里はもっとも暖かなる地にて、蘇鉄（そてつ）などを植ゑ捨て霜も覆はず。柑（かうじ）などの木も見ゆ。棕櫚（しゅろ）の木はなはだ多し。寺などはもちろん民家にも地さかひなどの並木の代はりに植ゑ並べたる方多く見ゆ」と記載される。食以外にも当時の村の様子が記され興味深い。次に巡見した浮橋村は旗本柳生氏と相給で、村高全体の十五パーセントしか酒井氏の持ち分がない。名主は貧しい暮らしを強いられていたらしく、この村は貧しいと記している。役人への接待がなかったものと思われる。

2　鮎・山葵・椎茸

伊豆を代表する食材といえば、鮎・山葵・椎茸であろう。まず、鮎から始めよう。鮎料理は古くから鮨、塩鮎があるが、甘露煮・南蛮漬け・干物にもされ、渋苦い内臓の塩辛は「うるか」といわれる。文政十三年（一八三〇）に喜多村信節（のぶよ）によって書かれた随筆『嬉遊笑覧』に『庖丁聞書』鮎の筏鱠（なます）といふはおろして細づくりにして柳の葉をいかだの如く皿にならべそのうえに作りたる身をもりて出すべし」、「むかしの鮓は飯を腐らしたるものにてみな源五郎鮒の鮓の如し、早鮓といふも一夜すしなり『料理物語』一夜ずしの仕様、鮎の鮓を苞に入焼火にあぶりておもしをつよくかくる、又は柱に巻きつけてしめたるもよし、一夜にてなるゝといへり」とある。このように、古くから鮎は料理に使われていた。

鮎鮨・鮎運上

延宝五年（一六七七）に三島代官伊奈忠公が支配のための覚書として編集した『伊豆鏡』によると、三島から江戸への上納物に肴・鮨（すし）鮎があった。鮨鮎は狩野川で漁獲した鮎を使って納入した。このため、宗光寺（伊豆の国市）組六か村、小立野（伊豆市）組七か村、牧之郷（伊豆市）組一四か村で分担納入していた。この三組は一か月に三度ずつ飛脚を使って江戸へ納め、その飛脚賃は口伊豆七組（三島・谷田・田中・狩野・大見・内浦・韮山領）の負担であった。鵜飼で有名な長良川では、徳川家康が、元和元年（一六一五）から御鮨御用を仰せ付けたといい、役鮎の数は厳密に決められていたが（『山の生活・川の生活文化展』九一・九八頁）、狩野川の鮎鮨の史料は現段階では他に未発見であるので、実態は掴めない。熟れ鮨かどうかもわからない。

元禄十一年（一六九八）、伊豆の村々の多くは旗本知行になるが、神益中島村（伊豆の国市）もそうであっ

英龍の描いた鮎

た。その「神益中島村差出帳」（『大仁町史』近世資料編三－7）は、新しい知行旗本に提出した村のようすを書き上げたものである。「鮎運上のことは、夏川は五月より八月まで一か月に一度ずつ鮎数三八ずつ差上げる、秋川では梁などといい、川を堰き止めて鮎を捕る。是も浮役として納める。度々出水する場合には訴え願いを出して半役になることもある」と記される。旗本知行に替わったため、それまでの幕領時の鮎年貢のあり方を報告したものである。翌十二年の年貢割付状（同書二－31）には、金二分、「夏川・秋川共　鮎弐百指上」とある。天保九年（一八三八）村明細帳では、鮎運上について、夏川は五月から八月まで鮎五〇本、八月には梁懸けでさらに五〇本の一〇〇ずつを三給旗本それぞれに差出し、合計三〇〇本となった（神島旧名主家文書）。

天保三年（一八三二）浜奉行木村喜繁が西浦河内山御林（沼津市）での見分を終えて帰途、狩野川の松原の渡しを渡る時、紀行文の『伊豆紀行』に「この川筋、秋の中頃までは鮎のことのほか取りしける由、さもあるべし。石川にてある。」と記している。

神益村（伊豆の国市）では鮎をよく獲っていたようで、寛文九年（一六六九）四月九日、小坂村（同市）

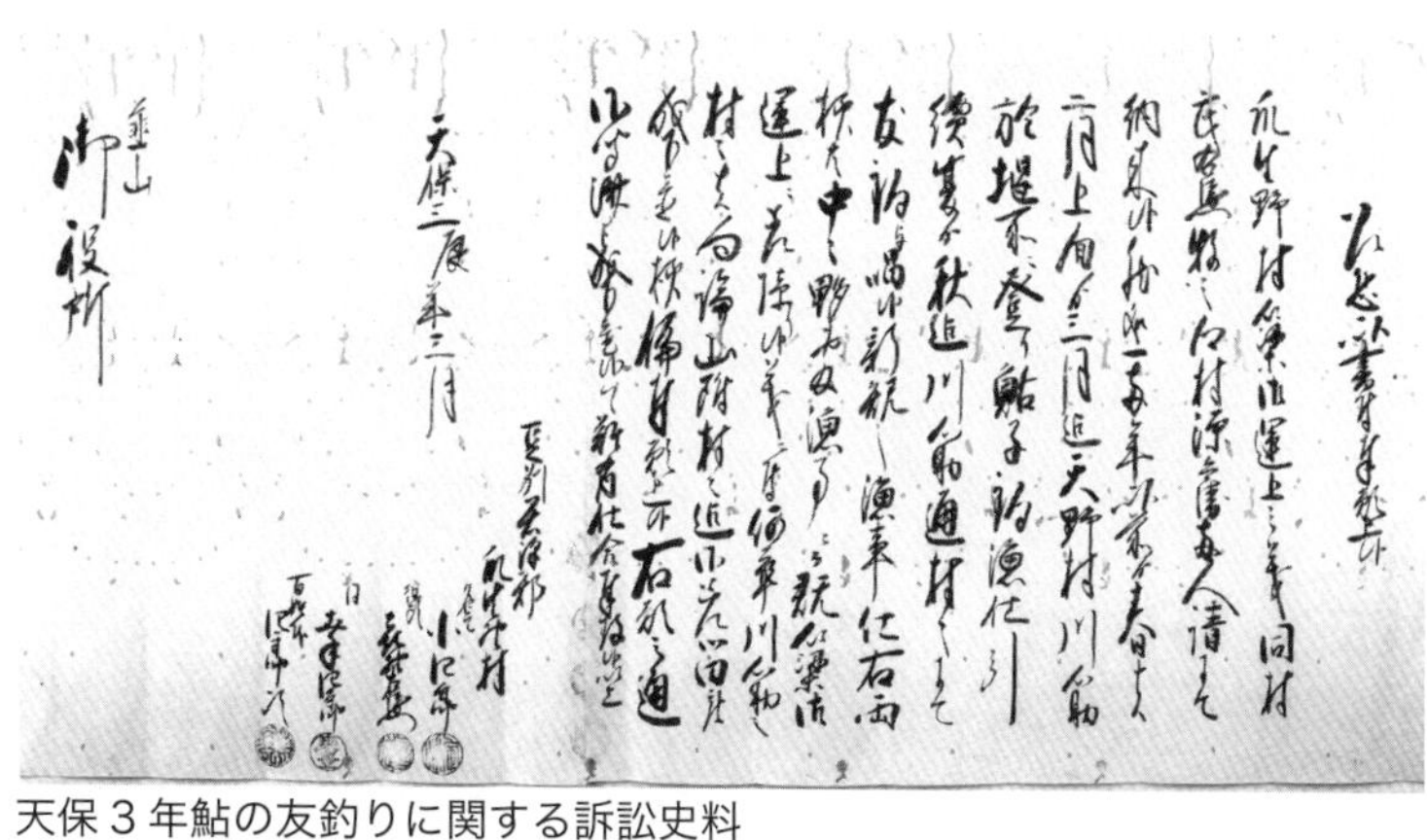

天保３年鮎の友釣りに関する訴訟史料

の名主宅新築完成の家見の祝儀帳の中に、神益村武左衛門が生鮎一五本を持参している（小坂・大川家文書）。延享四年一七四七）年分旗本中野氏領神益中島村「年貢勘定目録」に焼鮎金一分（一両の四分の一）が計上されている（神島旧名主家文書）。

同九年「江戸屋敷書下ヶ控」（守木鈴木家文書）に、支配旗本徳永氏へ宗光寺・守木村（伊豆の国市）から十年五月例年の通り焼鮎一五本入一篭・塩鮎二七本一篭、誂塩鮎一〇〇本入一包・同五〇本入一包が献上されている。山葵・酒も添えられ、運搬したのは村の名主であった。安政五年（一八五八）には加殿村（伊豆市）からの焼鮎が献上された（江川文庫「御用留」）。小立野村（同市）でも領主の江戸屋敷へ生鮎・塩鮎・焼鮎・ウルカなどが献上された（広田家文書『修善寺町史料　第六集』）。狩野川の鮎は、献上品として利用価値が高かった。

鮎の友釣り・梁

狩野川では、伊豆の国市白山堂の地先、江間堰（せき）の締め切られた場所で、鮎の友釣りが行われた。この付近は落鮎の梁懸け場となっていたが、狩野川では鵜飼いでも鮎漁が行われていた。堋之上（伊豆の国市）子神社の神

明治２年作成小立野村（伊豆市小立野）絵図、絵図の下部に「やなば」が書かれている。場所は、現在の伊豆市役所付近

官であった小川信邦が書いた詳細な「年表」（加殿小川家文書）に、天保三年（一八三二）頃、鮎の友釣りが始まったと書かれている。友釣りが始まると、関係村々は韮山代官にその許可を求めた。その結果、韮山役所から、天野堰所（江間堰と同じ）では二～三月の上り鮎については釣り漁、夏から秋にかけて友釣りを新規漁法として許可する触が出された。これに対して、瓜生野・牧之郷（伊豆市）から鮎漁の許可税である梁運上に支障が出るという訴えがあったが（江川文庫）、領主・地頭に鮎漁の許可税である冥加（みょうが）を納め、その差し引いた残りを許可するという形で決着した。これが友釣りのはじまりである。

京都八瀬（やせ）川の発祥が早いというが、史料的な裏付けは狩野川の友釣りにある。現在、伊豆で友釣りのできる川は、伊東松川、白田川、稲生沢川、河津川、青野川、那賀川、仁科川、土肥の山川、小土肥の大川、狩野川、狩野川の支流の大見川である。

明和五年（一七六八）「伊豆国田方郡那賀郡子(ね)割付」（江川文庫）によると鮎漁請負税である鮎運上永(えい)を大仁村では五七六文二分を上納し、正徳三年（一七一三）の田京村年貢の完納通知である皆済状に鮎運上永五〇文（加殿小川家文書）を上納したことが記されている。「永」とは「永楽銭」を代表とする中国で作られた輸入貨のことで、「寛永通宝」は鐚といわれ、それより四倍の価値がある。

天明三年（一七八三）九月、神益中島村（伊豆の国市）魚梁(やなもと)元太郎右衛門と名主・組頭連名で、知行主である大久保氏役所へ、隣村である小坂村（伊豆の国市）を簗場のことで訴えた（神島名主家文書）。運上場である笠石という場所に梁を掛けたところ、小坂村のものが押しかけつぶしたと訴えたものである。この訴えの結果は不明ながら、安永三年（一七七四）には鮎運上鐚五〇〇文を上納している（同文書）。猟師家業に差し詰まり訴えたとあり、かなり専業化していたことが窺える。明治四年（一八七一）に韮山県役所へ梁解除、網・釣り漁願いを出しているが（小坂大川家文書）、これに関わる村は大仁村（伊豆の国市）・小坂村・熊坂村（伊豆市）である。神益中島村は小坂村の権利を侵した可能性もある。

伊豆の鮎の友釣りは五月の解禁となる。各所で首都圏などから太公望が押し寄せるが、かつての勢いがない。天然遡上の鮎が少なく、レジャーとしての釣り人口の減少、カワウやサギなどの食害など様々な要因が考えられる。しかし、釣った鮎を食べるのは、釣り人でなければ味わえない醍醐味ではないだろうか。筆者は友釣りをしないが、前述した鮨鮎をはじめ各種の調理があった。熟れ鮨は食べたが匂いがきつかった。

梁懸けによる大量の落鮎は、冬の食材となった。内臓を取って乾燥させ、甘露煮をつくる。内臓はウルカという塩辛の原料となる。鮎の干物は、米のとぎ汁に一晩つけ、軽く水洗いする。酒・味醂・砂糖・醤油、酢か梅干しを入れ圧力鍋などで煮る。仕上げに水飴を入れるときれいな甘露煮ができあがる。

最後に江川文庫に残る鮎料理に関する史料を垣間見ると、鮎の粕漬け、塩鮎、焼き鮎、鮨鮎または鮎の鮨が出てくる。

山葵

ワサビはアブラナ科に属する常緑性の多年草で、清水の湧出する山間渓流や山間に生育する。学名は Wasabia japonica Matsum. といい、「ワサビア」という日本固有種と考えられた。葉はハート型で長い葉柄を有し、新しい葉が次々と展開するにしたがい、古い葉は脱落し長く節状に根茎（食用部分）が肥大する。根茎部から発生した一部の腋芽は伸長して分けつ茎となる。花は一月頃から咲き始め、三月中旬頃より一斉に開花する。花茎は長く、開花五十～六十日後の五月下旬に種実ができる。粉ワサビやチューブ入りワサビの主原料として使われるワサビ大根（西洋ワサビ、ホースラディッシュ）は、ヨーロッパ北部原産のアブラナ科に属する多年草で、ワサビとは異なる植物である。ワサビは水温摂氏一二～一三度で年間較差が少ない湧水が最適で、年平均気温摂氏一五～一六度、最低五度、最高二五～二八度以下で夏冬期の温度較差が少ない標高三〇〇～八〇〇メートルが適している。伊豆の清流は山葵栽培の好適地である。ここで断りを入れるが、植物名としてはカタカナ表記、食材としては漢字表記をすることにする。

伊豆のワサビは湯ヶ島村（伊豆市）の天城御林守板垣勘四郎が駿州有東木村（静岡市）から持ち帰り試作したのが始まりといわれる。板垣勘四郎は、山守をしていたが、そればかりでなく、水戸（茨城県）方面へ出かけ、シイタケ栽培を手がける椎茸師でもあった。伊豆の椎茸師は、遠州（静岡県西部）や駿州（静岡県中部）にも盛んに出かけていた。このように、椎茸師として各地を回った勘四郎が有東木村にも出かけ山葵栽培を実見していただろうことは想像に難くないが、ワサビは全国的に自生しているという事実から、その栽培方法に着眼し天城山中で試作したということが事実であろう。

山葵の研究をして『わさびの日本史』（文一総合出版、二〇二〇）を出版した山根京子氏は伊豆にはワサビの自生種はない、原産地は日本海側とするが、伊豆に自生種があったことが判明した。現在では栽培種に置き換わって、それ以外を見ることがない中で品種改良が進んでいる。慶長三年（一五九八）松崎町雲見に残る検地帳（雲見区有文書、『静岡県史 資料編近世二』）に記載されている小字で「わさひさわ」が記載されている。当検地帳は、田方・畑方・屋敷と一般的な区分のほかに山畑の区分があり、その山畑の一筆にだけ「山畑廿歩」とある。廿歩は二〇坪、すなわち約六五平方メートルである。その部分だけが栽培しているワサビ沢になっていたのかは不明である。現在、その場所は昭和五十九年調査の「土地宝典」に字名「山葵沢」と掲載されている。令和四年八月に襲われ甚大な被害を出した雲見・太田川の上流でワサビの自生が想像される場所である。慶長四年に雲見の住民が食材として利用していたかはわからないが、ワサビという植物を認識していたは確実である。やはり、持ち込まれたものもあるだろうが、自生していた

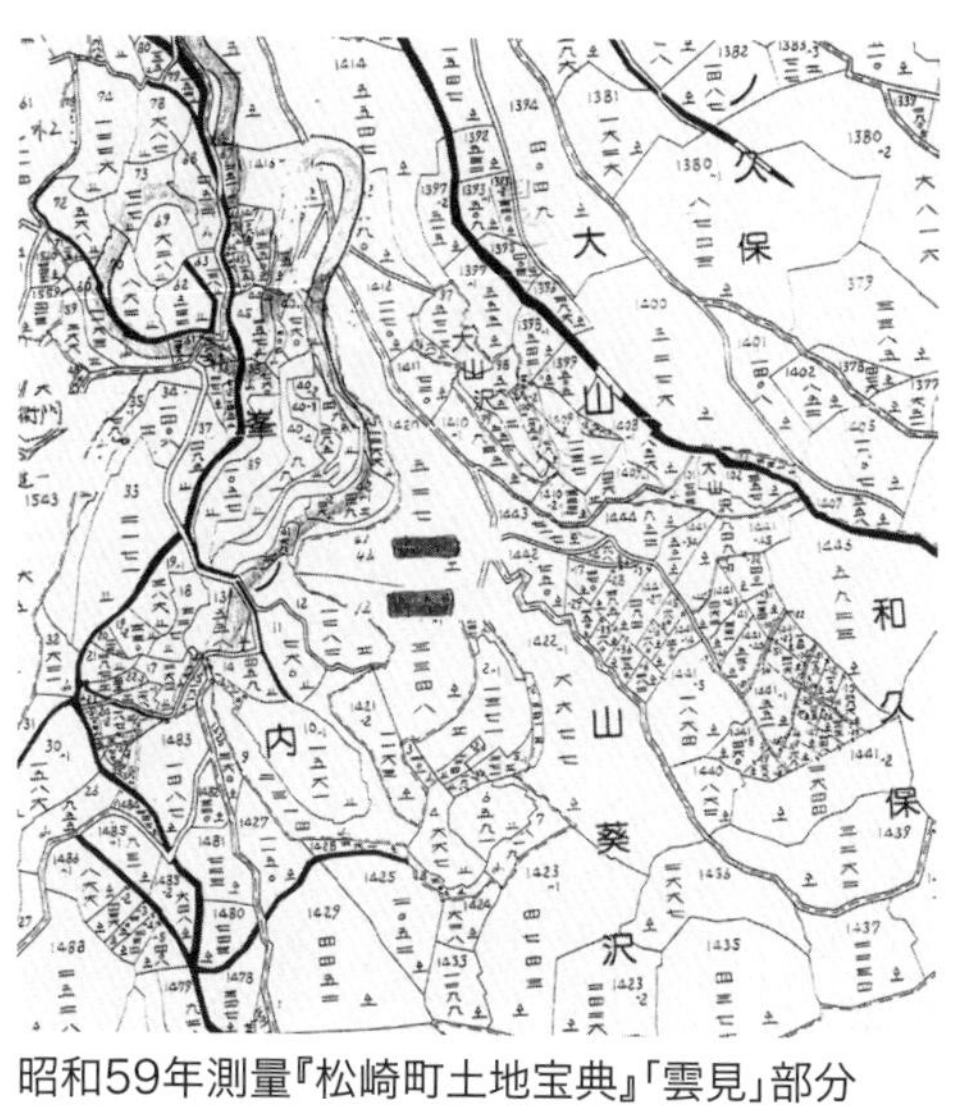

昭和59年測量『松崎町土地宝典』「雲見」部分

英龍が文政12年（1829）に書いたワサビの絵と狂句

ということが確実に証明されたのである。

『上狩野村誌』でも「山葵に関する伝説」）に「又傳フ、当時天城山中ニ山葵ト同一ノモノ野生シタリシガ時ノ人其ノ山葵タルコトヲ知ラザリシナリト」とある。延享元年（一七四四）天城山内岩尾地蔵伽藍・滑沢二か所で試作したことから天城のワサビ栽培は始まり、享和二年（一八〇二）の湯ヶ島村年貢割付状に「山葵運上」が記される。山葵運上とは、年貢として納める米に加え、地方の特産品などを販売する収益に懸けられた税金である。これを初出に、以後、生産が盛んになっていった。

前掲の『わさびの日本史』によると、太田杏村が「神田青物市場の沿革」（一八九八）に、享保十年（一七二五）幕府御膳所での「山葵買い上げ伊豆地蔵堂最寄」という記述があるとして、大見川上流の伊豆市上大見での栽培があり出荷したとされるが、その後途絶えたのか、次に見る湯ヶ島地方で栽培出荷が始まって以後、栽培出荷の記録が残る。

湯ヶ島村では文化五年（一八〇八）には山葵仲間ができ、一七五軒が記録され、郷沢と称する仲間の山葵沢（文化九年「天城山狩野口山葵植付場所見分案内絵図」石渡家文書）と、個人で天城山内に借地した山葵沢があり、狩野口だけで明治初年には八町八反（八・八ヘクタール）に及んだ。

また、三か村共同で山葵を栽培する郷沢を持っていた。山葵の試植は湯ヶ島・市山・門野原（いずれも伊豆市で隣り合った村々）の狩野口三か村が仲間で始めたが、利益が上がるようになると文化九年にはその利益を巡って争いも起こっている。三か村の刎銭（はねせん）のうち半分は家別、家単位に掛けられる棟別（むなべつ）、半分はそれぞれが耕作している田畑の収穫高に応じた高割ということで解決した（文化九年「内済証文」小森家文書）。文化九年十二月には江川家で湯ヶ島村から山葵を購入した記録があり、手代佐藤新八郎宛に葉付一八〇本に対して金一分（現在の金額で約二万円強）、同九〇本代金二朱（金一分の半分、一万円強）の領収証が名主弥右衛門代から出されている（H53－4－1）。

すでに二章十三項で文政十年（一八二七）の「江戸参府御用留」記載の献立を紹介したが、その中に、進物として鯛の山葵を添えた味噌漬けが江川家から配られた。これも湯ヶ島村から購入したものであろう。当時、すでに江戸では珍しいものではなくなっていた。同史料では「珍しいものではないが、在所より取り寄せて進物とする」と記載されている。それでも当時山葵は食材として一般的ではなかったのか英龍は山葵の絵を描いて「山葵が辛かったら謝る」と狂句を添えている。文政十二年の絵である。英毅は謙遜して進呈していたのだろう。

郷沢は、岩尾ばかりではなく吉奈（よしな）洞（伊豆市吉奈）でも栽培を始め寛政四年（一七九二）の栽培に関する帳面が残されている（門野原小森家文書）。

文政七年（一八二四）、下田奉行小笠原長保（弾正）が下田巡見海防吟味として、三月から四月にかけ、伊豆を旅行した記録『甲申旅日記』は湯ヶ島村から梨本村（河津町）までの行程を詳細に記し、「このあたりことに山葵（わさび）多し」とあり、すでに天城山狩野口や河津口では山葵栽培が盛んになっていたことがわかる。江戸幕府の御林である伊豆半島の中央を東西に連なる天城連山の管理のため、御林を北に位置する狩野口、南の河津口、東にある大見口、西からの入口である仁科口の四つに分け、それぞれに御林守を置いた。

幕末になると天城山内には広範囲に山葵沢ができ、狩野口ばかりではなく、文化年間（一八〇四〜一八一八）には大見口でも栽培が始まり、さらに箱根山南麓から連なる下畑村（伊豆の国市）などでも栽培が始まった。下畑村の山葵沢は水量が豊富で水質がよいため、現在は伊豆の国市の水源となっている。天保九年（一八三八）「江戸屋敷書下ヶ控」（守木鈴木家文書）に支配旗本徳永氏へ宗光寺・守木村（いずれも伊豆の国市）からお年玉として海苔一五枚・山葵一五本が献上されている。

享保年間（一七一六〜三五）に江戸で大見口から出荷された山葵が販売されたといわれるが、記録がない。伊豆のワサビ発祥は延享元年とされているので、今後、さらに確信に迫る資料の発掘と証明が必要である。現在のところ、大見口の山葵栽培の記録は、地蔵堂村（伊豆市）の文化三年（一八〇六）からのものが初出である（「山葵最初事并出入取扱事」萩原家文書）。筏場村（同市）では天保十五年（一八四四）の「村々様子大概書」（江川文庫）に、農間に男は天城山中で山葵を栽培とある。柳瀬村（同市）の明治二年（一八六九）の「物産品々壱ヶ年稼高取調」（三枝家文書）によると、山葵三籠を生産しているようすを知ることができる。

河津口にある片瀬村（東伊豆町）では文政十年（一八二七）に栽培が始まったとされ、慶応二年（一八六六）八月「片瀬村山葵冥加永年切替調書」が出されている。稲取村（東伊豆町）・片瀬村から元治元年（一八六四）十月「乍恐以書付奉申上候（天城山御林内山葵沢として冥加永上納開発に付故障の儀なき旨）」が出されている。

仁科口では文政三年（一八二〇）二月、山葵試み植付の一札が宮内村（松崎町）の植付主から天城山仁科口を管理する御林守に出され、七月に初植付がなされた（西伊豆町中奥田家文書）。

湯ヶ島村を例にみると、文化年間ころ、山葵は小物成であったが、天保年間（一八三〇～四四）になると生産が大きく伸び、天保九年（一八三八）から弘化四年（一八四七）の記録では金六〇〇～七〇〇両（一両を一〇万円とすると、六、〇〇〇万円以上）の安定した収入があった（湯ヶ島足立家文書）。この時期、天保の飢饉の直後、また、飢饉以後恒常的に米不足となり、米の値段が高値安定となるが、山葵をはじめ椎茸や炭など米以外の生産物のある天城山周辺の村々は豊かであった。

昭和初期のワサビ沢（『ふるさとの記憶』より）

湯ヶ島村の山葵生産を支えたのは山葵仲間である。文化五年（一八〇八）から残る記録「山葵家数合改帳」（伊豆市湯ヶ島足立言え文書）で生産者数の確認をしよう。湯ヶ島村は村内に大瀧・宿・西平・長野・金山の五組の小字による山葵仲間があった。文化五年には大瀧組四七軒・宿組三〇軒・西平組三二軒・長野組三五軒・金山組二八軒の合計一七二軒となっている。これらそれぞれの組は狩野川の源流の宿・西平を中心に本谷川流域に大瀧、長野川流域に長野、持越川流域に金山組があり、それぞれの地域で栽培している。年不詳であるが、明治初期と考えられる「村高・戸数・人員書上」（同家文書）によると、村高二四九石余・戸数二〇五・人員一、

昭和初期のワサビ沢の背負い籠と道具（『ふるさとの記憶』より）

○七四である。総家数の約八四パーセントが山葵栽培に携わっていた。少しずつ仲間の家数が増加し、天保二年になると一七九軒と七軒が増加した。得られた収入はそれぞれの田畑屋敷の生産高を米で換算した石高割り五分、仲間軒割り五分で分配された。

　山葵の品質も定められ、大・中・小、葉付の種別に相場も決められるようになった。天保頃になると米以外の年貢として納める小物成ではなく、冥加金として山葵収入の税を支払うようになり、それまでの炭や抹香などの山稼ぎ収入をしのぐ大きな収入源となった。このようにして大量に生産されるようになった山葵は、狩野口では瓜生野村分(ぶ)一番所(いちばんしょ)を経由して、竹で編んだ山葵籠に入れて伊豆東海岸の宇佐美（伊東市）などから船で江戸へ送り出された。瓜生野分一番所は、椎茸・山葵、炭などの伊豆の産物を出荷する時、卸し値段の十分の一の税を徴収する役所で、狩野川では下流の御園（三島市）にもあり、伊豆の浦々にある湊にも置かれていた。そこを通らない荷物は抜け荷として扱われ、処罰の対象となった。

　天保二年（一八三一）、湯ヶ島村重右衛門が丹那村（函南町）の名賀山に沢山葵の指導を行い、丹那の山葵栽培が始まる（『根府川通見取絵図』）。同三年、浜奉行木村喜繁は伊豆薬園御用として西浦河内山御林（沼津市）を巡見した帰途の土産として干し鮎・椎茸・山葵を用意している（『伊豆紀行』）。同六年に旗本酒井氏の役人である箕川墨江が著した『伊豆の国懐紀行』（前出）には、下畑村で山葵・椎茸料理が出されている。

文化年間（一八〇四～一八）に江戸霊岸島で江戸前寿司が作られ売られるようになって、急速に山葵需要が広がったといわれる。江戸の国学者である喜多村信節（きたむらのぶよ）（一七八三～一八五六）が文政十三年（一八三〇）に著した随筆『嬉遊笑覧』に、『風俗文選』雲鈴が蕎麦切頌に、伊吹蕎麦天下にかくれなければからみ大根又此山を極上とさだむ云々、近頃は（中略）、夫蕎麦大根は君臣佐使の付合なるを越路に胡椒の粉の折形を備へ、都の方には山葵薑（ワサビハジカミ）にてやらるゝこそ本意なけれ」と記載がある。辛み蕎麦の辛みが大根から山葵に代わったことが記されている。

近代に入り、明治三十六年（一九〇三）、土肥村（伊豆市）高橋六太郎は明治天皇に自己栽培をしていた山葵を献上、翌三十七年皇孫殿下（昭和天皇）へも献上した。富士山麓須走村の山葵栽培は、土肥村鈴木英（明治十四年生）が始めた。

山葵は静岡県の特産で、平成二十五年（二〇一三）の産出額は三十二億円で全国の七八パーセントを占めた。栽培面積も一二八ヘクタールで全国一となっている。そのうち八二・六ヘクタールを伊豆市が占め、県内最大の産地となっている。

毎年三月末には伊豆市万城の滝キャンプ場で「わさび祭り」を開催している。筏場・地蔵堂は中伊豆わさびの郷と呼ばれ、山葵の花を鑑賞できる。わさび漬け以外に、最近では「わさびソフト」が万城の滝や浄蓮の滝などの名物として販売されている。山葵を卸したものと鰹節だけの山葵ご飯も素朴で評判が良い。山葵

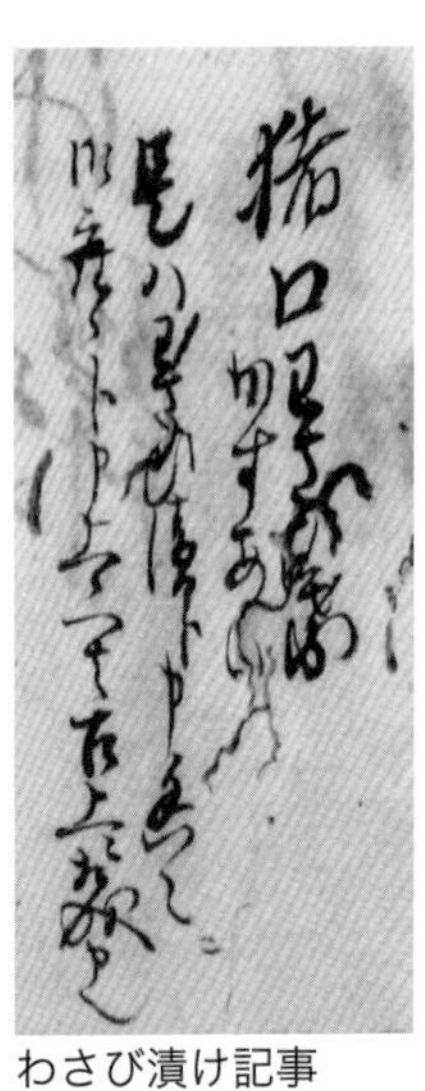
わさび漬け記事

漬けは山葵の茎を塩漬けにし細かく切って酒粕に漬け込んだもので、宝暦三年（一七五三）駿府で始まったといわれる。前項で紹介したように、天保九年（一八三八）関東・伊豆を巡見した「御巡見様御休泊一件書留」（伊豆市湯ヶ島足立家文書）にも、山葵の葉の酒粕和えを「わさび漬け」と称して宿泊先の吉奈温泉（伊豆市）で朝食に提供されている。当時と味は違うが現在は伊豆でも特産の土産物として名物となっている。

山葵の鼻に抜ける辛みと香りの主成分は、揮発性の「アルカリからし油」で、この成分は細胞内のシニグリンが酵素ミロシナーゼにより加水分解されて生成されるため、食する直前によくすり下ろすことが重要である。また、この成分は食欲増進作用や生魚の生臭さを消すだけでなく、食中毒の防止効果がある。血栓の予防効果やがん細胞の増殖を抑える働きがあることも報告されている。

椎　茸

シイタケは、キシメジ科シイタケ属のキノコで、東南アジアや南半球の一部地域に分布して、日本や中国・韓国では食用にされている。ここでは、支障がない限り、食材としては漢字で「椎茸」を使いたい。天然の椎茸を採集していた時代には貴重な高級食材とされたが、現在はほとんどが人工栽培されている。グルタミン酸などの旨味成分を多く含むが傷みやすい食材で、保存性を改善させた「乾椎茸」では味や香りが向上する。

静岡県は古くから椎茸の産地として知られる。昭和四十六年（一九七一）、林業試験場に「しいたけ現場適用試験地」が設置され、これが「東部農林事務所しいたけ指導所」などを経て現在は「東部農林事務所きのこ総合センター」となっている。また、とくに伊豆は良質の椎茸の産地として有名で、伊豆市観光協会のホームページには、日本ではじめて椎茸の人工栽培を手がけたといわれる「伊豆の石渡清助」にちなんだ高級ブランド「清助どんこ」（修善寺）についての記述がある。

　中村克哉の『シイタケ栽培の史的研究』によると、椎茸を食用としているのは、日本・韓国・台湾・中国が主で、はじめは天然のものを食用としていた。伊豆の椎茸が歴史に現れるのは、寛正六年（一四六五）、伊豆韮山にある円城寺（江戸時代に廃寺）から椎茸を将軍足利義政に贈ったことである。

　椎茸ははじめ上流社会の食物であったが、江戸時代になると盛んに庶民の食膳にのぼるようになった。正保四年（一六四七）成立の俳句の季語を集めた『毛吹草』には、大坂に入津（にゅうしん）する諸国の産物の内に「椎茸」をあげている。寛文四年（一六六四）には豊後国竹田藩（大分県）が伊豆の椎茸師を招いて試作を始めたという。また、貞享年間（一六八四～八八）の門野原村（伊豆市）「村明細帳」に、生椎茸一升（一・八リットル）入一籠につき出荷請負税である運上を八文ずつ出して出荷していたが、すでに出荷されることがなくなっていると記されている。これ以前に椎茸を出荷していることがわかる。湯ヶ島村（伊豆市）では延宝年間（一六七七～八一）に椎茸の出荷の記録がある（岡田家文書）。大沢里（おおそうり）村（西伊豆町）では、貞享年間の年貢割付状に椎茸が米以外の税となる小物成として記載されていることから、伊豆各地で江戸時代の初め頃から椎茸が生産されていたといえよう。宝永七年（一七一〇）「市山村指出シ帳」（伊豆市市山区有文書）に「椎茸　瓜生野御役所へ御十分一指上、中間にて江戸へ負い参り売り申し候」とあり、瓜生野（伊豆市）にあった分一番所へ出荷額の十分の一の税を納め、江戸へ商売に行っていたことが記録されている。享保十四年（一七二九）に書かれた伊豆の山方分一運上取立値段（南伊豆町長津呂　肥田家文書）によると、干し椎茸一籠六斗入で銭五五〇文、生椎茸一升入銭一二文の運上金を納めた。「分一」から出荷、卸し値段の十分の一を納めたので、干し椎茸の卸し値段は五貫五五〇文、生椎茸は一二〇文である。当時の銭相場と両の価値を考えると、干し椎茸一籠六斗を卸すと一五万円ほどの収入になった。市中に出回ると高価な金額になったものと思われる。

『増訂豆州志稿』によると、シデの木（椎木）に鉈で傷をつける栽培方法を湯ヶ島村西平の者が発見したとされる。すでに、自然採取していた椎茸が不足し、門野原村では採取できない状況になっていたものと思われる。人工栽培の方法が発見されると、伊豆の椎茸が全国的に知られるようになった。需要の増加とともに伊豆の原木が不足してくる。

宝暦十年（一七六〇）正月に出した椎茸栽培をしている村々が奉行所へ提出した願書（湯ヶ島足立家文書）がそのことを如実に物語っている。願書を提出した村は、天城山を源流とする狩野川口を狩野口、大見川口を大見口、仁科川口を仁科口、河津川口を河津口というが、今回の願書には仁科口の村は含まれない。主に生産している村がそれ以外の三口だったのであろう。狩野口の湯ヶ島・市山・門野原村、大見口の中原戸・原保・戸倉野・姫野湯・筏場・地蔵堂・貴僧坊・菅引の八か村、河津口の梨本・湯ヶ野・大鍋村の合計一四か村が椎茸の江戸町人請負に対する可否を問われたが、拒否したのである。そこに書かれているのは、町人請負に対して、原木である椎木が枯渇し現状以上の生産ができないことが記され、それまで行ってきたよう

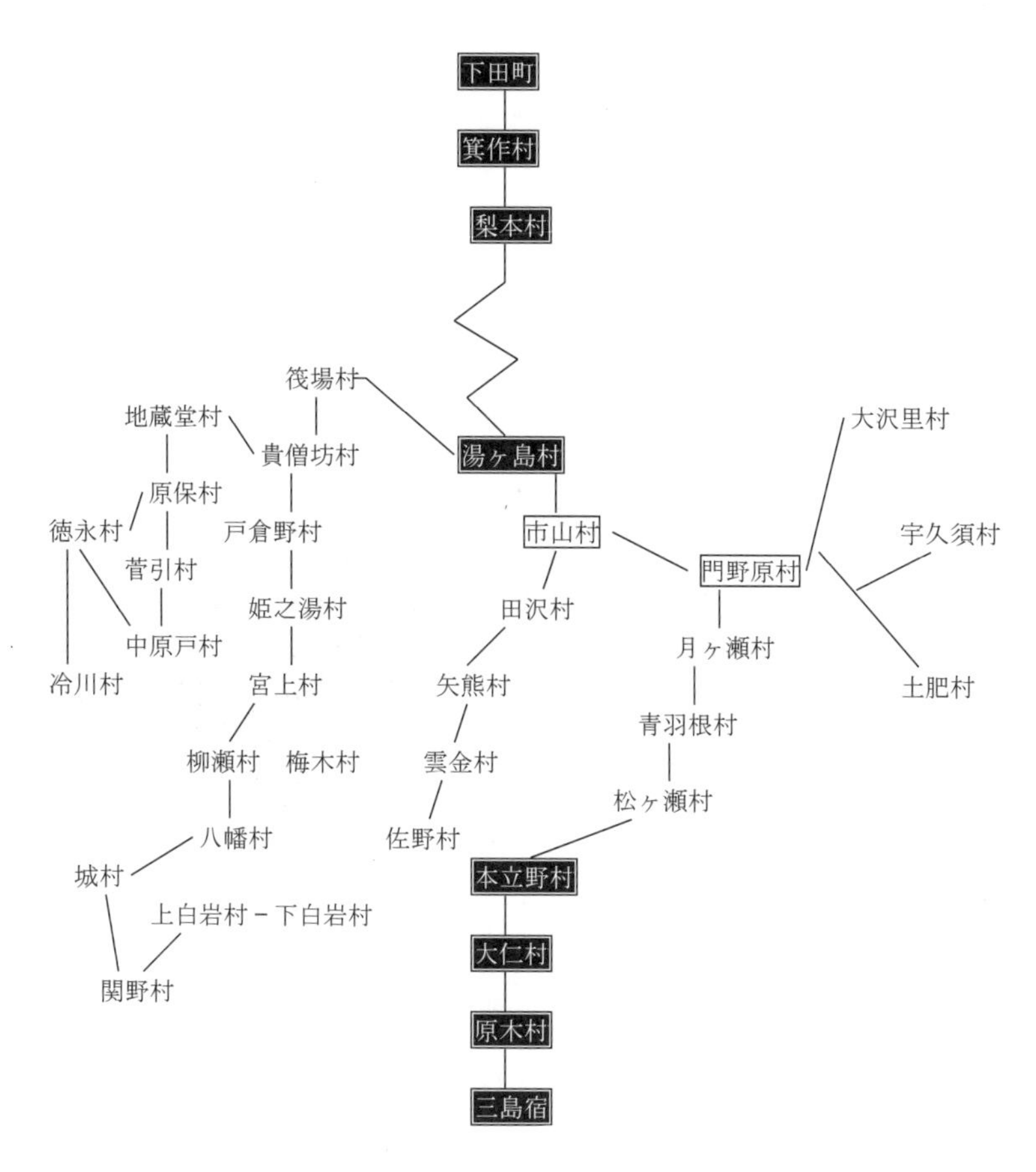

下田街道湯ヶ島村助合差村位置図、次頁と連動

に、生産者卸値の十分の一である分一を納入を約束をして、請負を拒否する内容である。こうして、宝暦年間（一七五一〜六四）以降には伊豆の椎茸師が各地に指導と称してシデの木を求めて出稼ぎに行くようになった。

明和二年（一七六五）門野原村石渡清助が遠州の椎茸山を買って出稼ぎに行き、同六年には同村の善六が加わり相月村（現浜松市佐久間地区）などへ出稼ぎに行った（「椎茸山証文」石渡家文書）。甲州（山梨県）

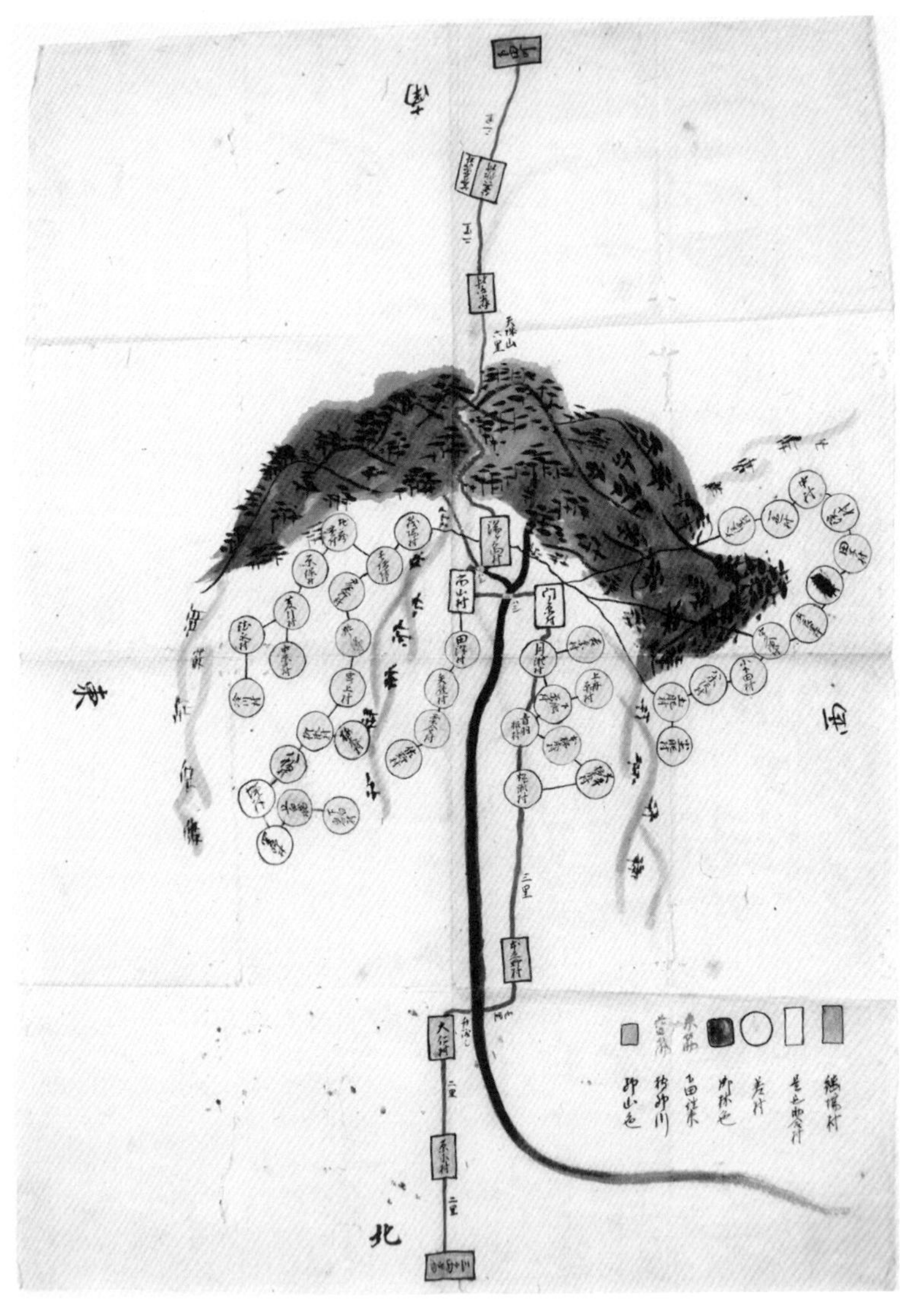

天保 14 年（1843）「天城山継立助郷願書付絵図」、南の下田町が上になっているが、天城山を中心に椎茸栽培村々の位置関係がわかる。

や常陸水戸藩（茨城県）などへの出稼ぎもあった（同文書）。駿州（静岡県中部）にも伊豆から椎茸師が出向いて椎茸山を買っている。山葵の栽培に尽力した板垣勘四郎もその一人であるが、遠州などで栽培指導にあたった門野原村石渡清助や湯ヶ島村善六の功績は大変なものである。これ以後、全国で伊豆の椎茸師が活躍するようになる。鉈目を入れる栽培法は湯ヶ島村の秘密とされていたが、寛政二年（一七九〇）同村の齋藤重蔵は日向国（宮崎県）に出奔して同所に栽培法を教示したとされる。椎茸は生ばかりではなく、乾椎茸も出荷され、明和年間（一七六四〜七二）には伊豆から江戸・大坂に向けて出荷された。天保六年（一八三五）『伊豆の国懐紀行』（前出）には下畑村（伊豆の国市）で山葵・椎茸料理が供されていることが記される。

明治二年（一八六九）門野原村の石渡藤右衛門は横浜の貿易商を介して干し椎茸を海外に輸出した。その後、販路を横浜・神戸とし、そこから輸出するようになった。本邦初参加のウィーン万国博覧会へ湯ヶ島村から干し椎茸を出陳した（湯ヶ島足立家文書）。

石渡清助の子藤右衛門の子どもである石渡秀雄は、椎茸の榾(ほだ)木の配列法の研究を続け、明治八年（一八七五）、現在も広く用いられている合掌法を案出した。明治十四年（一八八一）乾燥法改良、翌十五年貯蔵法の改良を行い、明治二十九年上狩野村（伊豆市）地先御料地の棚場(たなば)山に私立椎茸栽培伝習所を設立、全国から実習生を集めその普及に努めた。因みに石渡秀雄は小説家井上靖の祖父にあたる。

さらに、上狩野村高橋正明や上大見村（伊豆市）内田源太郎は各地に赴いて出張伝習を行った。明治八年、湯ヶ島村浅田庄左衛門は岩手県へ椎茸製造のための旅費を足柄県から前借している（江川文庫6－8－54－2）。大正十二年（一九二三）石渡清之助が引き継いだ伝習所は天城御料林地の都合で閉鎖された。その後、大平柿木村（伊豆市）鈴木伊兵衛は胞子や菌糸をホダ木に植え付ける植菌法を開発し、現在も採用されている。

ミカン

寛永十二年（一六三五）十月二十二日に熊本藩主の細川忠利が長男光尚に送った手紙の一節に「伊豆蜜柑一籠が非常に満足で、一段と風味がよい」とある。熱海で湯治をしていた光尚が忠利に送った伊豆の蜜柑を称賛する内容の返信となっている。

すでに、江戸時代初期に熱海周辺で蜜柑栽培が行われていたが、もっと古く永禄十二年（一五六九）と推定される十一月二十九日の「北条氏政書状」によると、上杉輝虎に蜜柑一箱と江川酒一荷が贈られている。これだけでは伊豆の蜜柑とは特定できないが、江川酒とともに届けられているので近辺のものと思われる。

現代のホダ木によるシイタケ栽培

江戸時代になると、名主が各村の面積、人口、収穫量などを領主に知らせる「村明細帳」に、栽培するミカンの木の本数を記録したものが伊豆各地に残る。熱海村（熱海市）近くを見ると、延宝六年（一六七八）の和田村（伊東市）の土地台帳に柿八本、蜜柑五十一本の記録が残る。貞享二年（一六八五）年の岡村（同）にも蜜柑栽培の記録があり、翌三年には新井村（同）にも記録がある。同年宇佐美村（同）では、年貢の対象となる蜜柑の木一二〇本のほかに、年貢がかからない御免木と呼ばれる名主や寺院、神社の蜜柑九四本も記録されている。

沢田村（河津町）では貞享五年（一六八八）年の「沢田村覚書」によれば、将軍へ八本分の蜜柑を献上し、「三島経由で江戸へ送られた」とある。川津（現代では河津と表記）から三島まで出荷するための篭は下田と川津で用意した。蜜柑を詰め替える献上用の篭は三島で作られたが、その資金は川津が負担した。

さらに献上蜜柑の木に残った蜜柑は、大小により銭二〇〇～五〇〇文で、三島で売買されたという。また、隣村である下佐ヶ野村（河津町）でも享保二十年（一七三五）の「下佐ヶ野村差出帳」によると、蜜柑は河津組（現河津町域）一帯からリレー方式で三島役所へ送っていた。その後、献上は蜜柑ではなく金銭となり、やがて金銭の献上も免除となった。河津町域の湯ヶ野や矢野でも同様の記録が残り、蜜柑が将軍に献上されていた。すなわち、現在の熱海市から川津にかけての東海岸は、蜜柑が特産品であった。

さらに、伊豆の西海岸にある西浦地域（沼津市）でも江戸時代から蜜柑生産が盛んで、当時の史料では西浦地域の特産品として、平沢、古宇、久連、足保、久料の各村の蜜柑があげられている。伊豆の沿岸村々で盛んに蜜柑栽培が行われていたのである。

明治以降はさらに盛んになり、西浦では明治八年（一八七五）、江梨村で「蜜柑八百九十五貫目(約三・四トン)・金五十九円」「橙（だいだい）一四〇貫目（約五百三十キロ）・金五円二十銭」とある。さらに立保村では、柑橘（かんきつ）系のクネンボ（九年母）も栽培されていたことが分かる。

明治四十三年ごろ西浦地域の久連（くづら）に共同販売を目的とした蜜柑組合を設立。のちに西浦村長となる西島恭平が組合長を務め、蜜柑栽培や改良に尽力した。大正十一年（一九二二）には、伊豆柑橘同業組合を西浦村に結成。西浦村の畑地の九割が柑橘栽培地となり、現在の「西浦みかん」ブランドの基礎を築いた。

カキ

現代でも伊豆では伊豆の国市天野・小坂地域で柿の栽培が盛んに行われ、天野の富有柿は皇室へ献上している。当地は狩野川左岸の水はけのよい土地柄で果樹栽培に適している。小坂や長岡では水稲栽培においては水不足に悩まされ、溜池で対応、天野、長岡など左岸一帯は用水不足が常態であった。延宝六年（一六七八）に実施した検地帳によると長岡村では柿大六六本、小七八本の記載がある。和田村（伊東市）の土地台帳に柿八本、蜜柑五一本の記録が残る。

3　鯛

江戸時代の江川家の食卓に度々登場するのが、鯛であり、江戸城へ詰めるために出府する献上品として干し鯛を持参した。日本橋魚市場は、幕府に魚貝を上納する義務があり、特に幕府の行事等において必要とされる望外な需要に応じていた。鯛などは、一度に五千匹の上納を命じられたこともあり、こうした事態や不漁に備え、鯛は各地に生け簀を設けて畜養し、活鯛運搬船で江戸へ運ばれた(『巨大都市江戸が和食をつくった』)。

江戸幕府が開かれた当時の魚は鯉が中心であった。江戸魚問屋の株仲間の中心にいたのが、鯉屋藤左衛門であったことからもそのことが知られる。江戸時代中期になって、鯛が、江戸では盛んに食べられるようになった。矢田挿雲著『江戸から東京へ』で、「名人伊豆長」に、魚屋の小僧が本当の江戸前の鯛を教えられる話を引用して、次のように記す。「小僧は江戸前の鯛、活鯛、伊豆鯛の三種の鯛を見せてこういう。『江戸の鯛は、八百八町からでる流し汁をくって、内海の静かな浪にもまれ、年中安心して遊んでいられるから、どことなく人品がいい。形なんか見ねえでも食ってみればすぐわかる。肉が多くて味がいい。人間でいえばちょうど江戸ッ子だ。その次が活鯛だ。こいつもやはり、品川沖で生ま

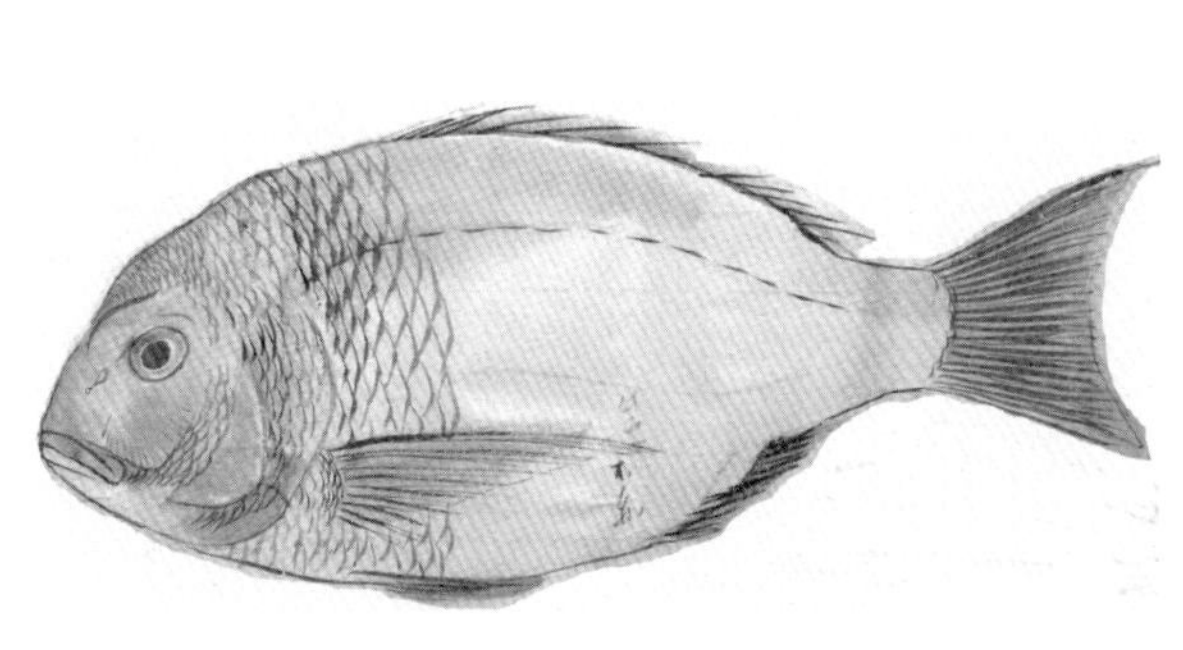

英龍が描いた鯛

れるにゃ生まれたが、一旦網にかかり、おまけに籠に入れて囲っておかれるから、食物の不自由はなく、肉も一番肥えているけど、気に心配があるんで面に皺がよっている。魚だって心配は毒だ。さらにその次が伊豆の鯛だ。これはナ。四十里の相模灘を越えたさきの荒海で暴れまわってるうえに、海岸の岩石についてる貝殻を、鼻柱で叩きこわして喰うんで、鼻がまがってらあ。そして肉が硬くて味が大味で、取りどころがねえ鯛だ。ところが田舎者はこれを上等の鯛だとおもってるから、世の中に廃物はねえ。ただし江戸ではいい料理屋になると、こんな鯛はつかわねえ。蒲鉾種か、せいぜい山の手の御家人の台所へ向くくらいのものだ』とある。

ちなみに、ここに登場する「伊豆長」は松崎出身で左官の神様といわれ、幕末から明治初年に活躍した漆喰鏝絵で有名な入江長八である。長八は、きっと伊豆産の鯛がばかにされたと感じたのではないだろうか。「活鯛」は「いけだい」と読む。延宝九年（一六八一）四月、江之浦獅子浜村（沼津市）の名主宛て証文に「いけ鯛無用」という文言が記されている（獅子浜植松家文書）。

近世初頭から、伊豆西浦から鮪などが江戸へ輸送されていたが、活鯛の輸送はまだ行われていなかった。近世初頭の江戸への輸送品は、古着をはじめ大坂からの下り物が中心であった。上方からの輸送は難船を恐れ、特に海流や風向きの悪いところは避けて陸路を利用するルートが開かれていた。上方から伊勢（三重県）白子・四日市から三河岡崎・吉田（豊橋市）まで海路、ここから陸路で新居（静岡県湖西市）を通過し、さらに遠江相良・川崎（静岡県御前崎市）で再び船積みを行い、口野・多比（たび）（沼津市）に入る。そして伊豆江間村（伊豆の国市）の馬に乗せ替え、伊豆半島北部にある田中山を越えて網代（熱海市）まで陸送、そこから網代の船で江戸へと運んでいた。

寛文元年（一六六一）から、江間村の馬を網代へ付け通すことが禁止となり、船は相良・川崎から直接江戸へ向かうこととなった。伊豆半島南端を回る航路は難船の可能性が大きいため、以前通り田中山越えを認めて欲しいと、寛文十年（一六七〇）、網代・口野・多比・江間の名主が連名で代官に訴えた。また、これ以前の寛文七年（一六六七）には、やはり江間村の馬士（まご）が、駿河（静岡市）から来る阿部茶や上方の荷物を扱わなくなってしまったので、口野村の荷物扱い量の減少、江間村馬士が運送量の減少によって困っていることを国廻り奉行に訴えている（沼津市口野足立家文書『沼津市史』）。

十七世紀後半、弁才船（べさい）・才賀船（さいが）の建造による樽廻船・檜垣廻船といった新しい海上輸送手段ができ、上方の荷物の大量輸送が可能となった。急荷物を除けば、陸路の利用よりはるかに大量輸送に適し、低コスト化を図ることができた。口野・江間村などの訴えは、廻船の発達による状況の変化に対応できるものではなかった。こうして、十七世紀後半になると、口野・多比で扱う荷物の内、上方からの物は減少してしまうこととなった。もっとも、全く扱われなくなったわけではなく、伊豆の内陸部や甲州などへの輸送路として、必要とされていた。その証拠として、弘化二年（一八四五）、江間村の馬士と口野村足立格右衛門が、甲州荷物の江戸送りについて約定を結んでいる。このように、魚荷以外の輸送の担い手として、田中山道は存続したわけであるが、減少した荷物扱い量の回復を、魚荷の扱いの拡大によって達成しようとしたものと思われる。一方、口野・多比では、江戸魚市場へ魚を輸送することにより、販路の拡大、荷物扱い量を確保していこうと図ったものと考えられる。

伊豆または周辺地域で鯛が史料に見られるものを多少紹介しておこう。古いものでは、延宝九年（一六八一）四月、江之浦獅子浜村（沼津市）では「いけ鯛無用」ということで、名主に証文を提出しているものが見られる（獅子浜植松家文書）。新井村（伊東市）では、小田原藩主が上洛する際の御肴役を命じられて鯛を納めた。そのため酒匂川の船橋役は免除されていた。寛政九年（一七九七）の「土肥村差出帳」（伊豆市土肥関家文書）に、万船役永三貫八四一文・鯛銭上納永四五文の記載がある。八木沢村（伊豆市）の万治元年（一六五八）年貢割付状（永岡家文書）に、浮役として定納鯛網役が記され、一六文を納めている。さらに宝永七年（一七七〇）の「重寺村（沼津市内浦）明細帳」（『豆州内浦漁民史料』）によれば、御菜場として塩鯛六枚を三回に分けて三島代官の陣屋に納めていたが、享保十一年（一七二六）の「差出帳」（同書）では、同七年に御役御免になり、かわって川除（かわよけ）入用国役金（銀一五匁余）を負担するようになった。長浜村・江梨村（沼津市内浦・西浦）でも享保九年（一七二四）「山方浜方品々書上覚」（同史料）によれば、かつて御菜塩浜鯛を上納していた（享保七年からは免除）。安良里（あらり）村（西伊豆町）の正徳四年（一七一四）「差出帳」（安良里支所所蔵）には、御菜鯛は十一月から一月まで宇久須（うぐす）村（同町）と月替わりで、江戸城本丸に納めている。川奈村（伊東市）の嘉永四年（一八五一）「村明細帳」（前島河南収集文書）には、小田原藩稲葉正勝の時代は、塩漬鯛二枚を毎月上納していたが、その当時は代金納になっていたとする。このように、伊豆半島沿岸村々の多くが鯛を江戸に運び、上納していたことがわかる。天明七年（一七八七）「松平周防守殿上知伊豆国君沢賀茂郡村々私領引附伺書」（江川文庫）によると石見浜田藩引渡しのための調査を行い、戸田村（沼津市）で鯛運上を報告している。

貞享年間（一六八四～八八）に、紀州（三重県）から移住した商人御木（みき）半右衛門は、江戸魚市場への輸送路を掌握し、将軍家活鯛御用の特権を得て、魚商として大きな利益を上げていた（嘉永二年「済口証文」同文書など、江川文庫K－1044）。江戸での需要が鯉から鯛へ移行する時期と符合する。

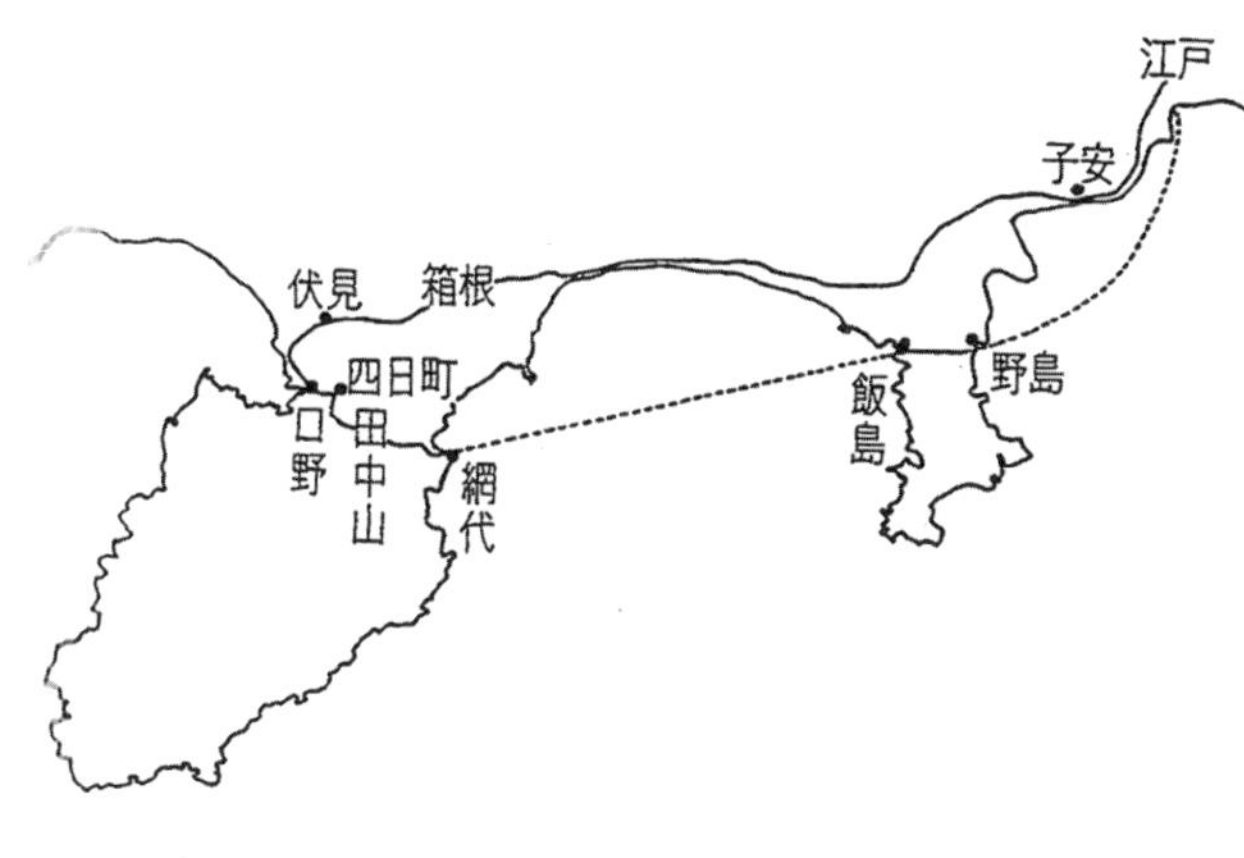

江戸への鯛の輸送ルール

享保十八年（一七三三）正月、網代村の紀伊国屋（御木）半右衛門が、内浦に対して網代越生魚荷主に連印を取って、一手に活鯛を扱うことになった（獅子浜植松家文書Gb７）。獅子浜植松家文書には、鯛荷関係史料が多く残されている。鯛の輸送路は、網代越え、すなわち田中山越えは、東浦の網代湊に出し、ここから押し送り船で海上輸送する方法であった。

田中山越え以外にも、天明三年（一七八三）から安政元年（一八五四）まで毎年一、三〇〇枚ほどの活鯛御用を勤めるため、須崎村（下田市）に生け簀を作り、浦賀・泊浦（神奈川県横須賀市）、神奈川（横浜市）、品川（東京都）にそれぞれ箕船（箱形生け簀をつないだもの）を置き、順次江戸表へ運んでいたとされる（明治二十四年「浜崎村各大字沿革旧記控」金指家文書）。このように、生け簀に入れて海上輸送する方法と、さらに、箱根山を越え、東海道を馬で付通して運搬する方法があった（『清水町史』）。

江戸市場における生鮮魚は、近世前期の終わり頃には伊豆西海岸に供給を仰ぐようになっていた。網代越え輸送には、網代～（相模湾を押送船）～相州飯島（逗子市）～（三浦半島の鎌倉街道を馬背で二里）～武州野島（横浜市金沢文庫）～（江戸湾を押送船）～江戸日本橋魚河岸、という順路を拓いて、海路だけの三崎廻りより早く江戸に着くようにしたのである。これを成し遂げたのが、網代商人御木半右衛門である。網代は、湊として諸国の廻船が寄港することが多く、俗に「京・大坂に江戸・網代」といわれるほどであった。『網代村誌稿』には、往時七軒の廻船宿があって、それぞれの宿が定められた国々の廻船宿となっていたことが記されている。

将軍御用の鯛は、古くから駿河・伊豆の定まった村々から納められることになっており、御肴役所を経由することになっていた。このため、浦々ごとに漁師から買い取って江戸へ運ぶ商人が、江戸の御用肴問屋によって指定されていた。この商人たちは、江戸に魚を運び込んだ上、御用肴問屋の指示に従い、役所に納めた。網代で幾日間か活囲いされた鯛は、江戸に着いてからさらに二か所の御囲所と相模の楠ヶ浦にある下治所に活囲いされた。その後、鯛の大小によって、規式御用と日条料理御用に分けられた。

網代山越え鯛は、一籠四貫目以内に拵え、江戸日本橋の問屋小田原町鯉屋藤左衛門・大和屋長兵衛・雨宮甚左衛門・本町米屋庄左衛門・雨宮助重郎・雨宮四郎五郎・四日市和泉屋仁平次の七軒に届けられる。籠代は四〇文かかり、入用銭一籠につき五文の取立が行われた。享保十八年（一七三三）正月の網代越え荷主の数は、「沼津内浦連印帳之写」によると、沼津四四、三津二五、小海二、長浜三、重須三、志下一二、馬込

一五、獅子浜一七、江之浦一〇、多比五、口野一四、重寺（いずれも沼津市）六の合計一五六名を数えた。

内浦や西浦で漁獲された鮪や鰤も馬背で網代に運ばれ、江戸に送り込まれた。また、十月から翌正月までの間に獲れた上魚の鯛や鮃も、特に活囲いの設備をもった押送船を使い、江戸仕切りの二割の運賃を支払い、江戸に輸送された。これら田中山を越える魚荷は、口野村の魚荷世話人に一旦集められ、塚本（函南町）・原木・北条・山木・北江間村（以上伊豆の国市）の馬世話人の荷物差配のもと、馬士が運搬するという流れであった。馬士は、図に示したように、多呂（三島市）、塚本・仁田（函南町）・南江間・北江間・墹之上・古奈・原木・北条・南條・山木・三福（以上伊豆の国市）の一二か村にいたことが知られている。人数は不明であるが、天保十四年（一八四三）には、北江間村に七人、南江間村に一三人の合わせて二〇人が確認されている。原木村や南北江間村に、特に馬士が多くいたようである（南江間・津田家文書）。

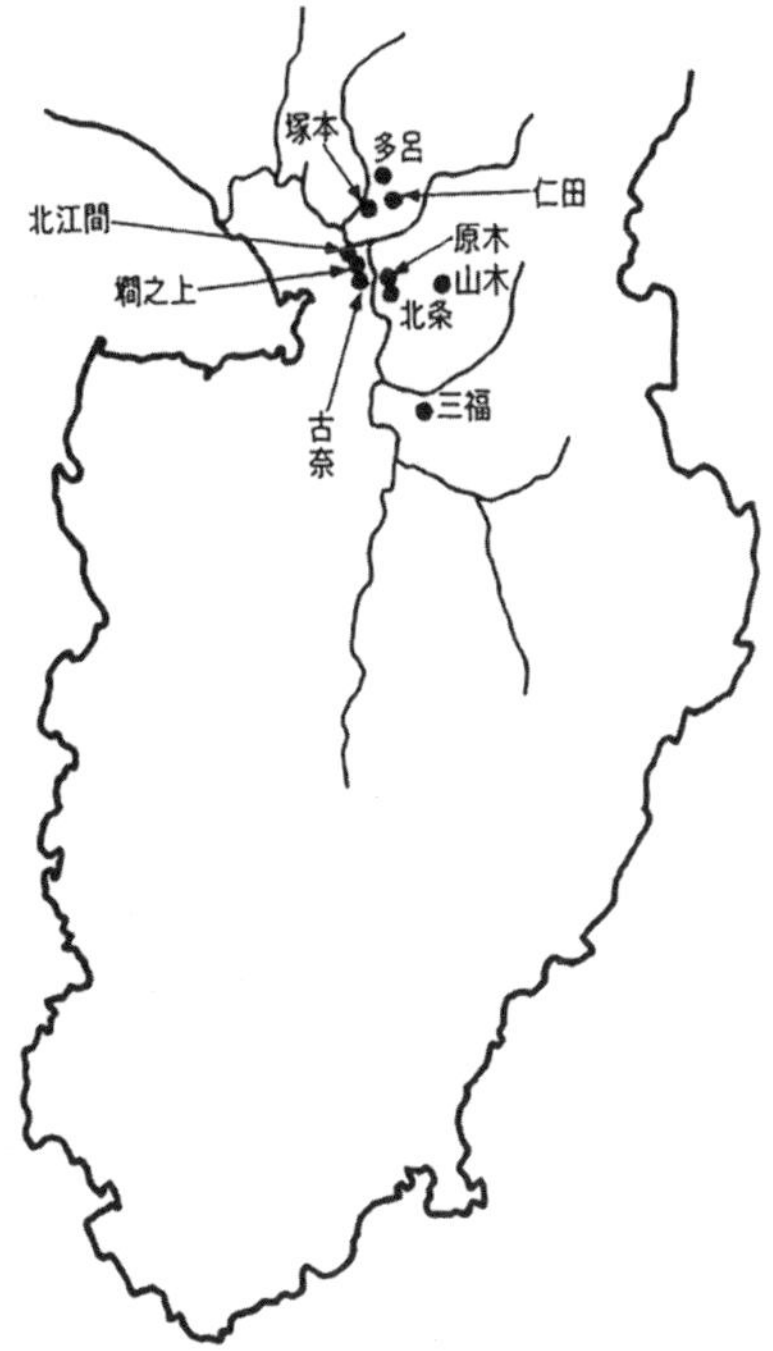

伊豆半島内で馬士が確認できる村々

田中山を越えるには、冬期以外は暑い昼間を避けて夜間通行が行われた。そのため、暗がりを照らす明かりが必要であった。当時の明かりの中心は松明であった。これは山火事の原因ともなるため、田中山越えでは提灯・蝋燭が使用された。文政四年（一八一一）四月の取り決めに、このことが以下に記載されている（『韮山町史』五巻下No.230）。

・魚荷は多少に限らず、夜間通行の分は一夜につき火の番賃銭五〇〇文を、出口世話人である口野村彦兵衛に差し出し、彦兵衛が田中山の山元である中村へ渡すこと。七月までの分、十一月までの分、二回に分けて差し出すこと。

・田中山御林の通行に際して、大雨の時以外は松明を使用しないこと。使用した場合は過料銭三貫文。

・夜間荷物駄数は、先馬が口野村からの書付を名主宅へ提出して知らせること。

・夜越馬士は、必ず提灯・蝋燭を持ち歩くこと。持たない馬士は差し止められても承知の上のことである。

このように厳重な火の用心を行っていたにもかかわらず、文政七年（一八一四）正月二十四日、古奈村の馬主が雇っている馬士が通行中煙草の火を落とし、それが風にあおられて大火事になってしまった。そのため、近隣の村々名主立入りで、田中山元村である中村名主友右衛門に対して詫び書を提出している（『韮山町史』五巻上No.164）。また、翌文政八年三月一日にも、仁田村馬主・馬士、多呂村の馬主が伊東まで軽尻（からじり）で運搬したその帰り、法度にもかかわらず松明を使用したことが発覚し、やはり中村名主宛に詫び書を提出した（『韮山町史』五巻下No.233）。

馬主や馬士は、火の用心を心がけるばかりでなく、ことに馬士の多かった南北江間村では、天保十四年（一八四三）、次のような取り決めも行った。

・魚荷仕送りに関しては、今までの取り決めを守ること。

・南江間村に対してはもちろん、他の村人や魚商人に対して不作法はしない。
・諸駄賃はもちろん魚荷駄賃も正当に受け取ること。
・村の中はもちろん、途中の道筋でも松明は灯さず、火事を出さないよう気をつけること。
この取り決めから、農間の稼ぎを越えてかなり本業に近くなっていることが読み取れる。また、扱い荷物も魚荷ばかりでなく、他の荷物の運搬も行っていたことがわかる。

東浦へは、浮橋から網代へ通じる道ばかりでなく、長者原から亀石峠へ出て宇佐美に入る道もあり、田中山越え以外に、下畑を通過することもあった。天保五年には、三津村（沼津市）と下畑村との間で争論となっている（『大仁町史』資料編二、六－92）。三津村の商人総代四人が下畑村を訴えたもので、三津村からの魚荷物が下畑村を通過する時通路の差し止めを行い、魚が腐ったという理由で五両を請求している。差し止めを行った理由は定かではないが、文中に「夜分たりとも滞りなく通行」とあるので、夜間通行が問題になったものと思われる。

伊東への通路に関しては、具体的な史料がないものの、狩野川筋の村々の年貢津出しに関して、宇佐美（伊東市）出では一俵につき一〇〇文の運賃がかかるが、三津浜出では三二文で済むので宇佐美出しが嫌われたという史料が残されている（神島名主文書・石井家蔵）。これにより、宇佐美へ津出ししたこともあることがわかる。また、下畑村、田原野村からの年貢津出しは宇佐美出しであった（『大仁町史』資料編三近現代16・17）。

伊豆半島の西海岸から鯛を輸送するルートは三本あった。清水町伏見に「鯛荷屋」という屋号を持つお宅がある。屋号のとおり、江戸時代に陸路での鯛荷物を扱った仲買問屋である。

史料的な制約があるが、正徳元年（一七一一）の伏見村での仲買ルートを見てみよう。静浦志下（沼津市）の魚荷物を相州子安村（横浜市鶴見区）の者が請け負い、江戸の魚河岸のある小田原町まで運んでいた。子安周辺はもともと漁村で魚荷を扱っていたので、伊豆の伏見から来る魚荷も扱うようになったものと思われる（一六五頁参照）。

当時も魚河岸では競りが行われていた。これに間に合わない時刻に運び込むわけにはいかず、荷物の到着時刻の確認を行ったものである。ここで発見した史料は八月のものであり、当時は一年中陸路で魚荷物の輸送が行われていたものと思われる。江戸小田原町河岸に荷物を到着させる時刻は卯の上刻（午前五時～六時）で、卯刻外れ（午前七時過ぎ）になると間に合わなかった。このためには、子安村に夜九ツ半（午前〇時頃）に荷物が到着していなければならなかった。宝暦六年（一七五六）の史料によると、「箱根関所を朝一番（関所開門時刻明け六ツ＝午前六時）で通過するようにする」と、記載されていた。馬を交換することなく、一昼夜かけて輸送したのである。

交替馬を用意するとそれだけ遅くなるので、正徳元年の請け負いは子安村の馬士が志下から子安まで付け通して運搬した。普通、陸路の荷物輸送は宿駅の経営上必ず各宿場で荷物を付け替え、次の宿場へ継ぎ送っていた。しかし、早馬やこのような緊急を要する荷物については付け通しといって、宿場の継ぎ送りをしないで輸送が可能であった。今回のように輸送にたまたまミスがあり、訴訟となったため史料として残された。これがすべて規定通りに動いていたら、このような付け通しの実態を知る機会がなく、陸路の輸送も知られずに終わっていたかも知れない。残された史料から新たな発見がある。問題があった場合に史料が残される。

さて、少し脱線したが、宝暦年間（一七五一〜六四）においては、子安までの輸送を長沢村・柿田村（いずれも清水町）の馬士が請け負っている。正徳元年当時には一年中輸送されていたものと考えられるが、宝暦になると、十月から三月五日までの冬から春の期間に限定された。箱根山越えのルートは、文化十二年（一八一五）の史料でも「山越え」という文言を確認でき、この時期まで継続していたことがわかる。

弘化五年（一八四八）、口野村魚商人彦太郎が獅子浜村荷元衆と結んだ書付に、活鯛輸送については、すでに冬季には陸附路を「山越仲間」と称して既得権を得ている者がいる、として、この時期まで冬季陸路付け通し輸送が行われていたことがわかる。その後、年代のわかる史料が発見されないので、いつまで存続したか不明である。

川奈村は小田原藩領であったが、嘉永四年（一八五一）「村明細帳」（前島河南収集文書）によれば、運上は先年より御菜場で鮑四五〇具ずつ、小田原藩稲葉正勝の時代は年々正納、ほかに塩漬鯛二枚毎月正納であったが、嘉永四年当時は代金納となっていた。

4　その他、魚

鮪・鰤　内浦の鮪漁について、天保三年（一八三二）浜奉行木村喜繁は伊豆薬園御用として巡見のため長浜村名主大川四郎左衛門宅で、鮪漁を見物したときの様子を『伊豆紀行』（前出）で以下のように記している。長いが、引用したい。

巳の刻頃、座敷より海の様子見たるに鰯とか言へる小魚の、おびただしく寄りたる様子にて飛びけるが、脇なる山の魚見櫓（やぐら）にて、何か大声を上げ呼びたりける。と、前の磯の小屋より、猟師ども大勢にて、小船へ打ち乗り七、八艘も漕ぎ出し、太き縄にて拵へたる網を、段々に海へ打ち込み、十三、四町も沖の方へ出でけるが、左右の網、行き合ふと直ちにまたまた元の磯浜へ網を引き来る様子、何か聞き馴れざる高声にて、追ひおひ磯近く網を曳き来ると、岡に居たるもの裸になり、網の綱引くのもあり。二、三尺位の棒の先へ、鉄にて鍵のやうなるものを附けたるを持ちて、海へ飛び入りたり。遠浅の様子にて、越しだけ位、格別に深くもなく見える。

この網の内に、大小の鮪入りて、網へ当たると驚き、浅き方へ寄る由、その処を持ち居る鉤（かぎ）を打ち懸けて、磯の方へ引き上げける。中位までの鮪は、一人にて引上ぐる由、大は中々一人にては手に入らず、側よりまた鉤を打ちかけ、二人にて引き上ぐると、直ちに丸太切れのやうなるものにて、頭を打ちては磯端（いそばた）に並べ置き、また海へ入りて前のごとく、この人数、二十人余りと見ゆ。残らず鮪取りきると、舟へ網をも上げる由、江戸表の海にて、六人網と言へる有り。其（は）大仕懸の網にて有る。海へ入りて、鉤にて引き上げたるものは、別段に賃銭も遣はさず、引き上げたる鮪の腹わた、ゐらのやうなるものを遣しける由、それを賃銭の代りに致し、大桶などへ溜め置き、山方より養ひに来り。能き値段になり由、この時上りたる鮪、大の魚五十本余り、中の魚七十本余りの由、誠に少しの間に取り候ひける。

直ちに磯端へ並べたる魚の所にて、大勢寄り合ひけるが、間もなく鮪をば船に積み入れ、沖の方へ行きたり。これは、この辺へは江戸ならびに駿府・甲州より、魚商ふ者参り居りて、魚取れたりと聞くと、直ちにその処へ来り、それぞれの猟師頭へ値段の押し合ひする由、この日のは、駿府の商人の調ひたる由、一と時も立たぬ間に人数も船も元の磯に戻り、跡は静かになりたり。春より秋までは、この位の漁は至って少なく、日々鮪の数百本づつと申すこと、幾度も有る由、この春以来は、分けて漁の当たりにて、長浜村ばかりへ、金数千両余りの鮪ばかり取れ候由、それゆゑ、外の魚は致さぬ由、この漁の有りたる所は、旅宿より一町余り東の方にてありたり

当時、鮪が駿河湾奥の長浜村で漁獲できたことがわかる。また、文化七年（一八一〇）、江戸の書家である富秋園海若子は伊豆をたびたび訪れ、紀行文『伊豆日記』を著した。その中で、十月土肥から舟で沼津に向かう途中、小土肥を通り掛かりこまぐろの群れにあい、「小土肥といふ浦はしる程、しほのひときは高う見ゆるは、こまぐろといふサカナのよりたるにて、水を離れて飛ひ上りさる様(サマ)、庭毬(ヒハマリ)など蹴(ケ)上げたらんやう(たこ)

に、右にも左にもこゝら見ゆ、」とある。

妻良（南伊豆町）では慶応三年（一八六七）「谷川マグロ水揚割渡控帳」（『妻良風土誌』）によるとマグロ五一七本の水揚げがあったと記録されている。鮪は、昔は「しび」と呼ばれ、江戸時代初期の随筆家である三浦浄心の『慶長見聞集』によると、「しびと呼ぶ声のひびき死日と聞こえて不吉なり」という理由で一般の武家の家では食べなかったという（『巨大都市江戸が和食をつくった』）。

鰤も伊豆の漁獲物として記録に残る。年未詳正月十七日「伊東家祐（室町時代の武将）書状」（神奈川県立歴史博物館蔵鈴木文書）では、鰤の納入を西浦に依頼したところ、鰤が採れず伊豆国瀬の崎（現在地未詳、大瀬崎か）に網を張って採ることにした。すると鈴木次郎三郎から奉行を通して瀬の崎には北条氏から年貢も賦課しているから鰤猟の時には年貢を免除してほしいと訴え、北条氏からその間の年貢は免除する旨を言って来たので、伊東家祐から次郎三郎に話すと伝えた。

明治三十四年（一九〇一）日魯漁業の日高という人が北川（ほっかわ）（東伊豆町）に初めて鰤大謀網を設置したといわれ、昭和八年（一九三三）に鰤落とし網漁が行われた（『東伊豆町誌』三五五頁）。この頃まで伊豆周辺で鰤の漁獲があった。

鰹・鰹節

鰹は、太平洋・インド洋・大西洋の各海域に生息する熱帯性の回遊魚で、体色は上部が鉛青色、腹部は銀白色、独特の縦縞のあるのが特徴で、縞模様を「かつお縞」という。海の表層近くを活発に遊泳する。生息水温は摂氏一六～三〇度で、日本近海では黒潮に乗って早春から薩南海域に現れ、土佐沖、紀州沖と順次北上して四月には遠州灘に来遊するものと、小笠原諸島から伊豆七島に北上するものがある。盛夏には三陸沖から北海道南部にまで北上し、秋になると「下りガツオ」と言って、再び南下する。一本釣りの漁法が中心だが、カツオは死んだ餌にはつかないので、生きたイワシを船の活魚艙に積む。

天文六年(一五三七)夏、小田原城主北条氏綱が小田原の海で漁を見物していたとき、その舟に鰹が一尾飛び込んできた。氏綱は「勝負にかつを」と大いに喜び、以後出陣の酒肴には必ず鰹を用いて、関東一円の征服に成功した。その先例にならって徳川氏も鰹を珍重したため、江戸市中にも大流行した(『巨大都市江戸が和食をつくった』)。

狂歌師蜀山人(大田南畝)によると、文化九年(一八一二)の初鰹は旧暦三月二十五日に江戸の魚河岸に入荷、その数わずか一七本、値段は一本二両一分から三両(当時一両を現在の価値で一〇万円と換算、一両の四分の一が一分)、しかし、天保ころになると次第に鰹漁が発達して、その入荷量が増加、値段も一本一～二分に下落したという(『同書』)。鰹は刺し身として珍重され、また古来鰹節として加工されてきたが、このほか缶詰、角煮、塩辛、カツオエキス、飼肥料などに完全利用されている。

天平二年(七三〇)十月の平城宮跡出土木簡(『平城宮木簡』3-3069)に、「伊豆国賀茂郡川津郷湯田里矢田マ(部)与佐理調荒鰹魚十一斤十両」とみえる。河津郷湯田(ゆたのり)里の矢田部氏が律令制の税の一つとなる調として荒鰹魚を上納した。その時付けていった木札が平城宮跡から発見されたのだ。湯田里は温泉との関係が想定され、現河津町峰・谷津付近に比定されている。また、天平十八年(七四六)十月「伊豆国賀茂郡三島郷戸主占部久須理戸占部廣庭調麁堅魚拾壹斤」という木簡が発見され、三島郷から麁堅魚を貢納した(『同書』木簡67-176)。荒堅魚は伊豆の他には、駿河国駿河郡(沼津市付近)だけにみられる名称で、今でいうなまり節のことと思われ、この地域の特産品であったといえる。

建暦元年（一二一一）七月十八日北条時政と思われる人物が仁科庄の松崎下宮（松崎町）の鰹船二艘の課役を免除し、石火宮（松崎町伊志夫神社）の供菜料にあてさせている（「松崎下宮鰹船所役免除状」伊那下神社文書）。ただし、この史料は検討の余地があるとされている。

江戸時代になると、古い記録では、八木沢村（伊豆市）における万治元年（一六五八）年貢割付状（永岡家文書）に浮役（うきやく）として釣鰹十分の一（永二〇五文）を納入することが記載されている。大瀬村（南伊豆町）の元禄二年（一六八九）の勘定帳（『伊豆南西海岸』）によると、かつお船二艘役永二六四文の記載がある。

寛政十一年（一七九九）に狂歌師の大田南畝が書いた「豆州村々様子大概書」（『一話一言』、『南豆風土誌』）に、奈良本村（東伊豆町）では鰹網運上永二七五文を上納していたとある。雲見村（松崎町）では文化十年（一八一三）の「立鰹勘定割合帳」（雲見区有文書）という史料があり、そこには三八〇本の鰹をとり、松崎や岩地（ともに松崎町）に売却して代金一二両を得て一人七五五文を分配したとある。伊東市湯川の鹿島神社に残る寛政十二年（一八〇〇）の菅原神社戸張に、施主伊東郷湯河村惣氏子中に「鰹船中・天当船中」と記載されている（『伊東市の棟札』一三四頁）。寛政十年（一七九八）川奈（伊東市）の三島神社神輿棟札の願主は百姓鰹漁船中・鰶（さんま）網中となっている（『伊東市の棟札』二八九頁）。

さて、鰹の代表的な加工品である鰹節も伊豆で生産されている。江川家でも進物として盛んに使われた。鰹節は水産乾製品の一つで、鰹を煮熟して燻乾、カビ付けの後乾燥したもの。調味料として利用される。田子節は全国的に有名である。『古事記』にも堅魚の呼び名があるように、昔は鰹を天日乾燥したものであったが、その後幾多の変遷を経、今日のような鰹節は延宝二年（一六七四）土佐（高知県）宇佐浦で紀州（和歌山県）の甚太郎が「燻乾法」を用いて製造したのが創始とされている。

奈良時代に伊豆から「調」として鰹節を納めたことが平城宮跡の発掘調査で木簡の記載から知られる。天平五年（七三三）九月那賀郡丹科郷多具里（西伊豆町田子に比定）物部千足から九連一丸（『平城宮木簡』木簡67－174）、同七年十月賀茂郡稲梓郷稲梓里（下田市稲梓に比定）戸主占部□志戸占部石麻呂から六連六丸一一斤一〇両を貢納している。木簡に見える一一斤一〇両とは正丁一人分の調で、七・八貫に相当し、六連六丸や、一〇連三節は節の数え方であろう。

記録は江戸時代まで飛ぶが、元文五年（一七四〇）「道部村差出帳」（道部区有文書）に夏秋は鰹を第一とし鰹節にして江戸へ送っている、とある。本格的に伊豆で鰹節生産が始まったのは江戸時代後期一八〇〇年頃と言われ、他所より伝えられたともされるが、早くもこの時期に鰹節生産が行われていたのである。

鰹節生産にまつわる諸説があり、一つは享和年間（一八〇一～〇四）安良里村（西伊豆町）の高木五郎右衛門の努力で品質向上、製造・販路が増えて盛んになったという。高木五郎右衛門の弟山田屋辰五郎が江戸で鰹節商を営んでいたところ、土佐の与市というものが出入りし、このものを安良里村に招き高木五郎右衛門が土佐節の指導を受けたのが享和年間という。但し、享和年間より前の宝暦十二年、すでに安良里では鰹節製造をする者が七軒あった（安良里支所蔵「髙帳」）。すでに安良里では盛んに製造されていたことがわかる。

二つ目には土佐国を出てきた風来坊の与市が高木五郎右衛門宅に寄留し土佐節を伝授したというものである。三つ目は、寛政年間（一七八九～一八〇一）和田村（伊東市）で土佐国から与市を招き製造が始まったというものもある。田子村名主で船持・網元である山本家は鰹節の集荷にあたるとともに江戸小舟町（東京都中央区）虎屋より借りた資金を生産者へ融通し、文化十四年（一八一七）十一月八日には鰹節五二〇～五三〇本入りの四樽を船で虎屋へ運漕し、代銀四九二匁（うち蔵敷と運賃を引）を得ている（「鰹節仕切目録控」山本家文書）。弘化元年（一八四四）の井田子（西伊豆町）の「鰹節仕切状」（山本家文書、『西伊豆町誌』一四二頁）では九月十一日に二一〇入一箱九貫七〇〇匁など合計三箱二九貫一〇〇匁であった。

江川家の文政十年（一八二七）「参府日記」でも、何かにつけ、鰹節を配っている。文政五年（一八二二）の「諸国鰹節番付表」によると、前頭に伊豆伊東節のほか、松崎節は東の前頭一六枚目、道部節が同一七枚目、岩地節が西の一八枚目に位置し、伊豆各地で鰹節生産があったことが見える。鰹節の市中値段が記されているものがなかなかないが、天保九年（一八三八）から十年にかけて出府していた江川英龍が江戸で購入した鰹節は一本銭二六四文を支払っている（「出府中野菜其外小買物帳」）。十二月から翌年七月までの滞在中に購入した鰹節は一本だけである。しかも帰国直前の六月二十一日の購入である。年末年始の贈答で鰹節が一般的であったので、その時まで贈答品で済ませていたものと思われる。

明治の終わりになると遠洋漁業が始まり、焼津・伊豆の鰹節生産は全国一位となり、技術指導に薩摩・土佐・茨城から台湾にまで出かけるようになった。

明治二十九年（一八九六）静岡県立鰹節製造伝習所が焼津と田子に設置された。江戸後期、土佐から伝わったとされる製法に改良を重ね「手火山式」が完成、手間暇かかる製法を守る産地は少なく、田子の製造者は一社に減少してしまったが、「田子節」として本物志向の消費者の支持を集めている。

さばいた鰹を煮て骨や皮を取り、形を整えた後、一日一回一時間半から二時間、火を入れていく。寝かして水分を表に出し、また火を入れる。一四〜一五回繰り返して完全に水分を抜く。その後カビ付けに入る。二十日ほどで一番カビが出てきたら天日に干す。五、六回繰り返し五、六か月かかってやっと完成する。完成した良品は茶褐色で、たたくと金属音がする。（『西伊豆町誌』）。

塩かつおは西伊豆地方で行われる正月飾りとなっている。「しおがつお」から「正月魚」と縁起をかつぐ。内臓を取った鰹を丸ごと塩漬けし、乾燥させたものが「塩がつお」。さらに魚の長さにそろえた稲わらを二束、左右のえらから口に通して口先で縛る。えらの辺りを細い縄で結び、鰹が蓑を着たような姿になる。これは漁師が釣った鰹カツオのうち、色や形が最も美しいものを用いる。十一月頃に始まり、正月に食す。

鰹の生酢（きず）は西伊豆町田子地区の料理である。酢に塩と調味料を加え、鰹の切り身を浸しただけのシンプルな料理である。田子地区には、男の子が漁師として船に乗り、初めて鰹を釣ったとき、親類縁者に「鰹の生酢」を振る舞う「はね開き」という風習がある。

鰹の加工品として、内臓を塩漬けした塩辛は有名である。筆者の子どもの頃、田子から塩辛売りが来て、一升瓶に入れてもらった覚えがある。鰹の食べ方としてタタキがあるが、まご茶は伊豆地方の郷土料理である。西伊豆では鰹の刺身を使ったお茶漬け。醤油にショウガのすりおろしを合わせ、鰹の切り身を浸し、ご飯にのせ、上から

英龍が描いたカツオ

お茶を注ぐ。漁師が船の中で食べたのが始まりとされる。「まごまご食べていられないお茶漬け」という意味らしい。伊東では「アジのたたき」ともいい、鯵を用いて、「医者いらず」ともいう。

テングサ・心太草

テングサは石花菜とも書く。岩礁に密生する海藻で、伊豆の海岸で古くから生産される海藻である。寒天・トコロテンの原料となる。寒天原藻からのトコロテン製法は奈良時代初期、遣唐使により伝えられたと言う。和銅三年（七一〇）につくられた平城京の市に魚屋・豆腐屋などとともに「海藻店」「心太店」がみられ、トコロテンが販売されていたことが知られる。とくに寺院の法会の食材になっていることから寺院でトコロテンが作られたものと思われる。

室町時代初期の作といわれる『庭訓往来』には点心や御斎汁の中に、べっ羹や猪羹、豆腐羹などの羹とつく食品が多い。正徳二年（一七一二）に刊行された『和漢三才図会』に天草の産地として宇和島・鎌倉・佐賀関・伊豆・熊野があり、伊豆の天草が知られるようになった。

天草の種類、採取方法、経営方法、採取者が地元か他地方の人かなど、特色がいろいろある。採取時期は四月〜九月である。はじめは田畑の肥料として使用されてきたが、やがて寒天の材料として珍重され、白浜村（下田市）では、領主である沼津藩と組んだ紀州藩によって買い占められ、紀州国産方として全国へ販売されていった。一部は長崎から清国へ輸出されたといわれる（『静岡県の地名』一九二頁）。

天草ははじめ白浜の人が神津島（伊豆七島の内、東京都）より種子を海渚に移植し、繁茂するにしたがい、これを採取し食料とすることによって初めて伊豆の各地で天草生産が始まったといわれる。慶長三年（一五九八）の白浜村に記録が見えるという。寛文・延宝期に作成された『豆州下田湊之図』に柿崎・須崎村に「心太役」が記載されている。『図説下田市史』五〇頁)。『南豆風土誌』には延宝年間(一六七三〜八一)に移植されたとあるが、すでに天草の生産が行われていたとみることができる。。

稲取(東伊豆町)でも、その利のあることを知り、種子を白浜に求めて志津磨の海岸に移植した。県下の第一位の産額は白浜、第二位は稲取となった。寛政十一年(一七九九)に大田南畝が書いた「豆州村々様子大概書」(『一話一言』)に、米以外の税である天草運上が記され、稲取村一か年一〇〇両(一両一〇万円とすると一〇〇〇万円)、大川村(東伊豆町)は増減があるが請負人八両上納、見高村(河津町)五両、白浜村六両、柿崎村(下田市)永八〇〇文上納とあり、伊豆各所で生産が行われていた。

白浜村は江戸時代初め幕領(三島代官、宝暦九年〈一七五九〉から韮山代官支配)であったが、文化八年(一八一一)に旗本小笠原氏が村の一部を支配、文政五年(一八二二)残り部分が沼津藩領となった。幕領時代の漁業権は漁民のもので、天草の販売益金は年貢として上納していた。沼津藩の支配に代わると、漁業権は沼津藩のものとなったので、天草採取は制限され、沼津藩は天草の販路を紀州や大阪方面に広げ莫大な利益を上げた。しかし、村人の生活は苦しくなったので相談の上、沼津藩に窮状を訴え藩から毎年三〇両が支給されるようになった。慶応二年(一八六六)「賀茂郡皆済目録」(江川文庫)に下田町吉兵衛が鮑・栄螺・心太草、同庄兵衛が心太草、同久兵衛が白石、柿崎村平右衛門が心太草の出荷を請け負っていた記載がある。

明治になっても天草の生産は白浜の生活を支える重要な産物で、明治末の調査では全国一万二〇〇〇余の市町村の内、村税を徴収しない所は三か村のみで、その内の一か村であった。白浜村は明治三十九年(一九〇六)以降天草収益に二割を村税に当て、二割は基本財産、残り六割は村民に還元、生活補助とした。

稲取の製法は従来地上に晒乾していたものを明治十年（一八七七）から簀干しに改良して乾燥が早く光沢良好のため価値が騰貴した。簀上で乾燥させたものを四貫目を束ねて一本とする。大正期以後仁科村（西伊豆町）では解禁日より二〜三日は学校でも「天草休み」といって農繁休業と同様の扱いとなった（『西伊豆町誌』）。伊豆半島の天草相場は白浜産のもので定められ、昭和十三年（一九三八）度の相場は一円につき一七〇匁であった（『西伊豆町誌』）。

明治八年（一八七五）函南村仁田常種は天城山官有林二町五反歩を借りて石花菜製造工場を設立、東伊豆のテングサ（石花菜）を試製して寒天を製造した、同十年に製造工場増築、丹州（兵庫・京都）から技術者を招請した。

テングサから取り出された寒天質はアイスクリーム・チョコレート・ようかんなどの菓子類、各種クリーム、ローション、シャンプーなどの化粧品、その他細菌培地、オブラート、粘土石膏型など幅広く利用されるようになった。寒天原藻は世界各地で採取され、特にスペイン・アルゼンチン・チリ・ブラジル・デンマーク・ポルトガルなどが多く、日本にも大量に輸入されている。一時期ダイエット食品として注目された。現在は、西伊豆地域で盛んに生産され、現在は八木沢海岸のものが最高級の天草とされる。五月頃から収穫が始まり、堂ヶ島公園では天草祭りが行われ、心太（トコロテン）を作っている。初島では五月一日から五日までところてん祭りが開催される。

海苔

『吾妻鏡』によると、鎌倉時代既に海苔の貢進があった。『吾妻鏡』の文治二年（一一八六）に「供御甘海苔自伊豆国到来于鎌倉彼国土産也」とある。「伊豆国自（より）」は井田郷（沼津市）からの貢進で、先例により京都へ送られたという（『増訂豆州志稿』六九頁、『田方郡誌』、『静岡県史 資料編5』212）、同5年（「吾妻鏡」『県史5』288）。建久五年（一一九四）正月三十日にも京都へ進上された（「吾妻鏡」『県史5』423）。

慶長（一五九六〜一六一五）頃の「内浦小物成帳写」（『内浦漁民史料』、内浦は現在の沼津内浦、内浦が沼津市になる前は伊豆地域）によると、井田村の塩釜年貢は塩六三石八斗四升（ただし金代納）、鹿皮一〇枚（同）、磯海苔三〇帖を納めている。井田村の延宝三年（一六七五）年貢割付状（高田家文書）に定納鹿皮一〇枚代・磯海苔三把代七文とある。旗本三宅氏分の文化八年（一八一一）「上修善寺村（伊豆市）年貢永皆済勘定帳」（上修善寺村文書、日本大学国際関係学部図書館蔵）に「井田海苔金一分」、天保五年（一八三四）「当午御年貢御皆済勘定御目録下書」（同文書）にも「海苔代金一分」とある。井田の海苔が年貢として納入させられていたばかりでなく、海のない上修善寺村でも海苔代金を納めていたのである。

井田の海苔は「甘海苔」として珍重されたのであるが、伊豆の他所でも生産されていた。宝永七年（一七一〇）江梨村「郷村并反別指出帳」（『沼津市史 史料編 漁村』第1章No.16）に「磯苔役、前々より苔役定納仕候」とある。享保九年（一七二四）「山方浜方品々書上覚」（『豆州内浦漁民史料』）でも苔は磯苔役永を上納するが、分一は納めていない、とする。明治八年（一八七五）江梨村「物産取調書上」（同書No.27）に「海苔八七二把・金一七円四〇銭」、同年立保村「物産取調書上帳」（同書No.28）には「海苔一五〇〇枚・金三円七〇銭」、同十一年平沢村「請取調書上控」（同書No.29）に「海苔一九五丈・金三円八五銭」とある。天明六年（一七八六）伊浜村（南伊豆町）では「磯運上海苔取立帳」（肥田家文書）が作られ、『増訂豆州志稿』に下流村（南伊豆町）の物産に海苔を上げている。江梨村や立保・平沢村の現沼津市西浦地域や、現南伊豆町の伊浜、下流でも生産していたことが史料から見える。『掛川志稿』には、浜村（西伊豆町）の産物に海苔があるとする。

天保九年（一八三八）「江戸屋敷書下ヶ控」（守木鈴木家文書）に支配旗本徳永氏へ宗光寺・守木村（ともに伊豆の国市）からお年玉として海苔一五枚・山葵一五本が献上された。海苔は現在と同様、贈答用に頻繁に使われた。海苔の美味しい季節は年末。新しい芽吹きの季節で、贈答品には最適である。江川家でも毎年の身延山への進物として井田海苔を常に使っていた。

海苔を干すための型（沼津市戸田・高田勝枝氏から戴いたもの）

江戸時代湯ヶ島村では川海苔を生産していた。那賀川や岩科川では現在でも川海苔が、戸田・井田では磯のりが生産される。なのりは西海岸では磯菜とも呼ばれ、吸い物などに入れるもの、川海苔を板状に干した、なのりも特産品となっている。『伊豆志』によると八木沢村では甘海苔も採れた。江川家の日記である文政十年（一八二七）の「参府御用留」では芝川海苔が進物として使われている。芝川海苔もカワノリで、現在の富士宮市に帰属する地区で生産される。一時絶滅の危機を乗り越えて復活した。

塩

後北条氏支配の永禄五年（一五六二）十月晦日東伊豆町奈良本の水神社にある山神大明神修覆棟札（『静岡県史　資料編7』）で塩一俵が奉納されている。これが伊豆に見える塩の最古の史料である。

伊豆ではないが、古代には藻塩を焼いて製塩を行ったことが藤原定家の歌や『源氏物語』に記されている。

来ぬ人を まつほの浦の 夕なぎに 焼くや 藻塩(もしほ)の 身もこがれつつ

権中納言定家（97番）『新勅撰集』巻一三

このたびは 立ち別るとも 藻塩焼く 煙は同じ方になびかむ

『源氏物語』「明石」

宮城県塩竈神社では現在も藻塩焼き神事が行われ、古来からの製塩法を伝えている。海のない集落の伊豆市持越では、古老の話で、戦前、薪を背負って海のある土肥（伊豆市）まで出かけていき塩と交換して帰ったものだという。南無妙峠という峠が西伊豆スカイライン近くにあり、ここを越えて徒歩で塩のために行き来した。

さて、中世の塩に関する史料をもう少し提示することにしたい。永禄九年（一五六六）閏八月七日「北条氏康朱印状」（長浜大川文書、『静岡県史　資料編7』3351）では、西浦木負（沼津市）に百姓が退転したので、畠年貢を塩稼ぎで代納、塩釜銭三貫文と合わせて塩六〇俵を納入するよう定めた。塩釜で製塩していることがわかるのと、六〇俵の塩を生産する能力があったことがわかる。後述するところの塩一俵は二斗入だったようで、一二石となる。二・一六キロの体積である。

同十一年（一五六八）四月十八日「北条氏康朱印状」（長浜大川家文書、『同書』3457）でも木負村の百姓が退転し詫び言を申したので、新たに年貢納法を決め、二六貫文の畠年貢で雑穀をもって納めるのを本来としたが、百姓の詫び言で三か年は塩年貢での納入を許可し、二斗入り俵で塩二六五俵、他に塩竈銭三貫文分の塩三〇俵を納めることを命じた。全部で三一五俵、五六・七キロの塩になる。天正十年（一五八二）閏十二月五日「安藤良整判物」（土屋二郎家文書）では、伊豆国西浦代官安藤良整が大久保・土屋両氏に重洲(重須)村（沼津市）に塩竈役を命じたので村中の人たちへの薪商売の禁止を申し渡した。塩釜で燃やす薪が大量に必要となる措置と思われる。中世の史料の残り具合のこともあるが、海岸線の浦々、特に内浦・西浦で塩生産が盛んだったことが認められる。これは江戸時代に入っても同様である。

慶長（一五九五～一六一五）頃の「内浦小物成帳写」（『豆州内浦漁民史料』）によると、井田村の塩釜年貢は塩六三石八斗四升（ただし金代納）、鹿皮一〇枚（同）、磯海苔三〇帖を納めている。重須では御番肴銭・歳暮銭・夫銭とも米六〇俵余、塩釜年貢・御召塩・山手とも塩で一〇石六斗余（ただし金代納）など、木負村では塩釜年貢・山手を合わせて塩一一石余の小物成を納入、立保村・足保村・久料村ではそれぞれ塩釜年貢二〇俵・御召塩の塩一石八斗ずつなど、古宇村では塩釜年貢三二俵、御召塩三石六斗など、久連村では塩釜年貢の塩一五石三斗（ただし金代納）、平沢村では塩釜年貢の塩九石四斗余（ただし金代納）など、江梨村では塩釜（三具）の年貢米三〇俵余のほか三津村からの塩年貢の塩一五石九斗を納めていた。中世以来継続して内浦・西浦ではほとんどの村が塩の生産を行っていた。

宝永七年（一七一〇）江梨村「郷村并反別指出帳」（『沼津市史　史料編　漁村』第一章No.16）に「塩浜役、古宇同　塩浜役退転仕候儀不罷成候故、去ル八年以前赦免」とある。江梨・古宇両村では宝永七年の八年前、すなわち元禄十六年（一七〇三）には塩を生産していた者が退転してしまったので、塩年貢は出すことがなくなったとしている。そして、明和七年（一七七〇）に出された江梨村「預り申塩釜之内村中木積場」（『沼

津市史　史料編　漁村』第一章No.3）に「塩釜」の字名が見え、製塩をするための木場があったことが読み取れる。平沢村では寛政九年（一七九七）「村差出帳」（平沢区有文書）に塩釜屋敷五二坪が記載され、塩釜の規模がわかる。

江戸時代、内浦・西浦以外に塩に関する場所を見よう。川奈村（伊東市）・中村（下田市）に塩蔵があり、延宝五年（一六七七）『伊豆鏡』に「川奈村塩蔵修覆立直し、東浦・河津両組又ハ賀納（加納）・松崎も掛り申候、此蔵数拾壱軒」とある。伊東から松崎までの伊豆の東から南西海岸まで塩蔵は一一軒あるとしている。赤沢村（伊東市）では検地帳（赤沢村文書）に、二畝歩程の塩竈場が二か所書き上げられ、吉田村（同市）では宝永七年（一七一〇）「小田原藩領村々諸事覚控帳」（荻野家文書）に塩かま役永八〇〇文、八幡野村（同市）の明治五年（一八七二）「租税割状」（八幡野区有文書）によると塩竈税永一貫一二五文が書き上げられている。

貞享五年（一六八八）「澤田村覚書」（『河津町の古文書』）に「稲生沢組之内中村宇内塩御蔵御修復、川津・いのふ沢・東浦三組にて仕り候、番壱人壱ヶ年に賃金三両宛、右三組より出し申し候」とある。貞享三年の片瀬村（東伊豆町）の年貢に塩釜役があった（「年貢皆済目録」片瀬区有文書）。延宝元年（一六七三）田牛村（下田市）年貢割付状にも塩釜役が記載されていた（地方史研究所『伊豆下田』）。東伊豆町から河津町、下田市方面でも塩釜の存在を見ることができた。

入間村（南伊豆町）では、寛永二十一年（一六四四）には塩一石余永一七五文があったが、これは元禄年間までとする（地方史研究所『伊豆南西海岸』）。大瀬村（同町）では元禄二年（一六八九）の勘定帳（『伊豆南西海岸』）によると塩竈役永一四〇文の記載がある。『増訂豆州志稿』に手石村（同町）では塩竈役一石余永一六文、青市村（同町）では役永三四〇文、下流村（同町）では一二五文、青野村（同町）一石余役永一五〇文とある。湊村（同町）では天明八年（一七八八）「書上帳」（湊区有文書）によると塩釜役などを上納し、現南伊豆町の海岸ほぼ全域で塩生産が行われていた。

狂歌師大田南畝が寛政十一年（一七九九）に書いた「豆州村々様子大概書」（『一言一話』）に当時、奈良本村（東伊豆町）は先年より出しているとして塩竈役永七五〇文、八幡野村（伊東市）は以前は焼いていたが、当時は行われていないとして役永七五〇文を上納していると記している。『増訂豆州志稿』（二〇一頁）「香具山、井田の海浜に直立する石山、この山下の海水、塩を煮るに適」とある。塩の市中値段を書いたものとして、天保九年（一八三八）「出府中野菜其其外小買物帳」がある。これは、江川英龍が天保九年から十年にかけて出府中に江戸で買い物をした記録である。これに記載された塩は五合、銭二四文であった。一合五文弱である。慶応二年（一八六六）九月七日、口野村（沼津市静浦）格右衛門から韮山屋敷で購入したのは、阿波国（徳島県）産の斎田塩三二俵で、代金八両を支払った（23－46－1－5）。口野村は伊豆の海からの物資輸送の窓口になっている湊であるが、当時伊豆地域でも製塩が行われていたと思われるが、商品流通するまでにはなっていなかったものと思われる。

現在、井田をはじめとして地域起こしのため伊豆各所で塩の生産が行われている。利益をどれだけ追求した生産を行っているかわからないが、塩が伊豆ブランドとなるよう、ネットワーク化を図って、伊豆の塩を全体の販売を考え、情報発信できると個別に生産している塩生産も活気に満ちてくるのではないかと思われる。

クジラ・イルカ

戸田（沼津市）では鯨をエビス魚といい、捕獲することがなかった。鯨が小魚を追ってやってくるので、鯨がいる場所には小魚がたくさん集まっており、その小魚を目がけて漁師が漁をするのである。戸田の名主であり、廻船問屋であった勝呂家には紀州から伝わったという「船唄」が残る。これをもとにしてできたという漁師踊りが伝統芸能として演納され、静岡県の無形民俗文化財に指定されている。クライマックスは刃差しが銛を鯨に打ち込む所作で、終了する。漁師踊りは、正月の儀式で勝呂家に練り込み、紀州徳川家からいただいた塩鯨の吸物をご馳走になる。本来、男性が演納していたのであるが、遠洋漁業が盛んになり、女性が保存するしかなくなってしまった。勝呂家の屋敷は戸田に残るものの、居住しておらず、曽てのような振る舞いもなくなり、春の祭りで民俗芸能として演じられている。

幕末にアメリカから帰国したジョン万次郎は、韮山代官江川家のもとで手附となって働く。彼は蒸気船の研究に尽力するが、一方では、大島方面に出かけて捕鯨を行った。

伊豆の人が慣れ親しんだゴボウとイルカの煮込んだごぼう炊きという郷土料理がある。動物虐待ということでイルカ漁がやり玉に挙げられ、現在は食卓にのぼることが少なくなった。かつて伊豆の沿岸にはイルカがたくさん生息し、イルカ漁で生活をしていた地域があった。

伊豆地方では、昔からイルカの追込漁が盛んであった。永禄六年（一五六三）四月三日、現在の裾野市付近を本拠とする戦国武将である葛山（かつらやま）氏元が獅子浜（沼津市）の有力網元に対してイルカを内浦へ狩り込むよう命じたのが、史料で確認できる最初の記録である。江戸時代の初め頃の寛永十一年（一六三四）のイルカ

かつて追込漁が盛んだった安良里湾

の捕り方を記した史料によると、立網は内浦長浜村（沼津市）の字「あさね」から、内浦重須村（同市）字「なごや崎」へ向かって立て、漁獲は長浜村と重須村が二対一の比率で配分していた。

妻良・子浦（いずれも南伊豆町）でも、イルカ漁が盛んで天保十年（一八三九）三月には妻良と北隣の子浦両村で計六五六本を水揚げし、金一八九両と銭三貫四四一文を得た記録が残る。当時一両が現在の貨幣価値で約一〇万円とすると、一か月の漁獲高として法外なものであった。安良里（西伊豆町）のイルカ漁は明治十五年（一八八二）には一日約六〇〇頭を捕獲したという。

明治二十七年（一八九四）頃調査を行った『日本水産捕採誌』に記載された「海豚網」の項のうち静岡県の部に那賀郡宇久須・田子村（西伊豆町）、賀茂郡伊東村・小室村（伊東市）、君沢郡西浦村・内浦村・戸田村（沼津市）の名があげられ、当時全国的に知られた場所であった。

静岡新聞社が出版した『静岡大百科事典』によれば「大島沖等でイルカの群を見つけると、水面を棹で音をたてながら、巧みに船で、主として伊豆の港まで誘導し、港内に追い込み、逃げ場をふさいでから総がかりで撲殺するものである。伊豆の漁港では、主として川奈港と富戸港（ともに伊東市）が有名で、川奈では昭和五十一年（一九七六）の漁期の十〜十二月の間で二、七八五頭が捕獲された。」とある。この頃が最盛期だったと思われる。

このような追込漁は、人道的、また保護の面からも動物愛護団体から問題視され、平成十六年（二〇〇四）に富戸で行われてから以後、現在は行われていない。食用にしているイルカを供養するイルカ供養碑が安良里に四基のほか伊東市・下田市などに九基ある。イルカ漁が文化と言ってよいかわからないが、供養して食している実態から、乱獲をしていたのではなかったということを伝えたい。

イルカ供養塔（伊東市川奈海蔵禅寺）

伊豆各地に残るイルカ供養塔で最も古い供養塔は、東伊豆町稲取の役場前に設置された文政十年（一八二七）年のものである。伊東市川奈三島神社前に造立された大正十一（一九一一）年のものの外は、すべて昭和期のものである。最後は川奈の海蔵禅寺に置かれたもので、昭和五十二年（一九七七）年である。前述した時期も併せて、供養塔設置状況からもこの頃がピークだったことを窺うことができる。

その他魚介類

「鮏」という魚が伊豆近海に棲息する。「うずわ」と読む。一般的にはソーダガツオといい、出汁をとる削り節の材料にされる。また、「鰶」は普通「このしろ」と読む魚の名前であるが、伊豆では「サンマ」と読んだ場所があっ

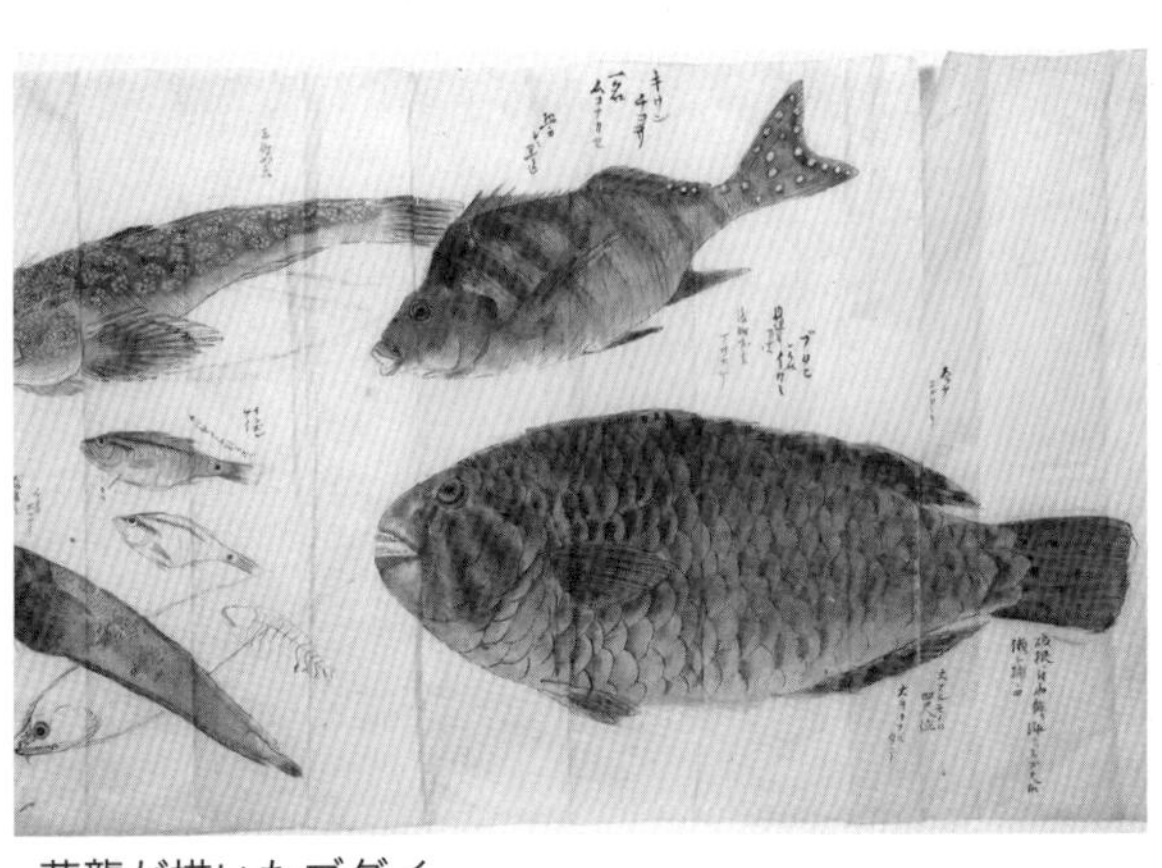
英龍が描いたブダイ

た。近世の史料からわかる。秋祭りの季節に水揚げされるからであろうか。

英龍が描いた魚介類がたくさんある。そのうちの一点に「ブダイ」があり、そこに奥伊豆方言では「イガミ」、駿州方言「ケサカケ」と記載している。江川文庫に残る書付に「伊豆国産土地方言魚名」がある。英龍が記録したものかは不明であるが、海岸線の視察をたびたび行っていること、魚の絵をたくさん描き残していること、字体が英龍の筆跡に似ていることから、断定はできないが、英龍が興味を持って書き残したと考えたい。魚名はカタカナ記載、特徴は漢字・カタカナ・ひらがな交じりの和製漢文なので、できるだけ原文に従いながら、これを一覧にしてみた。

わかりにくいところがあるかもしれないが、ブダイが登場する。前述のように奥伊豆では「イガミ」というとあるが、ブダイは一般的に使われる名称である。タカベは現在の名称と同一か不明であるが、一般的には高級魚として知られる。確かに聞いたことがない魚名もあるが、知らないのは筆者だけかもしれない。知られているモロコはメダカの仲間の淡水魚であるが、ここでは海水魚で大きくなると七尺（二メートル強）ということは、おそらく海水魚。ワカナゴは松崎方面の方がキビナゴのことをさして言っているのを聞いたことがある。

伊豆国産土地方言魚名（N88-685）

名　称	特　徴
キチミダイ	エコ鯛に同し、口びる厚し
ブタイ	ヘロに似て色赤し、尤も大き成品には青きぶち有之
キサンンチャウ	ふなに似て赤きしま有之
ホチ	色黒し、川計に住
サイランボウ	カマスに似て色青し、不喰
クイクイモチ	黄色なる処に黒きタテシマあり、ナク声ブーンブーン
モブシ	ブタイに似て頭にコブ有之、但大きなる品は五六尺も有之
コメマス	ハタの類、松崎に多し、但一尺七八寸位迄
モロコ	色薄黒、ハタに似て大小有之、尤も大き成処は七尺余も御座候
カケキヨ	是は鯇と不相弁、先マトに類し候魚、但●は無之東浦」に多し
ショウンパア	ぶりに似て少々ひらみ有之
コゾンジガンリ	板佛共ヱイに似た魚
タカベ	極大きなる処にて五寸位、但井戸の鯉に似て色黒し
ヨホーツコ	成長致鮀に相成候間形鮀に同し、但二寸位迄
カヽシイ	シマアジに似てコケナシ、但五六寸位
シラタイ	鯛と同し、いろ白し
エコタイ	鯛と同し、いろ黒し、口の先ぶつぶつした物有之
その他記載、ワカナゴ、山の神、トウゴ、石持	

江川文庫に残る文政十年（一八二七）「参府日記」三月六日に、江川家から旗本松下三郎兵衛へ時候見舞として魚と山葵を贈った記録がある。魚は中鯛一尾、伊勢海老二、蚫一、山葵二〇本入一籠である。ここでは、これまで記していない伊豆周辺魚貝類を挙げておこう。

内浦重須（沼津市）では、享保九年（一七二四）「山方浜方品々書上覚」（『豆州内浦漁民史料』）によれば鰤・いなだ・鰯が定納浮役米を納め、鯛・平目・ほうぼう・かな頭はかつて御菜塩浜鯛を上納していたため（享保七年からは免除）、他領・他浦での漁労を許され、分一も免除されていた。また、天明五年（一七八五）「村差出帳」によれば、廻船一（三人乗）・漁船二を有し、網戸場所持による上納浮役米は五石余、海漁運上は鯆・鮪・鰹・めじか・鮏（うずわ）（ソーダガツオ）など立漁について、二分の一を浜引きとして、その残りについて三分の一の運上役を上納していた。ほかに薪運上が課せられていた（同史料）。

アワビは二枚貝のように見えるが、巻き貝の仲間である。外縁に沿って穴の列があるが、これは呼吸孔で、成長につれて一つずつ数が増える。しかし、古いものは孔が閉じるので、孔として開いているものは三〜六個である。貝の表面には海藻その他微小な固着生物が付いているが、それを除くと、貝の巻いている様子などもよく認められる（『静岡大百科事典』）。食用のほか貝細工にも用いられる。伊豆半島に普通に見られる。

東海岸の干蚫（鮑）は江戸の商人によって幕府への御用熨斗として買い入れられ、一部は長崎より輸出された。寛政十一年（一七九九）「豆州村々様子大概書」（大田南畝「一話一言」）に八幡野村（伊東市）、大川村・稲取村（東伊豆町）から蚫（鮑）運上、白浜村（下田市）では江戸四ヶ市塩屋金兵衛の請負とある。

文化六年（一八〇九）「諸国俵物元極帳」（東京大学史料編纂所）には、干鮑が、上多賀村五〇斤・網代村五〇斤・伊豆山村四〇斤・初島三〇斤（いずれも熱海市）、新井村五〇〇斤・川奈村七〇斤・八幡野村五〇〇斤・富戸村二〇〇斤・宇佐美村七〇斤・赤沢村二〇斤・湯川村一二斤（伊東市）・奈良本村五〇斤・稲取村四五斤・大川村三〇斤（東伊豆町）、見高村二〇斤・浜村二〇斤（河津町）、下田湊五〇〇斤・須崎村三〇〇斤・白浜村二〇〇斤・柿崎村二〇斤（下田市）が江戸茅場町（東京都中央区）鮫屋に買い上げられている。文化年間から田牛（とうじ）（下田市）の渡辺家が七ヶ浦を請け負い、弘化年間（一八四四〜四八）まで長崎俵物御用を勤めた（『県水産誌』）。天保末年の史料にも江戸の商人鮫屋忠助は伊豆東海岸から二、九九五斤の干蚫を買い入れており、その購入地には白浜・須崎・柿崎・下田が記されている（『図説下田市史』五〇頁）。

奈良本村では寛政十一年「豆州村々様子大概書」（大田南畝『一話一言』、『南豆風土誌』）に、家数九〇軒程・

人数五〇〇人余（枝郷北川の家数二九軒を含む）、農業の間に江戸薪伐出し、押送り三艘・猟二艘・鰹網船一艘、蚫運上一両二分一□(朱カ)上納とある。明和八年（一七七一）白浜村「差出帳」（佐々木家文書）によると運上に鮑漁がある。海岸の村々ではサザエ・アワビ運上を納めて漁獲していた。幕末に江川家台所では八幡野村に献上蚫一五代金二貫文を支払った（江川文庫B109－212）。

大田南畝の『一話一言』では伊豆の東海岸で漁獲される豊富な魚種を挙げている。以下、記載している内容を列挙する。

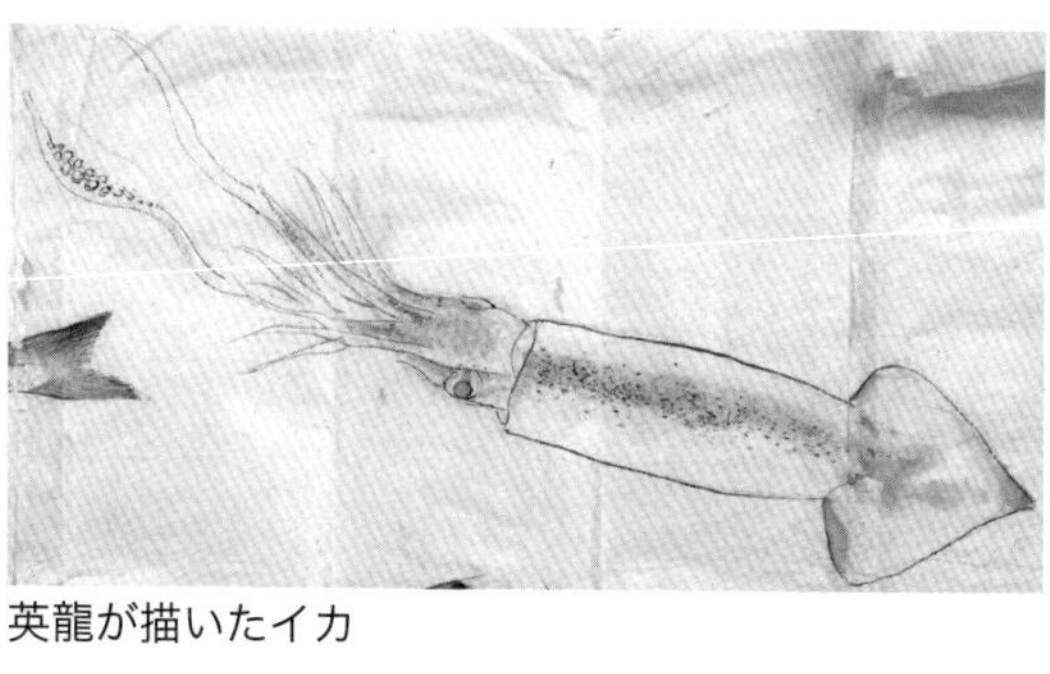
英龍が描いたイカ

柿崎村（下田市）では耕作・猟半々の村、家数一五〇軒程・人数六〇〇人程、猟船八艘、地引運上永五貫文・蚫運上永一貫八〇〇文・天草運上永八〇〇文上納、船番の家于〇軒あり、村内に外浦という場所があり、五〇軒程・人数二〇〇人程、ここに三人乗り五大力二艘あり、船運上は三人乗りにて一艘永三〇〇文宛上納とある。

白浜村（下田市）では耕作・猟両様の村、家数二六〇軒程・人数一三〇〇人程、薪少々江戸表へ輸送、漁はさんま・鰑等、船六艘・他に肥船一〇艘程、天草運上村方請負で年六両上納、鮑は江戸四ヶ市塩や金兵衛請負、猪鹿多し、とある。

下田港は寛政七年（一七九五）「廻船小船等書上帳」（『下田年中行事』）によると廻船二一・加子一人につき役永一一〇文、小艜(せり)船八・長さ一尋につき役永三〇文、漁船三〇・米八石四斗、釣十分一運上、魚買伝馬船二九・小釣伝馬船一六・小宿船四四があり、渡伝馬船三は役永を上納しないとする。須崎村（下田市）では文化五年（一八〇八）「村明細帳」（江川文庫蔵）によると家数二一二・人数一〇一七、天草・鮑・栄螺の運上金一三〇両余、青石運上金三両余。農間余業として男は天草・鮑・栄螺を採り請負人である下田町吉兵衛へ売渡したり、ほかは漁業や船奉公に出かける。女も天草などを採ったり、布のり・若布・ヒジキを採る、とする。具体的な金額が示されているものは少ないが、「天草・鮑・栄螺の運上金一三〇両余」とあり、運上は出荷額の十分の一が基本であるため、収入はその十倍、当時の金換算で一両五万円としても六五〇万円とすることができる。

大瀬村（南伊豆町）では元禄二年（一六八九）の勘定帳（『伊豆南西海岸』）によると塩竈役永一四〇文・熨斗役永四〇文・鉄砲役永二五文・いさば船一艘役永一五〇文・漁船一艘役永一三八文・かつお船二艘役永二六四文などの記載がある。天保九年（一八三八）「差出帳」（菊地家文書）によると塩竈役・丸木船役・山役・万船役・鰡網冥加・白石冥加、押送船二・漁船四・天当船一〇と盛んな漁業の実態がわかる。

下流村（南伊豆町）では、伊豆の江戸時代の地誌書『増訂豆州志稿』に、鹿皮二枚半役永二五〇文・熨斗役三七〇本代役永七八文・塩竈役永一二五文、ほかに薪十分一・舟役などを納める、物産は薪・海苔・漁獲物・青石・干鮑・供餅岩などがあった。

手石村（南伊豆町）では、『増訂豆州志稿』に鹿皮三枚半役永三五〇文・塩釜役一石余永一六文・薪十分一・舟役・心太草などがある。慶応三年（一八六三）の調査によると当村に三艘の船があり、漁船一、小揚船二となっている。湊村（同町）では享保五年（一七二〇）「下田板書附浦々水主役書上」（『下田市史』）

には、廻船一・猟船八艘とある。天明八年（一七八八）「書上帳」（湊区有文書）によると鰯引網運上・鮑運上・高掛三役・塩釜役などが書き上がられている。

見高村（河津町）では猟と耕作五分五分の村、家数一三〇軒余・人数九〇〇人程、薪等を江戸へ輸送、漁撈は鰯を冬・夏の稼ぎとし、鯛・はた漁、海老網あり、廻船なし、猟船二艘・その他百姓持で藻取・八丈その他流人引船のため二〇艘、永納は二艘、蚫・海老・さざえ運上三両、天草運上五両、稲取村（東伊豆町）では漁撈の村、漁の間に耕作、折々薪を伐出す、家数三五〇軒程・人数二〇〇〇人余、むろ・するめ・さんま・まぐろ漁、天草運上一ヶ年一〇〇両・十分の一永五〇〇文、江戸廻船三艘・猟船一五艘とある。片瀬村（東伊豆町）ではもかり（藻刈り）船四艘、この船で冬いか釣り、薪出物十分の一・地摺役米上納とある。奈良本村（東伊豆町）では農業の間に江戸薪伐出し、押送り船三艘・猟二艘・鰹網船一艘・天満船五艘、山手役永・蚫運上・十分の一・鹿皮永・塩竃運上・鰹網運上を上納とある。

英龍が描いたイワシ

浜村（河津町）では　正徳二年（一七一二）には日用取惣代二人・さいふね持四人。舟持一人、享保四年（一七一九）には船頭七人・水主三二人（「証文定書」河津郷下河津）。五大力船の積荷は圧倒的に炭が多く、ほかに材木・薪・年貢米などが廻船問屋により江戸に輸送された（寛政一二年「積付帳」小沢家文書）。村民の多くは船頭や水主、親船に荷を積込む人夫となり賃稼をしていた（正徳二年前掲定書）。この村は漁村というより、河津川河口に所在し、川下げ荷物の輸送基地となっているところで、海岸線にある村ではあるが漁業従事者はほとんどいなかったと考えられる。

稲取村（東伊豆町）では　明和年間（一七六四〜七二）には秋刀魚大網漁を房州地方より導入し、寛政年間には鯛網漁を開発し漁獲を増した（東伊豆町役場蔵）、とする。片瀬村（同町）では文政七年（一八二四）『甲申旅日記』に「この村はするめいかを餌にして、まぐろと言ふ魚を釣るに、糸を百尋も下げて、一棒釣りをすると言ふ。」と記される。奈良本村（同町）では　享保年間（一七一六〜三六）には「ぼうけ網」「海老網」「蚫もぐり」などの漁業が行われていた（享保一三年「覚」奈良本区有文書）。

八幡野村（伊東市）では漁村で、漁が透いた時薪を切り出し江戸へ積み送り、猟船三艘・小ませ船三艘、江戸廻船・蚫船五艘、内江戸廻船は五大力、蚫運上永一貫文・楊梅運上永一貫文・丸木船役永・塩竃役永七五〇文（当時塩は焼いていない）。川奈村（伊東市）での漁業は、春・冬むつ・赤魚、夏・秋鰹・貝類、明火堂あり、廻船一艘、猟船三〇艘ほどとしている。

伊東市富戸のボラ漁は伝承以外確かな記録は少ないが、江戸城西の丸の御用を勤めたという伝承もあり、毎年三月の鯔の初漁は延享三年（一七四六）から幕府に献上という（『田方郡誌』）。唯一残った魚見小屋が富戸の魚見小屋（ぼら納屋）として県の有形民俗文化財に指定されている。明治にかけての最盛期には村境を越えて川奈崎先端に見張小屋を置き、川奈から富戸までの海岸線沿いにボラ漁のための通路（ボラ道）も確保されていた（「取替規約書」対島村文書）。

新井村（伊東市）は貞享三年（一六八六）「指出帳」（新井区有文書）によると高七八石余。早くから小田原藩の領主の御肴場であったらしく、鰯網役米四石四斗五升定納、宇佐美村黒根から稲取までは当村の漁場。御肴役永四二五文。小田原藩主が上洛の際は御肴役を命じられて鯛を納めた。そのため酒匂川の船橋役は免除。廻船七・天当船二二・小天当船二二、釣鰹・釣鮪・四艘張網ウズワ（鮏）・網イルカ十分一、網鰹は五分一。家数一二〇・人数六九九、水主四〇（一人につき銀五匁、亥の年より放免）などあり、周辺村と税負担が異なっている。寛政五年「新井村船数書上帳」（新井区有文書）では五大力船一・小廻船六・天当船一五・小天当船二六。

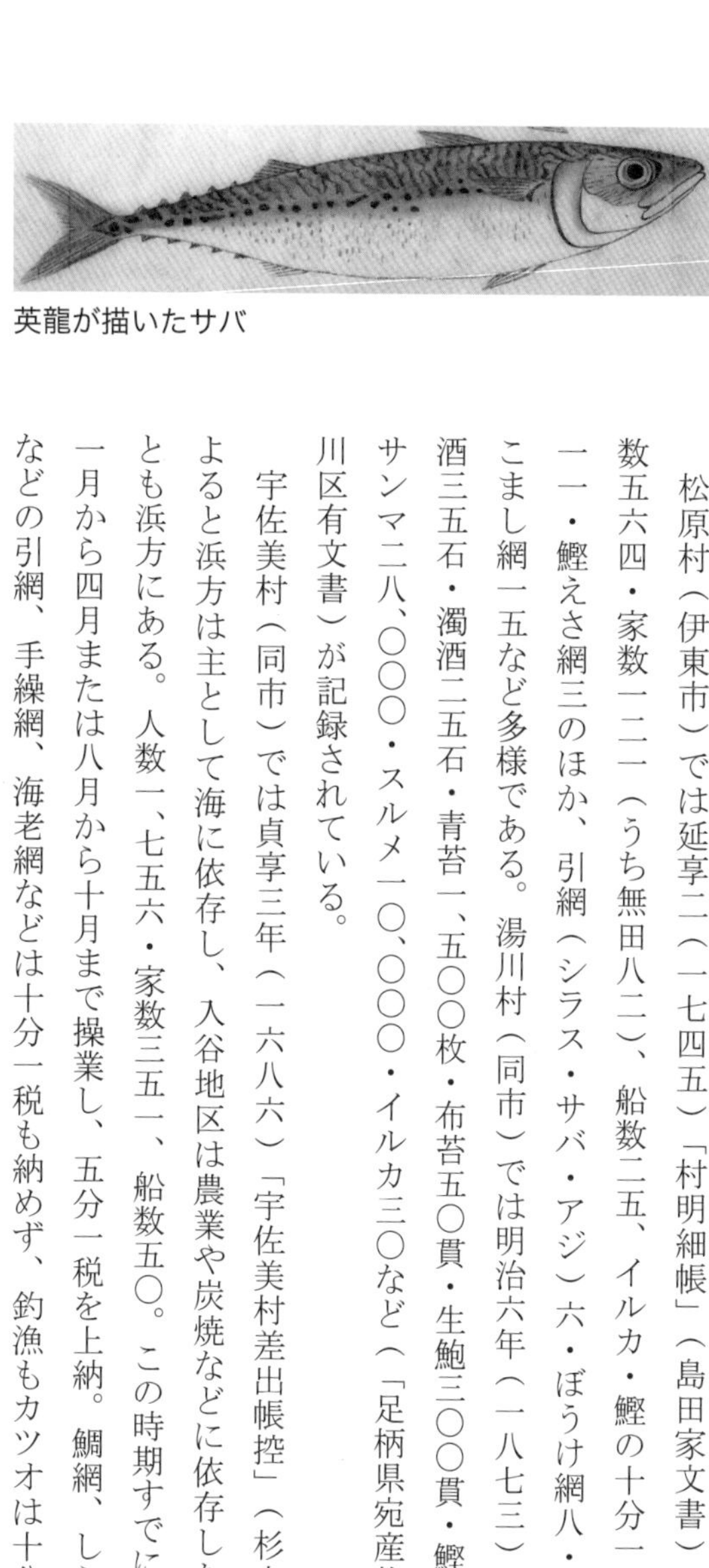
英龍が描いたサバ

松原村（伊東市）では延享二（一七四五）「村明細帳」（島田家文書）によれば、人数五六四・家数一二一（うち無田八二）、船数二五、イルカ・鰹の十分一役。イルカ網一一・鰹えさ網三のほか、引網（シラス・サバ・アジ）六・ぼうけ網八・手繰網一七・こまし網一五など多様である。湯川村（同市）では明治六年（一八七三）の輸出品は清酒三五石・濁酒二五石・青苔一、五〇〇枚・布苔五〇貫・生鮑三〇〇貫・鰹節一八〇貫・サンマ二八、〇〇〇・スルメ一〇、〇〇〇・イルカ三〇など（「足柄県宛産物上申書」湯川区有文書）が記録されている。

宇佐美村（同市）では貞享三年（一六八六）「宇佐美村差出帳控」（杉山家文書）によると浜方は主として海に依存し、入谷地区は農業や炭焼などに依存したが、両名主とも浜方にある。人数一、七五六・家数三五一、船数五〇。この時期すでに鯔網があり、一月から四月または八月から十月まで操業し、五分一税を上納。鯛網、しらす・鯵・鯖などの引網、手繰網、海老網などは十分一税も納めず、釣漁もカツオは十分一を納めるが鯖とウズワは納めなかった。

網代村（熱海市）では漁業は立網が中心で、上多賀村・下多賀村地先までの大部分を立網中間が専用漁場として支配しており、網の張立て場所は津元の岡田金右衛門宅でくじで定められた。ほかに鰡網・鰯網・鯖網・鯨網・海老網・鯛網・鮪網・地引網・流し網などがあった（「村方大記録」網代共有文書）。

釜鳴屋平七

釜鳴屋平七は、生年不詳であるが、文政十一年（一八二八）生とも言われている。江戸時代に熱海村マグロ網漁業権をめぐって「網元の身分でありながら漁民の立場を考えて」韮山代官役所へ門訴した漁民一揆の指導者が彼である。義人と伝承され、本職は魚商といわれる。安政六年（一八五九）十一月十三日、の唱導により蓑笠（みのかさ）で身を固めた二一四人が従来の鮪網漁から浜方の生活を守ろうと根拵網（ねこさい）を始めた。

江戸肴問屋と結び、伊豆山権現般若院を後ろ盾にしてマグロ網の独占を図り、従来の漁業権を主張する地方（じかた）と呼ばれる網元に対して、網子たちが韮山役所へ強訴、平七は五年間の韮山での入牢生活、韮山牢内にいた時病気になった（K1203）。その後、島送りとなり、八丈島へ送られる途中、文久三年（一八六三）十一月四日、乗り継ぎの大島で死亡、三十四歳であった。熱海市渚町親水公園ムーンテラスには澤田政廣作の義人釜鳴屋平七の記念像がある。

鮭・その他淡水魚

狩野川には鯉・鯰が古くは生息していなかったという。文化十一年（一八一四）に、韮山代官江川英毅が殖産事業として始めたもので、この二種の稚魚を江戸から購入し、君沢郡小坂村稚児ヶ淵に放養したのが始まりとする（『田方郡誌』三一二頁）。鮭の養殖は函南村の仁田常種が手がけた。明治十年（一八七七）狩野川水産会社を興し、三島小浜（三島宿廣瀬）に養魚場を開設、そこで人口孵卵・養育した鮭や鱒を狩野川に放流する事業を開始した。のち、古奈養魚場に移転した。仁田常種は、殖産興業事業を次々と手がけ、天草から寒天製造、軍馬供給のための産馬会社設立、アメリカから牛の導入、柿や梨の生産なども拡げていった。

絵はがきの稚児ヶ淵

大正三年（一九一四）静岡県施設の養殖淡水産の孵化場を韮山村中字鳴滝反射炉隣接の私有地一〇〇余坪の場所に設置、平屋で孵化室八坪、養魚池一〇坪の施設で稚魚の飼育を行い、十二月上旬に滋賀県琵琶湖から数万粒の卵を取り寄せ翌四年三月中旬孵化させた全部を狩野川稚児ヶ淵に放流した。同年十二月には琵琶湖産とともにさらに秋田県十和田湖産姫鱒の卵二〇万粒を取り寄せ孵化、同五年三月に南条地先狩野川本流に放流して好成績をあげた。しかし、孵化場は静岡県の都合により富士郡富岡村の水産試験場鱒養殖場と合併のため閉鎖になった。そのため、大正五年度から三島町字常林寺後私有地面積三〇〇余坪の地に移転、孵化室の他、さらに一五〇余坪の鱒養魚飼育池を備え姫鱒三〇万粒の卵から六年三月には狩野川へ放流した（『田方郡誌』）。

伊豆牛

伊豆地方では、江戸時代から和牛である伊豆牛が伊豆南部で飼育され、『南豆風土誌』に明治になって一時京浜地方で「伊豆牛」の名で名声を博したとある。牛乳飲用は明治四年（一八七一）明治天皇が毎日二度ずつ牛乳を飲むことを報じたり、旧幕府の奥医師で、後に初代軍医総監になった松本順が、当時人気のあった女形俳優、沢村田之助に吉原で牛乳を飲ませたりして牛乳の普及を図った（『巨大都市江戸が和食をつくった』）。

「下田奉行所中村日記」のなかに、一八五八年（安政五）、アメリカ総領事ハリスが「二日分、合計牛乳九合七勺、この代金一両三分八十八文」を支払って飲用牛乳を購入した記事がある。幕府がが鎖国を解き、江戸から離れている下田を開港場と定めてアメリカ総領事としてハリスが着任した。日本は仏教の思想のもと、食肉の習慣がなく、牛乳を入手することが困難だったと思われるが、すぐに手に入れることができた。すなわち、下田周辺に飼育された牛がいたということである。これが伊豆牛であろう。

伊豆牛は全身黒色で、形は小さく角は比較的大きい。特に賀茂郡の地形が険悪で道路も岩石が露出している状態なので、四肢がよく発達し、殊に爪蹄は鉄石の如くなり、形態は小さくても力は強かった、としている。特に伊豆西海岸に産したので「仁科牛」とも称された。この牛は山野多く、半牧の状態で飼育し、薪炭その他運搬に用いられ、毎戸に一頭以上は飼われていた。しかし、明治初年に外国牛（洋牛）が輸入され、大きさや乳量の多さに劣る伊豆牛は次第に消滅し、日清戦争の際牛価が暴騰したので売却したためと、養蚕・三椏の副業への切替、道路の改良によって運搬用牛畜が不用となったことなどにより、明治四十四年

英龍が描いた牛、牛はおもに運搬用に使われ管理されていた

（一九一一）の調査時点では絶滅してしまっていた。

どのような牛か、静岡県農会事務所刊『静岡県特殊産物調査』（明治四十四年十一月）、「賀茂郡畜産状態」畜牛沿革にも以下のように記載されている。「伊豆牛ノ名ヲ以テ京浜地方ニ声価ヲ博シタルモノナリ、今日、所謂伊豆牛ナルモノハ殆ド其跡ヲ絶チ形態ノ見ルベキモノナキモ之レヲ聞クニ毛色ハ黒ニシテ形態小サク角ハ割合ニ太クシテ且ツ大ナル方ナリシト云フ、夫レ本郡ハ所謂山国ニシテ其山タルヤ概ネ岩石露出シ頗ル険悪ナリ」というものであった。

東京府下の屠牛頭数は、明治初年には一日、一・五頭に過ぎなかったが、五年末ころには二〇頭、十一年には二五頭に増加し、東京でもっとも評価の高かったのは神戸牛で、その他、津軽・会津・出雲・信州・伊豆等からの牛が供給された。伊豆牛は運搬用に使役され、肉が硬かったため、安価であり、辻売りの煮込み等に用いられた（『巨大都市江戸が和食をつくった』）。

池村（伊東市）では貞享三年（一六八六）「村差出帳」によると牛五二疋、宝永七年（一七一〇）では三七疋が記載されている。現西伊豆町域になる各村々の記録を見る。享保十七年（一七三二）「浜村差出帳」では馬三六・牛九一の書上げがあり、一色村では天保十三年（一八四二）に馬三・牛三七、大沢里村では安政二年（一八五五）に馬三・牛一二五、田子村では明治三年（一八七〇）に馬三・牛六七を飼育していた（『西伊豆町誌』）。

天明八年（一七八八）「小土肥村（伊豆市）明細帳」（勝呂家文書）によれば、牛四六・馬二〇が記載されている。寛政十一年（一七九九）「豆州村々様子大概書」（大田南畝『一話一言』『南豆風土誌』）の縄地村（河津町）では、家数六〇軒程・人数一五〇人程、平均一軒に一疋の牛、子は他村へ売るとある。安政三年（一八五六）の大風雨の湊村（南伊豆町）は時化（しけ）によって人家皆潰二四軒、半潰六二軒、牛小屋皆潰四五軒などの被害があった。箕作村（下田市）では天保十五年（一八四四）「村々様子大概書」（江川文庫蔵）によれば牛七三・馬一が記録されている。

この時代、伊豆の天城山より北に位置する村々では牛を飼育することは少なく、馬がほとんどである。しかし、南伊豆町湊では少なくとも牛小屋一軒に一頭飼育しているとすると、四五頭はいたことになる。非常に多い数字でしかも伊豆牛の飼育であろう。大沢里村（西伊豆町）の明治二年「物産品之壱ヶ年稼高取調帳」（『西伊豆町誌　通史編』）によると、「犢（こうし）三拾疋程、凡代金百弐拾両位」とある。明治二年頃始まった岩科牧場では、明治六年和牛五五頭・英牛六頭を飼育していた。宇久須村の明治七年物産書上帳によると、女牛四五頭・男牛一を掲載している。明治二十四年（一八九一）の徴発物件の内、牛の調査によると、那賀郡は

弘化2年1月5日～12月24日狩猟記録

氏　名	身 分	収　獲			
		合計	猪	鹿	牛
安左衛門		10	1	9	
森田貞吉	手代	8	3	5	
長澤鋼吉	手代	7	1	6	
望月大象	手代	6	1	5	
喜右衛門		5		5	
加藤励治郎	上田藩	4		4	
矢田部卿雲	手代	4	1	3	
岩島千吉	手代	3		3	
齋藤碩五郎	佐倉藩	3		3	
金児忠兵衛	松代藩	3		3	
由兵衛		2		2	
渡辺和助		2		2	
友平栄	壬生藩	2	1	1	
松岡弘吉	手代	2	1	1	
肥田波門	川越藩	2		2	
山田山蔵	手代	2	1	1	
鈴木又兵衛		1		1	
伊八		1		1	
弥吉		1		1	
忠右衛門		1	1		
重郎右衛門		1		1	
浅右衛門		1		1	
斧次郎		1		1	
秋山条蔵	譜代	1	1		
関　隆蔵	佐倉藩	1		1	
岩倉鉄三郎	川越藩	1		1	
長　久次郎	佐倉藩	1	1		
馬場　廉	佐倉藩	1		1	
井狩作蔵	忍藩	1		1	
縫右衛門		1		1	
犬		19	7	12	
先生(英龍)		20	5	15	

弘化3年1月5日～12月26日狩猟記録

氏　名	身 分	収　獲			
		合計	猪	鹿	牛
森田貞吉	手代	8	8		
安左衛門		5	2	3	
長沢鋼吉	手代	5	2	3	
友平　栄	壬生藩	4	1	3	
(房司)仁兵衛		4	2	2	
喜右衛門		3		3	
山田山蔵	手代	3		3	
岩倉鉄三郎	川越藩	3	2	1	
関　隆蔵	佐倉藩	2	1	1	
岩嶋千吉	手代	2	1	1	
猪狩作蔵	忍藩	2		2	
由兵衛		2		2	
半左衛門		2		2	
肥田波門	川越藩	1		1	
金児忠兵衛	松代藩	1		1	
廣吉		1		1	
柏木捻蔵	手代	1		1	
市川来吉	手代	1		1	
(渡辺)和助		1		1	
矢田部卿雲	手代				1
秋山条蔵	譜代	1		1	
(小林)勇助	沼津藩	1	1		
犬		15	12	3	
先生(英龍)		11	2	6	3
打留めざる者	弥吉・安井万三(手代)・齋藤左馬之助・高州弥左衛門(佐倉藩)・高橋右馬之助(佐倉藩)・須藤秀之助(佐倉藩)・雨宮新平(手代)・百合元昇三(丹波亀山藩・榊原鏡次郎(小姓・英龍娘聟)・重右衛門・縫右衛門・(太田)忠右衛門(伊賀者)				

※身分空欄は所属・身分不明

馬の頭数三三に対して牛一、〇八七頭と、伊豆の他郡に比較して多く飼育している。さらに、中ノ郷村二一五、仁科村五七五、田子村一三五、宇久須村一六二頭が記載されている。

前述のように、伊豆牛は運搬用に使役され、肉が硬かったため、安価であり、辻売りの煮込み等に用いられ、すべて食用となり、絶滅してしまったのである。

ところで、伊豆に野生の牛がいたか興味があった。というのは、飼育にいたる前には当然野生種がどこかにいたはずである。こうした中で、江川文庫に残る弘化三年（一八四六）「高島流砲術猪鹿打留候名前」に韮山塾の塾生が山猟に出かけ仕留めた猪・鹿を記録したものである。この史料中に江川英龍が牛三頭を仕留めたとあり、家来の矢田部卿雲も牛を一頭仕留めているのである。どこからか飼育していた牛が逃げ出したとも考えられるが、牛は人別と同様村で頭数管理をしていたこと、一年間の記録で、牛を仕留めたのが英龍だけでないところから、野生と考えるのが妥当であろう。また、江戸時代には野生の牛がいたのである。伊豆での牛飼育は野生種を飼い慣らすところから始まったと考えられるが、まだ史料からはそのことを述べるには至っていない。明治になって伊豆大島から牛を購入して牧場を計画した記録もあり、このころに野生の牛はいなくなっていたのであろう。

本題ではないが、伊豆の山々には史料から多くの鹿が棲息していたこともわかる。明治に皇室御料林となり、鹿狩りを楽しむため、鹿を奈良から運び放って保護したと言われているが、韮山塾の狩猟記録で捕獲された鹿の数を考えると、はなはだ疑問である。

明治二年（一八六九）、岩科村（賀茂郡松崎町）戸長佐藤源吉と中村精一郎が、賀茂郡岩科村田代に共同で牧場を開いた。岩科村共有で面積一二七町歩（約一二七㌶）。明治六年『足柄新聞』によると、牧牛場東西五〇町、南北二六町、土産牛（伊豆牛）五五疋、英牛六疋とある。明治六年岩科学校建設のため、金二五両を牧牛の余財から支出している。明治一六年牛の病死やその他の故障が多く解散して佐藤一人の経営に移したが、明治二八年廃止となってしまった。この開業時点では伊豆牛の確認ができている。明治十三年、一説には明治二年に大野恒哉が賀茂郡青野村（南伊豆町）にも青野牧場が開いたというが実態は不明である。

江戸時代は殺生を嫌い、獣は食べなかったといわれる。享保十年（一七二五）に書かれた江川家の「日記」（江川文庫史料）をみると、三月二十八日の項に「昨日猟に行って、猪四、鹿八一八、狼一頭を取った」とし、翌日二十九日の項に「メジカを賞味」したことが記されている。どこに猟に出かけたかは記載がないが、江川家の猟場は伊豆なら天城山、江梨山、江川の持っている殿林である。相模の丹沢も考えられる。幕末の英龍の時代には、専ら天城山・江梨山であった。

5　稲　作

稲の促成栽培

土肥村（伊豆市）は天領であった。ほとんどの人は土肥金山があったので直轄領として続いたと考えている。しかし、金山のあった瓜生野村（伊豆市）は旗本の知行地となっていたし、湯ヶ島金山のあった湯ヶ島村もほとんどが旗本知行地で一部天領として残されたのである。安永六年（一七七七）沼津藩が成立するとき、韮山代官江川氏の支配地の内、沼津藩への編入について勘定方から意見聴取があった。その返答に、土肥村は上り新米の献上を行っているので沼津藩へは引き渡せないと回答している。

稲の温泉による促成栽培を行った稲宮神社

江川文庫に残る慶応四年（＝明治元年）「来韮山御用状留」は、江川家の江戸役所から来た韮山役所へ送られた文書をまとめたものである。幕末、明治維新の動乱の様子が手に取るようにわかる貴重な史料である。その中に、土肥から送られる献上米の扱いについて述べた部分がある。

六月三日（旧暦）付新政府からの御用状に「土肥村から出す新米について行き違いがないよう取りはからうこと」とある。すでに、伊豆は新政府が治め、六月二十九日には韮山県が成立、代官であった江川英武が知事に任命された。幕府から新しい政治が始まろうという時、幕府時代

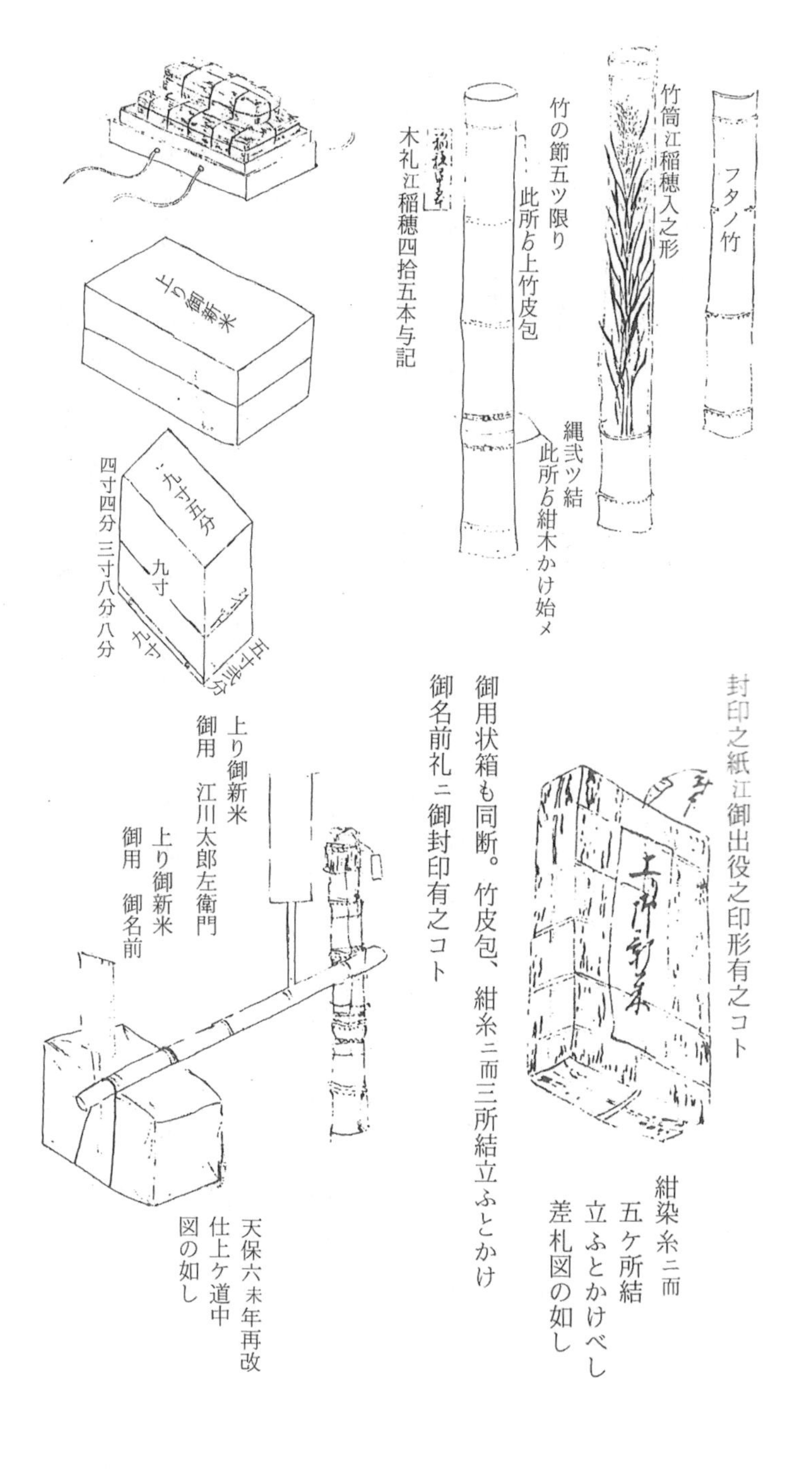

(高橋廣明「温泉の特異な利用法」『静岡県史研究』第5号より)

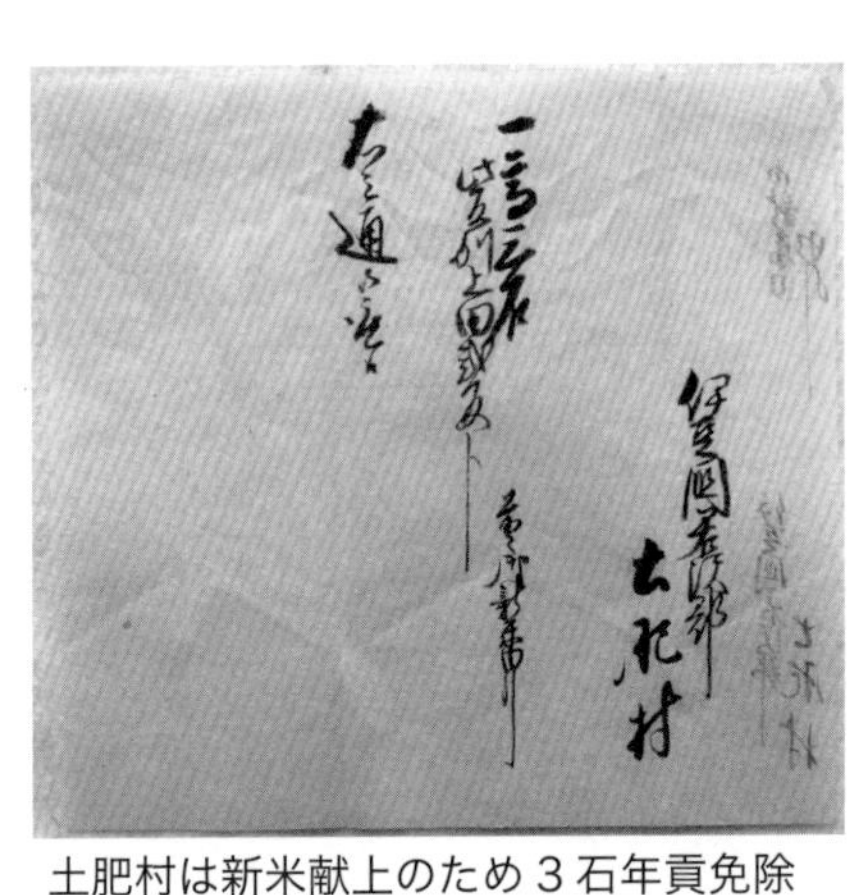

土肥村は新米献上のため３石年貢免除

と変わらず新米の献上を要求された。幕府に献上していた新米はそのまま新政府の献上米となった。これを「上り御新米」といっていた。

上り御新米の最も古い記録は、老中の質問に対し正徳五年（一七一五）に三島代官役所への返答という形で、それによると概要がほぼ知られる。伊豆市土肥屋形にある土肥港に近い山麓に鎮座している稲宮神社（神明宮）前の三畝五歩の田地において、湧出する温泉を利用、正月中旬という早い時期に苗代を作り、収穫して六月中旬には幕府に献上するならわしであった。稲宮神社は承和三年（八三六）の勧請と伝わる。江戸時代には、伊豆の地誌をまとめた『増訂豆州志稿』によると、神明社と称し、土肥村の産土神であったとする。収穫の代償として一反歩は栽培に携わる神主水口氏への報償として計二反歩の無税地が認められた。

この上り御新米がいつから始まったのか、確実な史料はまだ未発見である。しかし、『増訂豆州志稿』によると、後北条氏の時代、河津栖足寺（河津町）から毎年六月一日に貢献していたものが引き継がれ、慶長年間に開始したという。栖足寺でも温泉を利用した早熟米を育成していたとされるが、それ以上の史料はない。

新米の作業は、まず寒明け七～八日過ぎに籾を浸し、それより七～八日くらい経ったところ苗代作り、その後二〇日程で植付を行った。肥料類は一切使わず、水の代わりに温泉だけをかけ続けて生育させる。植付から九〇日程で穂が出る。それから二十七～八日で刈り取りを行った。稲の種類はいつから使われたか史料として残っていないが、「雪の下」だけしか使わなかった。

収獲した御新米は、一部は玄米とし、他は根を付けた穂稲のままの二種類の拵え立てをして献上する。玄米は上・中・下の三段階に分け、「上御新米」と上書きした三袋に納め、三袋を箱に入れて動かないように竹で留めて着物等を包む時に使う文庫紙に包む。また、さらに竹の皮に包んで仕上げる。根付きの穂稲は四・五本を竹の筒に入れる。両者を韮山代官役所へ届け、代官を通して江戸城へ運ばれ献上されたのである。最後に献上した時期は不明であるが、新政府は発足した時に終わったのではないか思われる。土肥村は土肥金山があり、金山管理のため天領だったと思われているが、新米献上の村であったので、天領が続いたのである。

ウンカの被害に遭った田んぼ＝伊豆の国市内（2019 年）

飢饉と酒造

飢饉になると、主食である米を酒造へ廻すわけにはいかなくなる。飢饉のたびに、酒造制限をかけた。ここでは、天保の飢饉のときの様子を例示しよう。天保の飢饉は元号が「天保」に改まる文政末年から水害やウンカに悩まされ、天保年間に、米価の高騰が始まった。江戸などの三都といわれる都市を代表に、これらの都市では農産物の生産はなく、とくに米については、都市の米価を安定させるため地方から米の流入を図った。そのため、地方での米不足は深刻となり、米価の高騰を招き、飢人を出すに及んだ。当然、米不足による酒造制限をかけることになった。

天保八年（一八四七）には酒造に対して、それまでにない制限が加わった。天明の飢饉と言われた時代でも三分の一減石であったが、今回は三分の二を減石して三分の一の米からのみの酒造許可が下りた。伊豆国三島宿には酒造を営む家が一四軒あったが、それぞれ許可にもとづいて支配代官である江川役所請書を提出した。

久保町
利兵衛㊞

酒造米高弐百八拾石
内米高百八拾六石六斗六升六合　三分二減石分
一造米高九拾三石三斗三升三合　三分一米高

（中　略）

右者去ル（来ルカ）巳年迄造米之内三分二減三分一造被　仰付ニ付、書面之通奉書上候処相違無御座候、
右之外聊ニ而茂過造仕間敷候、依之御請書差上申処如件

三島宿
酒造人
利兵衛㊞
（酒造人名略）

天保八酉年十月

韮山
御役所

三島宿ばかりではなく、全国の酒造業者に制限を加えたのである。代官江川氏の支配地から、三分二減石三分一造の請書が続々届くこととなった。この後、幕府の米本位制は貨幣経済の伸展とともにほころびが広がり、幕府崩壊へと進んでいくことになる。

丹那小僧・韮山小僧

江戸時代以前は米本制で、律令制のもとでは租、また、年貢の本途であり、生業は農業が中心であった。天正十八年（一五九〇）四月に発給された「郷中達書」に種籾の貸付の記載があり、三島代官の備忘録と思われる延宝五年（一六七七）「伊豆鏡」に「米六一〇俵程、種子借シ利米、此元米二〇三〇俵程、但し三割」とある。代官貸付引き継がれ運用されていたと思われる。

天保８年「酒造三分一造御請書」による三島宿の酒造状況

町　名	酒造人名	酒造米高	減石酒造高
久保町	利兵衛	２８０石	９３石３３３
久保町	宇兵衛	２００石	６６石６６６
柴　町	藤兵衛	１００石	３３石３３３
長谷町	伊兵衛	８５石	２８石３３３
長谷町	伝兵衛株	５０石	１６石６６６
柴　町	藤兵衛株	３０石	１０石
市ヶ原町	徳兵衛株	４０石	１３石３３３
大中島町	武八郎	４０石	１３石３３３
柴　町	善　助	４５石	１５石
伝馬町	猪兵衛株	２０石	６石６６６
久保町	長兵衛株	２０石	６石６６６
木　町	半左衛門株	６４石	２１石３３３
裏　町	次郎兵衛株	５石	１石６６６
伝馬町	清左衛門株	２４石	８石

明治二十年（一八八七）七月末から八月末にかけて箱根・修善寺・熱海を旅行したフランス人画家ビゴーは『トバエ』一二号に「米の栽培　三島付近」を掲載している。電線の張られた田んぼ、ビゴーの愛犬アカらしい犬を描写し、当時の稲作の様子を外国人の目で描いている。三嶋大社で毎年一月七日に行われるお田打ちの儀式では農協を単位に新米が奉納される。かつてはここで稲種の交換をしたという。現在は伝わらない、伊豆には多くの米の品種が生み出された。伊豆と主食である米の話題に触れておこう。

天明三年（一七八三）六月、出羽国の俳人山村月巣が著した『伊豆めぐり』に「土肥の浦、石帆・亀郎など饗応けして、船にて逍遥す。納屋一見するに、十あまりの生簀に、おのおのあかめの魚数も知らず囲ひ有り。（歌略）慶長年中より今に絶えずして、六月土用に入るの日、公へ新米献上の神田は、社司何某の後圃に戦ぎ合へり。寒中に種をおろす由、卯月の今、尺余に伸びて見ゆ」とあり、温泉熱を利用した促成栽培を行って将軍

など

2-49)
晩稲(こしげ・あらき)、中・晩稲多作
・弥六・熊野餅・目黒餅、毛白・黒稲

笠糯

二近世』3-1)
前、美濃・穲・韮山小僧・赤糯・
小僧・早稲こぼれ・八月朔日糯・
墨
黒糯、
」(江川文庫)「大竹村明細帳」
福元・赤糯・ふじ白糯、
若狭もち・藤しろもち。
」(江川文庫)「中村明細帳」に、
目くろ・ゑりだし)、

那小僧・アラキ、

山小僧

伊豆地方で作付けされた稲の品種例

貞享元年(1684) 加殿村差出帳に弥六・毛白
貞享5年(1688) 沢田村覚書に弥六大分作申候(『河津町の古文書』)
元禄11年(1698) 堀之内村(下田市)差出帳に北国・けじろ・やらく・すじもち
宝永4年(1707) 丹那村(籾種あてかへ覚帳)に早稲さミの・永楽・白けしろ
享保元年(1716) 田中(伊豆の国市)で女来餅(『大仁町史 資料編二近世』
享保20年(1730) 下佐ヶ野村差出シ帳に早稲(北国)、中稲(弥六・毛白)、
宝暦8年(1758) 湯ヶ島村差出帳に善光寺早稲・白早稲・ゑび・毛白・黒稲
天明5年(1785) 御門村明細帳に弥六・遠州・備前・北国早稲・笠糯・京糯
天明5年　　　白山堂村明細帳に早稲・遠州・備前・笠糯
寛政4年(1792) 瓜生野村差出帳に弥六・備前・うつら・遠州・白川・小国・
寛政4年　　　落合村明細帳に 弥六・ゑん明・雪から
天保9年(1838) 大仁村差出帳に 弥六・毛白・女来餅(『大仁町史 資料編
天保14年(1843)～明治1年「種おろし」(三島市中、鈴木家文書)に、早稲備
　　　　　嘉六・加島・福徳・糯・加島小僧・湯ヶ島糯・富士あらこ・三島
　　　　　大場小僧・福島・三肥・善光寺・修善寺・加殿・田代糯・伊豆
明治元年(1868) 大仁村で栽培した品種(大仁村明細帳)、弥六・毛白・目
明治4年「小田原県・菊間県・荻野山中藩引渡伊豆国田方郡差出明細帳
　　　　に、ふし白ゑり・ふしこぼれ・皆米こぞふ・御殿こぞふ・ゑりたし・
明治4年「君沢郡梅名村差出帳」にみのこほれ・藤あらき・くわ形等、餅は
明治4年「小田原県・菊間県・荻野山中藩引渡伊豆国君沢郡差出明細帳
　　　　早稲(こぼれ・美濃こほれ)・中稲(韮山こほれ・善光寺・加六)・晩稲(
明治4年 安久村にみのこほれ・藤あらき・くわ形、若狭餅・藤しろもち等、
明治18～42年にかけて浮橋村で栽培されていた稲の品種:
　　　　明治18:水シラズ・肥後早稲・早稲鶉・楷無(かいない)小僧・丹
　　　　19～21:水シラズ・丹那小僧・アラキ、
　　　　22:水シラズ・丹那小僧・アラキ、仁田小僧・韮

への献上米としていたことが記載されている。

寛政九年(一七九七)に作成された「土肥村差出帳」(関家文書)に、温泉三か所(小湯・大湯・真釜)が書き上げられ、上り御新米除地三畝二〇歩、上り御新米は神

明洗水作にて慶長年中より毎年土用前後、上げ来るとある。徳川幕府が始まって以来、ずっと将軍への献上を続けていた。江川文庫に残る文久三年から慶応四年の「韮山勝手方日記」に幕府最後の年である慶応三年まで献上を続けたことが記載されている。

伊豆各地に残された史料をもとに、どのような品種が作られていたかを調べたものが前頁の表である。古い記事だと貞享元年（一六八四）の加殿村（伊豆市）差出帳に弥六・毛白という品種が挙げられている。これは息の長い品種で、明治元年（一八六八）でも大仁村（伊豆の国市）で栽培されていた記録が残る。享保二十年（一七三〇）の下佐ヶ野村（河津町）で栽培されたアラキも長く、明治二十二年になっても浮橋村（伊豆の国市）で栽培されていた。

元禄十一年（一六九八）に見える堀之内村（下田市）、享保二十年の下佐ヶ野村で栽培された早稲の北国、宝暦八年（一七五八）の湯ヶ島村（伊豆市）に見える善光寺早稲・熊野餅、天明五年（一七八五）の御門村（伊豆の国市）の遠州・肥前・京糯など各地の地名があるものは、伊勢や善光寺参詣の途次種を持ち帰ったものという。信憑性はない。また、三嶋大社で新春行事して行われる「お田打ち」の時、奉納米が祭壇にあげられる。この時、種籾の交換を行ったという説もある。こちらも伝承のみで確実なことはいえない。通説では、他品種の稲栽培は飢饉・災害対策とされる。特に早稲から晩稲まで栽培することで収穫時期が違うので、災害から収穫時期をずらすことができたという。しかし、一村、一家で多品種を栽培するほどの耕地面積を持たない場合もあり、いずれも正解とはいいがたい。

ここでは特に、旧大仁町（伊豆の国市）内に残された村明細帳に記された稲の品種を詳しく確認してみよう。村明細帳がどの村にも残されていたわけではないので、下表で残されたものを一覧にした。最も古い村明細帳は貞享元年（一六八四）の吉田村である（三－6「吉田村覚書」）。この時期、吉田村では弥六太郎・晩稲の栽培を行っていた。次いで、元禄十一年（一六九八）の中島村である。中島村では早稲・弥六・毛白・如来餅・笠餅の栽培していた。それから、一七〇年後の明治元年（一八六八）の大仁村で弥六・毛白の栽培、天保九年（一八三八）でも同種と如来餅の栽培が行われていた。栽培期間の長い品種である。弥六太郎も同一品種だとしたら、さらに長い期間栽培されたことになる。

御門村と白山堂村は隣り合った村である。両村とも田方優位の村で、白山堂村の明細帳によると、畑方が少ないので、小坂・天野・古奈へ畑方小作として五〇石出作していたほどである。隣り合った村にも関わらず、栽培品種に違いが見られる。白山堂村では少ない品種で栽培が行われ、当村栽培品種のすべてが御門村で栽培されている。しかし、同じ年であっても、御門村で栽培されている肥前・北国早稲等の栽培はみられない。

旧大仁町内での栽培品種を見る限り、少ない品種で長い期間栽培していたように見える。しかし、現三島市中に、天保十四年（一八四三）～明治元年（一八六八）の二十六年間にわたる、苗代へ種まきを行った記録「種おろ

旧大仁町域で栽培された稲の品種

村　名	稲　の　品　種	出　　典
大仁村	弥六・毛白・如来餅	天保9年村明細帳(三－1)
	弥六・毛白・目黒糯	明治1年村明細帳(三－2)
吉田村	弥六太郎・晩稲	貞享1年村覚書(三6)
中島村	わせ・弥六・毛白・如来餅・笠餅	元禄11年村明細帳(三－7)
御門村	弥六・遠州・肥前・北国早稲・笠餅・京餅	天明5年村差出帳(三－12)
白山堂村	早稲遠州・備前・笠餅	天明5年村差出帳(三－13)

天保14年(1843)3月27日　種おろし(三島市中・鈴木家文書)

	文久3年	元治1年	慶応1年	慶応2年	慶応3年	明治1年
早稲備前	1斗9升	1斗8升	1斗8升	1斗8升		
美濃	3斗6升	1斗2升	3斗2升	2斗4升	2斗6升	
[illegible]	8升	6升				
韮山小僧	1斗8升○					1斗
赤糯	△					8升
嘉六	2斗4升△	4斗6升	1斗6升	2斗2升	1斗6升	1斗6升
加島	1斗2升					
福徳	○	8升				
糯		3升 ・				
加島小僧		1斗2升	1斗2升	1斗		
湯ヶ島糯				4升	5升	
富士あらこ				7升		
三島小僧				1斗	1斗	
早稲こぼれ				6升	6升	7升
八月朔日糯				(名前のみ)		
大場小僧					6升	
福島						7升
三肥こぼれ						1斗4升
善光寺						2斗

文久3年△　嘉六・赤糯〆1斗4升　、○韮山・福徳〆8升

し」が残る。これには、大変興味深い、様々な情報が詰まっている。地名をつけた稲の品種も多く、伊豆各地の地名が稲の品種として命名されていた。今まで知られていたものに「韮山小僧」「丹那小僧」「仁田小僧」というものがある(『清水町史』『浮橋村史』)。さらに加え、「三島小僧」「大場小僧」を栽培していたことが判明した。残念ながら、品種名だけなので、どのような稲だったのかは不詳である。その他にも、伊豆の地名を冠したご当地品種が多数書き上げられている。比較的多く、長い間栽培されていたものに、「伊豆墨」、「加殿」(伊豆市)「修善寺」がある。修善寺は晩稲ということまでわかった。「田代糯」(伊豆市か函南町)「湯ヶ島糯」(伊豆市)も栽培されていた。主に北伊豆を中心とした地名の品種であるが、近世後期から幕末にかけて積極的に品種改良を行っていたことがみえる。

貞享元年の吉田村覚書に、田方の苗代播種は一反歩あたり七升、麦は一斗一升から四升蒔く、元禄十一年の中島村明細帳には、田には一反に種六升、麦は一斗、天明五年の御門村差出帳には、田一反歩に籾五升より六升、麦は一斗より一斗五升、粟五～六合、大豆六～七升、小麦五～六升とある。それぞれ時代が下っていて、稲の播種量が減少しているように見えるが、麦はそれぞれに大きな違いがないことから、地味の違いによって播種量の違いが生まれたといえよう。吉田村は、狩野川の河川敷を開発して耕地にした部分が多いので、分蘖（ぶんけつ）が進まないのではないかと思われる。御門・白山堂村は畑地が少ないと記載されるほど田方優位の村柄のため、地味もよかったと考えられる。

最後に山間地における稲作の情況を見てみよう。伊豆市本柿木の名主家文書に毎年の播種の書き上げがある。これを表に示した。三島市中でみたように多種多様な品種が栽培されていた。毎年変わらない品種もあるが、新しいものも多様に取り入れている。

肥料は、中島村明細帳に田畑こやしは馬やらい、刈敷、げすを一反に一八駄ほど入れるとある。秣、刈敷が農業経営には欠かせないものであった。

消費側では、安政六年（一八五九）下半期の大丸江戸店での食事関係支出

旧大仁町域で栽培された畑作物

村　名	作　物　名	出　典
大仁村	麦・大豆・小豆・粟・稗・菜・大根	天保9年村明細帳(三-1)
吉田村	麦・粟・稗・大豆、茶は売るほどは生産なし 藺田少しあり	貞享1年村覚書(三6)
中島村	大麦・小麦・大豆・小豆・粟・稗・もろこし・木綿・蕪・大根・蕎麦	元禄11年村明細帳(三-7)
御門村	大麦・小麦・粟・稗・大豆・小豆・菜・大根	天明5年村差出帳(三-12)
白山堂村	大麦・小麦・大豆・小豆・粟・稗・木綿・大根・菜 畑方が少ないので、小坂・天野・古奈へ畑方小作として50石出作	天明5年村差出帳(三-13)

本柿木村(伊豆市)名主家の種卸し状況(土屋家文書)

	享和２年(1802)	享和３年(1803)	文化２年(1805)	文化４年(1807)	文化９年(1812)	文化14年(1817)
種卸し合計	0石２６０	0石５４５	0石８２５	0石８１５	1石１５０	1石３４５
はっそく	３升	３升	５升	２升５合	４升	
早稲うづら			６升	８升５合	５升	８升
中稲うづら	６升	２斗１升	２斗	２斗５升５合	４斗１升	２斗１升
北国	５升	５升				
若狭	３升					
さらのこ				１升	１升	５合
さらのこわせ	１升５合	１升５合				
さらのこ・西国			１升５合			
西国	１升５合					
備前		７升	７升			
白備前					２斗１升	１斗６升５合
おくうづら		５升	９升	８升		
くろうづら			６升	６升		
肥前			３升	４升		
山き			６升	１斗４升	８升	１斗５升
ふじしろ					４升	３升
ふじ弥六						１斗４升
相模					７升５合	１斗２升
相模大黒					４升	
ひの米早稲						５合
黒稲						１斗
新中稲くろき						８升
ちんこ餅	４升	３升	４升	３升		
若狭餅		４升				
うづら餅		５升	９升	７升	１斗３升	７升
しらが餅			４升	１升５合	３升	３升
京餅			２升	２升５合	１升５合	
黒餅						４升
三川もち						３升

を見ると、全食費支出銀一〇七貫のうち四〇貫を占め、副食類に比べて米代の比率が非常に高く、嘉永元年（一八四八）の栗原信充『柳庵雑筆』では大都市の商家の家計を分析しているが、家族四～五人、奉公人も四～五人の合わせて一家八～九人の一年の支出で生活費一〇〇両のうち、白米約一四石四斗、金一五～一六両であった。一方、『同書』では夫婦に子ども一人の職人の家では全生活費が一貫五一四匁のところ、米は三石五斗四升を銀三五四匁で購入している（『巨大都市江戸が和食をつくった』）。

『静岡県民俗地図』に稲の干し方が記され、地干しでは伊豆半島の西海岸一帯でドボシ、北部でカッポシ、旧韮山町以北はマクラボシ（タナガリ）を行い、稲架ではウシ・ウシボシが一般的で東伊豆町でハサ、南伊豆町でハザ、下田市でナルという言い方が見える。北部での稲積はイナブラを作る、とある。「イナムラ」は藁の保存用に作ることが多いので、例示に誤認もあるものと思われる。

外国人提供の食材

江戸時代、我が国に来訪した外国人と言えば朝鮮通信使である。三島宿では本陣世古家に宿をとった。その時、函南町丹那の川口家文書（日本大学国際関係学部図書館蔵）によると、丹那方面からイノシシ・シカの肉を調達している。江戸時代は慣例に従っていたので、毎回この肉が供給されていたことになる。

文化十二年（一八一五）十二月二十九日、九〇人の中国人が乗船している南京船が下田湊に漂着した。長崎への護送が決定し、韮山代官江川家は下田を管轄していたので、長崎までの食料も供給することになった（「南京船下田湊漂着一件御用留」）。

白米一〇八俵、里芋六俵、琉球芋六俵、大根五百本、干魚二千枚、水九石のほか、鮮魚、豆腐を下田で購

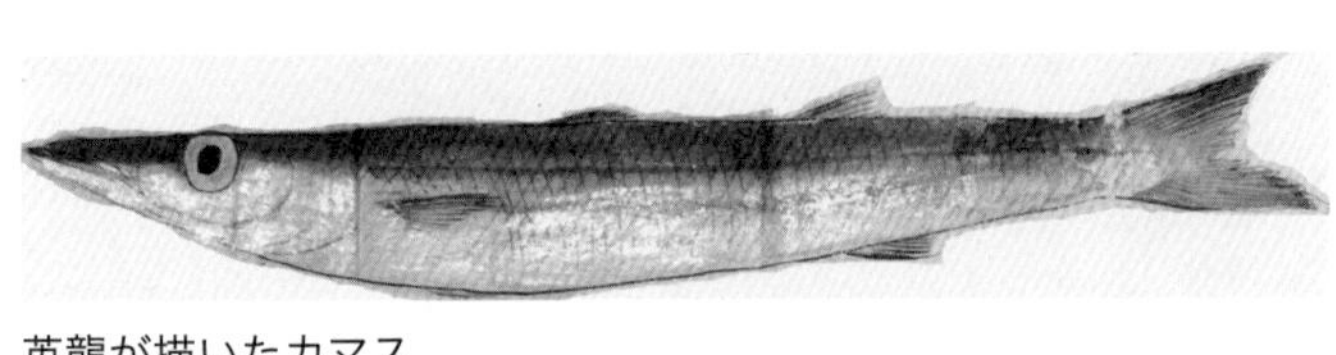
英龍が描いたカマス

入し積み込んだ。さらに贈り物として、白米三十俵余、白米粉十八斤、小麦粉二十七斤、栗四升、大根二四〇本、人参一八〇本、葱一〇把、牛蒡三把、香の物二一〇本、豆腐二八〇丁、里芋一俵二八斤、琉球芋二〇〇斤、味噌一貫目、醤油二樽三升、鶏卵三四、猪三疋、鹿一疋、鮮魚（カサゴ）一九〇尾、塩魚（サバ）五〇尾、干魚（カマス）六九〇尾、鮑七〇、海老五〇、茶半斤、たばこ二〇〇目の食料関係とほかに茶碗や柄杓などの道具類である。これらは、下田町またはその周辺ですぐに調達できたのである。

その後、長崎まで護送することになり、下田湊で長崎までの食料・水・炊事用の柴木などを積み込んだ。正月十九日に南京船の船長楊秋棠からの依頼が届く。それには食米二包・大根二〇把・水二艘、柴火・鮮魚・蕃茹・炭・豆腐・塩魚・白夢卜・芋艿・菜油・飯碗の記載がある（15－3－14－1）。中国語の漢字表記のため食材と思われるものでもどのようなものか不明なものが多い。しかし、これを受けて、二十八日水六艘・塩夢卜一〇〇根・卵一〇〇根個・鮮魚二〇〇尾、さらに柴火一〇〇把・米五包・豆腐五〇塊・菜油三〇〇斤・魚に〇〇尾を南京船に運び込んだ（15－3－14－8）。塩魚は頼まれたが魚に代わったと思われる。出発する三月三日を前にして二月十五日付で韮山宛に礼状が届いた（15－3－14－3）。

嘉永二年（一八四九）閏四月十二日下田へイギリス船マリナー号が入港した（14－2－12－16）。マリナー号は世界の各地の港を測量して来日、浦賀から下田へ入った。通訳はオランダ語と日本語を解した。その時

「文化12年12月29日入港、3月3日開駕」とある（31-2-9-4）。

に渡した食料は大根六〇把、水ふき六〇把、鰤に、ヒラメ一尾と小さめのもの一尾、卵三〇〇個であった。船員が何人乗船していたかはわからないが、伝馬船一艘に一三人程乗船して上陸したとある。外国船が上陸することは許されていないため、幕府はすぐに対処したが、当時管轄代官であった江川英龍が一番に駆けつけ、山へ大筒二・三挺を備えた。下田に台場をつくって固めていた沼津藩三一人、掛川藩五二人、小田原藩五〇〇人程が遅れて参集したが、英龍の備えで引き取ることとなった。食事とは関係ないが、この事件を契機に英龍は幕府に海防と直接傘下にいて動かせる農兵の建議を行った。

一八五二年（嘉永五）東インド艦隊司令長官に就任したペリーは、同時に日本との国交開始のため遣日特派大使となった。嘉永六年六月三日浦賀へ来航、翌七年年一月十四日再び浦賀へ来航し

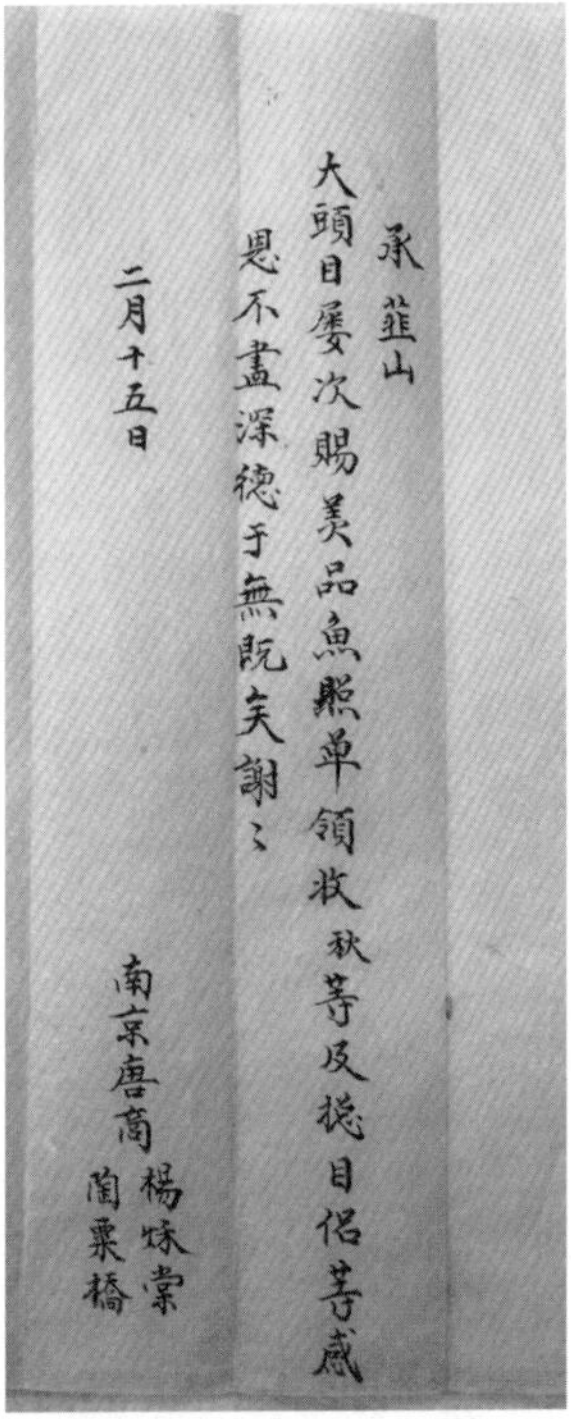

南京船からの韮山宛礼状

た。浦賀で同年三月三日、下田・箱館の二港を開港する日米和親条約を強行締結、三月十八日サザムプトン・シュッツプライ、同二十一日午前レキシントン・ヴァングリアが下田港に入港した。そして、自らはポーハタンに乗船、ミシシッピーを率いて三月二十一日午後下田に入港した。

投錨して滞在二十五日の間に港内の測量、上陸の自由、陸上宿所（了仙寺）の設定、通貨価格の協定等を行った。ペリー一行に韮山代官江川英龍が了仙寺で応接し、薬酒である保命酒（ほうめいしゅ）と柑橘の九年母（くねんぼ）などを振る舞った。また、貢納物の一つとして南北戦争時に使われたボードホーウィッツルを受け取り、その台車が江川家の土間に保管展示されている。反対にみやげとして料紙硯箱・机・書棚・広蓋・生花・手焙り・置物・羽二重・縮緬を献納した。

嘉永七年（一八五四）十一月、遠州灘沖を震源とする巨大地震が発生した。安政の東海大地震だ。この時、日露和親条約締結に臨んでいたロシア使節プチャーチン一行の乗船するディアナ号は下田湊に停泊中で、津波による大きな被害を受けた。ディアナ号は津波のため船底を破損し修理のため戸田湊へ曳航中駿河湾で沈没。このためロシア人が戸田村（沼津市）などの船大工によって洋式帆船（スクーネル船）

を建造した。これをヘダ号と名付け、安政二年（一八五五）五月提督プチャーチンらはこれに乗って帰国した。本国との連絡船にするためにディアナ号の代替船建造の指揮を依頼された韮山代官江川英龍は戸田でその方針を定めたが、まもなく亡くなった。ディアナ号に乗船していた造船技術者の設計指導により、戸田村の船大工を世話係とし、一〇〇人余の船大工が伊豆近郷と御前崎・相良・焼津・清水・沼津等から総動員され、二本マスト・一〇〇トンの洋式帆船二隻をおよそ三か月半かけて建造した。長さ二四メートル、幅七メートル、深さ三メートル、一隻はロシアへの帰国用、もう一隻は江戸幕府から依頼された。この帰国用の帆船は安政二年（一八五五）三月に竣工、ヘダ号と名付けられ、ロシアでの呼称は「シコナ号」（スクナー船）と言った。

ヘダ号建造中の間、ロシア人一行は戸田に滞在していたが、その間修善寺温泉に足を運んだり、宇久須（西伊豆町）や松崎へ出かけたり伊豆各地に遊びに出かけた。そして、その間、韮山代官として英龍は彼らの食料の確保に奔走した。冬期とあって、サツマイモ、ミカン、鮭、卵を大量に用意した。そのうち、ロシア人たちはパンを食べたいということになり、小麦粉を探した。伊豆の支配地では十分な粉を用意することができず、富士宮から取り寄せることとなった。

ペリー来航により、日本は開国した。安政元年（一八五四）下田港が開かれアメリカ領事館が下田に置かれた。領事として入国着任したのがハリスである。ハリスは、安政三年七月二十一日、下田に到着して下田奉行と謁見し、領事館の設置を要請、仮領事館を玉泉寺に置いた。安政三年から書き出した湯ヶ島村（伊豆市）名主足立清次郎の「御請書・書上物控」に六月十三日下田役所へ近在の村から鶏を集めて合計七五羽を送り、銀一五〇匁を受け取っている。ハリス着任の準備と思われる。

村名・鶏数	村高・家数
湯ヶ島村１０	２４９石・２０５戸
市山村　　６	２２５石・　７３戸
門野原村　５	１７５石・　７３戸
吉奈村　　２	３９石・　３１戸
月ヶ瀬村　６	１８０石・　９５戸
上船原村　６	１８０石・　６６戸
下船原村　６	２７５石・　６２戸
青羽根村　３	１９４石・　５０戸
本柿木村　６	２４２石・　７２戸
大平柿木村３	１８１石・　４８戸
佐野村　　４	２３３石・　４３戸
田沢村　　４	１８６石・　４９戸
矢熊村　　４	１５４石・　３５戸

下田へ送った鶏数と村の規模

鶏飼育の実態はわからないが、文久二年（一八六二）十月二十八日長岡村（伊豆の国市）の高三石余、八人家族で生活する民家が同村の人たち約三〇人から打ち毀しに遭う事件が発生した。家の大きさは六間・三間の十八坪で当時としてはやや大きめの家居である。家居を襲われ家財もほとんど破潰されたという被害届けのなかで、飼育していた鶏一羽が不明とあった（江川文庫史料）。書き方からするとほかにも飼育していてその内の一羽と思われるが、江戸時代の農村では一般的に鶏の飼育がなされていたとみることができる。

ハリスは牛乳を飲みたいということで、下田ではすぐに牛乳を調達した。すでに伊豆牛のところで述べたが、「下田奉行所中村日記」のなかに、一八五八年（安政五）、アメリカ総領事ハリスが「二日分、合計牛乳九合七勺、この代金一両三分八十八文」を支払って飲用牛乳を購入した記事がある。

6　三島宿商家・家並み

すでに下田町（ちょう）へ入荷する食品について、南京船入津事件で述べてきた。伊豆には町が二か所あった。一か所は下田町、あと一か所は江戸から東海道の一二番目の宿場である三島町（ちょう）である。三島町のようすについても記載する必要があろう。

英龍公が反射炉建設のために佐賀藩主鍋島直正に面会したのも三島宿だったし、高島秋帆への入門を幡崎鼎に依頼したのも三島宿だった。幸い、天保十三年（一八四二）のものと思われる家並み絵図が残されていた（6－10－25）。これを翻刻して集計して見た。鋳物師や大工、医者、日雇いなども含めて商家として一覧にまとめた。商家数は一八八軒となる。西の町外れに百姓九八軒、その他宿場の機能として旅籠・茶屋・木銭宿などが二二五軒、旅籠屋だが帳付・人足方・年寄・醤油商売等を営む者一一軒、木銭屋だが魚売・農業・荷持ち稼ぎが四軒の合わせて一五軒を入れると合計三二八軒が書かれている。

商家で一番多いのは農業兼業を含め穀商いが一五軒、これに荒物も扱う者を入れると一七軒となる。青物商い一五軒、魚商売一一、酒小売り一二、醤油商売七、蕎麦屋六、乾物屋二等が食品関係である。酒造と関係あるが糀商いも一軒ある。江川家の味噌づくりは吉田（伊豆の国市）から仕入れたと思われるが、三島から仕入れたものもあったと考えられる。

江戸時代、伊豆地域の村々から旅行に出る出発点はそれぞれの村であるが、旅の収支を記録するメモが残れている場合、三島宿が起点になっている。伊勢参りは多くの場合、伊勢講といって、村で積み立てを行っ

年不詳、近世三島宿職業一覧
(天保13年ヵ、「三島宿職業家並図」6-10-25)

穀商ひ　１５(内１農業兼業)	法衣仕立　1	本陣　年寄　六太夫
穀商・荒物　2	三度飛脚　1	本陣　伝左衛門
荒物渡世　１８(外小間物兼業１)	三度取次(質屋 鹿島屋仁三郎)	脇本陣　桐屋　伊兵衛
小間物渡世１０(外荒物兼業１)	金物類　2	脇本陣　伊三郎
青物商ひ　１５	古金商売　1	脇本陣　年寄代り　天気屋善蔵
莨商ひ　9	鋳物師　1	問屋場
魚商売　１１	鍛次屋　2	旅籠屋　５７(外１１)
酒小売　１２	鍋屋商ひ　1	旅籠屋ニ而帳付　4
甘酒商売　1	餅商ひ　1	旅籠屋　人足方　2
糀商ひ　1	餅菓子渡世1	旅籠屋　馬差　1
酒造　2	菓子屋　4	旅籠屋　年寄代り　万年屋良吉
桶屋渡世　3	大工渡世　8	旅籠屋　町頭　竹屋　半助
質屋渡世　3	古着商ひ　7	旅籠屋ニ而醤油商売　年寄甲州屋佐左衛門
醤油商売　7	古着・道具商ひ1	旅籠屋ニ而小売酒商売　年寄代り　伊野宇屋正左衛門
紙屋商売　3	道具渡世　2	茶屋　9
紙漉渡世　1	豆腐屋　5	木銭宿　１０(外4)
蕎麦屋　6	湯屋　3	木銭宿・魚売　1
紺屋　4	髪結　3	木銭宿・農業　1
油売　3	鎊売渡世　1	木銭宿・荷持稼2
畳職　3	石屋　1	荷持稼　３０
乾物屋　2	医師　2	百姓　９８
瀬戸物　1	鍼医　1	百姓　朝日与右衛門
薬種　2	足袋屋・農業1	
仕立屋　2	指物職人　1	
屋根屋　1	左官　1	
馬持　1	印判師　1	
乗物師　2	不明　1	
屋根職　1	日雇稼　1	
商家数合計	１８８	２２５(外１５)

名主　宇兵衛
明屋敷　１２
仁兵衛店　とみ
伊豆田屋九右衛門後家
伊兵衛後家

東海道
三島宿
年寄代り　善　蔵　印
同　正左衛門印
同　良　吉　印
同格　助右衛門印
問屋代り
年寄　佐左衛門印
同　六太夫　印

て順番で出かけることが多い。この場合、村へ直接帰るのではなく、坂迎え（逆迎え）と言って、村から三島宿へ迎えに行く。帰って来た者とも旅籠で一泊してから帰村するのである。表で見られるように食材関係の見店ばかりでなく、印判屋を含む様々な店が並んだ。三島宿を中心とした地廻り経済圏を構成し、地域の需要に応えることができた。

紙幅の関係でだいぶ小さな図になったが、家並み図も続いて掲載した。たとえば、箱根から下って最初に着いた場所に茶屋があるのは、疲れた身体を癒やす施設である。家並みをみるとそれぞれの地域的特色も見られる。今後、宿場機能を研究するためには好適な史料となるだろう。

三島宿家並職業図

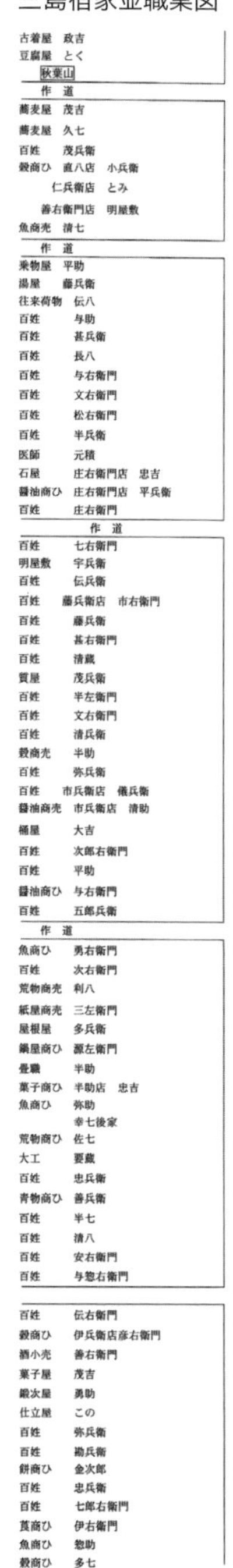

薬種渡世　甚兵衛
小間物荒物渡世　清左衛門
餅菓子渡世　直兵衛
酒売渡世　新左衛門地面　市兵衛

市ヶ原町

百姓　朝日与右衛門
立場　茶屋渡世　善兵衛
茶屋渡世　次助地面　帳付平右衛門
茶屋渡世　久兵衛
茶屋渡世　清兵衛
百姓　仁兵衛
紙漉渡世　新六
百姓　与右衛門店　万蔵
魚売　与右衛門店　助七
荒物渡世　平右衛門店　正兵衛
穀商荒物渡世　仙蔵
蕎麦商ひ　徳次郎
百姓　儀右衛門
百姓　喜兵衛
往来荷持　清兵衛店　清五郎
豆腐渡世　庄七
百姓　次兵衛
蕎麦渡世　清八
忠七地面　明屋敷
荒物渡世　藤八

本妙寺門前道

百姓　惣七地面　惣助
酒売渡世　栄吉
質屋渡世　次郎右衛門
荒物商ひ　太右衛門
木銭宿　与七
穀商ひ　久保町長兵衛店　才兵衛
木銭宿・農業　宗七
農業　町頭　庄五郎
穀商ひ　久兵衛
城房
木銭宿・荷物稼　久兵衛店　次平
荷持稼　町内持店　庄八
町内持店　当時明家壱軒
穀商ひ・農業　次助
莨屋　脇年寄　喜平

成真寺門前道

日雇稼　勘助後家
青物売　恭助店　平助
酒造　嘉兵衛
農業　佐五右衛門
青物売　清十店　善右衛門
大工　与七
穀商ひ　半右衛門
農業　惣左衛門
魚売　鉄五郎
酒飯商ひ　清蔵店　久八
荒物商ひ　伊左衛門
木銭宿　長五郎
魚商ひ　次兵衛店　善兵衛
莨商ひ　妙行寺地借　清蔵

妙行寺

青物商ひ　藤右衛門
酒飯商ひ　重右衛門店　佐十郎
油商ひ　惣八
小間物　弥兵衛
穀物・荒物屋　喜兵衛
質屋　武兵衛
青物商ひ　武兵衛店　重兵衛
百姓　孫兵衛
青物商ひ　利右衛門
穀物商ひ　庄助
ゆ屋渡世　百姓ニ而　みね
往来荷持　佐五左衛門店　次右衛門
往来荷持　佐五左衛門店　伊八
百姓　佐五左衛門
荒物商ひ　紋次郎店　はつ
百姓　紋次郎
酒飯商ひ　五兵衛
往来荷持　百姓　喜兵衛
青物商ひ　百姓　庄兵衛
穀商ひ　忠左衛門店　宇左衛門
古着商ひ　林蔵
百姓　宇平

三島宿家並絵図

高札場

三島大明神

茶屋　重左衛門
小間物　重左衛門地借　吉五郎
茶屋　貞蔵
百姓　新左衛門
銙売渡世　勇蔵
莨渡世　巳之助地借　半助
往来荷持　貞助店　安五郎
百姓　貞助
百姓　平四郎
鍛冶屋　伴助

金谷町

百姓　与右衛門地借　正兵衛
大工渡世　喜八
往来荷持　菊五郎
魚商ひ　半兵衛
百姓　幸吉
百姓　宇兵衛
桶屋渡世　藤八持店　熊吉
往来荷持　松五郎
百姓　利八
往来荷持　次左衛門
往来荷持　貞助持店　藤助
往来荷持　清左衛門店　新助
百姓　嘉兵衛
往来荷持　弥兵衛店　由蔵
道具渡世　弥兵衛店　弥兵衛
百姓　源七

観法寺門前

足袋屋・農業　儀兵衛
髪結　儀兵衛地借　磯吉
穀商ひ　磯吉店　藤右衛門
指物職人　長三郎
荒物　茂兵衛
木銭宿・魚売　忠八

薬師院門前道

伊兵衛持　明屋敷
伊兵衛後家
百姓　父検校同居　幾太郎

作道

青物売　仲右衛門
蕎麦売　善兵衛
小間物商ひ　よし

光安寺門前道

豆腐屋　文右衛門
荷持稼　清八店　十助
荒物商ひ　うめ
菓子屋　多右衛門
木銭宿・荷持稼　太郎兵衛
木銭宿　長兵衛
木銭宿　武左衛門
醤油商ひ　良蔵

守綱社

往来荷持　伊兵衛店　惣八
木銭宿　止め
木銭宿　幸七
醤油商ひ　忠左衛門
医師　仁兵衛店　柳慶
往来荷持　長兵衛
往来荷持　佐助
大工　忠兵衛
往来荷持　兵右衛門
往来荷持　文治
木銭宿　忠兵衛
往来荷持　伊右衛門
百姓　清七
往来荷持　源七
醤油商ひ　重右衛門
往来荷持　佐助店　清右衛門
往来荷持　佐助店　豊次郎
往来荷持　佐助店　仁兵衛

妙行寺持稲荷堂

古着道具商ひ　又四郎
往来荷持　又四郎店　鶴蔵
往来荷持　新蔵店　清右衛門
往来荷持　良蔵店　儀兵衛
木銭宿　佐助店　さよ
往来荷持　良蔵店　亀蔵
往来荷持　良蔵店　市左衛門

東海道
三島宿
年寄代り　善　蔵　印
同　正左衛門印
同　良　吉　印
同格　助右衛門印
問屋代り
年寄　佐左衛門印
同　六太夫　印

百姓　嘉兵衛
魚商ひ　文右衛門店　平吉
屋根職　文右衛門店　五左衛門
莨商ひ　文右衛門

時之鐘

源兵衛川

常光寺門前　床場　吉五郎
常光寺門前　旅籠屋　浅田屋良蔵
常光寺門前　旅籠屋　橘屋半兵衛

常光寺門前

旅籠屋　江戸屋惣兵衛
旅籠屋ニ而醤油商売　年寄甲州屋佐左衛門
旅籠屋　松葉屋武右衛門
旅籠屋　亀田屋弥右衛門
旅籠屋　相模屋友吉
明家　紀伊国屋民八郎
旅籠屋　玉屋　重吉
旅籠屋　吉本屋市郎左衛門
旅籠屋　油屋　甚兵衛
旅籠屋　稲垣屋七左衛門
旅籠屋　馬差　四ツ目屋政右衛門
旅籠屋　伊豆屋平八
旅籠屋　藤田屋彦八
旅籠屋　井桁屋由右衛門
旅籠屋　万字屋伝蔵
旅籠屋　年寄代り　万年屋良吉
旅籠屋　梅本屋市右衛門
旅籠屋　今木屋伊左衛門
旅籠屋　山形屋丈八
乾物屋　木村屋庄七
旅籠屋　吉鶴屋和吉
旅籠屋　米屋　源六
旅籠屋　丁子屋甚左衛門
旅籠屋　幸手屋幸右衛門

四ノ宮川

本陣

伝左衛門

旅籠屋　藤屋　次郎右衛門
旅籠屋　全屋　儀右衛門

脇本陣　年寄代り　天気屋善蔵

旅籠屋ニ而小売酒商売
年寄代り　伊野宇屋正左衛門
旅籠屋　人足方　近江屋伝八
旅籠屋　蔦屋　吉太郎
旅籠屋　町頭　竹屋　半助
旅籠屋　相模屋利兵衛
酒小売　徳島屋与兵衛
旅籠屋　東屋　平吉
豆腐渡世　権右衛門
旅籠屋　人足方　寄米屋多七
旅籠屋　青木屋善兵衛

御殿川

旅籠屋　梅木屋又兵衛
旅籠屋ニ而帳付　竹屋　又右衛門
旅籠屋　山田屋万右衛門
名主　宇兵衛
酒屋　宇兵衛店　茂八

田町

小間物　忠兵衛店　太右衛門
茶屋　源六店　るい
旅籠屋　日野屋庄兵衛
穀物　綿屋　清兵衛
印判師　足袋屋彦八
明屋敷　仁三郎持
法衣仕立　衣屋　清吉
小間物　才兵衛店　喜兵衛
荒物　平田屋茂左衛門
三度飛脚　喜右衛門店　源兵衛
菓子　才兵衛店　伊助
古着　市右衛門店　利兵衛
莨　利兵衛店　庄兵衛
造酒　利兵衛店　作兵衛
荒物　平田屋善兵衛
小間物　伊勢屋伝八
紺屋渡世　紺屋　伴右衛門
瀬戸物　宮本屋三四郎
古着　平田屋新兵衛
油売　油屋　万兵衛
荒物　伊勢屋伝右衛門
穀物　金兵衛店　喜助
荒物　伊勢屋安兵衛
薬種　桔梗屋甚左衛門

紱所川

小間物渡世　彦兵衛

百姓　藤助
百姓　本覚寺店　幾四郎

本覚寺

道具渡世　本覚寺店　善八
畳職　甚蔵

蓮馨寺

源兵衛川

明家　若松屋市兵衛後家
旅籠屋　菱屋　庄兵衛
旅籠屋　畳屋　弥吉
旅籠屋　浜田屋仁兵衛
旅籠屋　尾張屋長兵衛
旅籠屋　米屋　善三郎
旅籠屋　青物屋佐右衛門
旅籠屋　大黒屋嘉兵衛
甘酒商売　多助店　藤蔵
旅籠屋　江島屋久兵衛
明屋敷　米屋　直七
旅籠屋　相州屋清兵衛
木銭宿　吉田屋新兵衛
明屋敷　森田屋常吉
旅籠屋ニ而帳付　井筒屋正兵衛
旅籠屋　吉野屋要七
旅籠屋　上総屋丈助
伊豆田屋九右衛門後家
脇本陣　桐屋　伊兵衛
旅籠屋　竹屋　七左衛門
旅籠屋　小丸屋甚右衛門
木銭宿　京屋　伝蔵
旅籠屋　三浦屋八郎右衛門
旅籠屋　万屋　用蔵
旅籠屋ニ而帳付　山田屋徳兵衛

年寄　本陣
六太夫

旅籠屋　丹後屋小兵衛
旅籠屋　佐渡屋用吉

柴町

髪結　半蔵地面直吉
旅籠屋　仁右衛門地面松村屋庄吉
旅籠屋　松屋　貞助
旅籠屋　筑井屋万四郎
旅籠屋ニ而帳付　伊勢屋弥助
脇本陣　伊三郎
明屋敷　地主　源七
旅籠屋　善五郎地面　半七
旅籠屋　梅田屋源助
旅籠屋　庄吉地面　与兵衛
徳島屋玉八　明屋敷
旅籠屋　中津屋伝蔵
莨商売　会津屋清助
旅籠屋　清助地面　柳屋良助

御殿川

百姓　孫兵衛店　栄助
百姓　丸屋　孫兵衛
仕立　会津屋惣左衛門
茶屋　会津屋店　馬差　孫兵衛

問屋場

茶屋　問屋地面　平田屋五兵衛

問屋小路

旅籠屋　大川屋忠兵衛
湯屋　尾張屋文吉
百姓　町頭　平兵衛
三度取次　質屋　鹿島屋仁三郎
荒物　喜兵衛店　弥八
百姓　森田屋喜兵衛
莨　莨屋　源助
穀物　茶屋　茂助
大工　喜右衛門店　又四郎
水油小売　平田屋太次右衛門
小間物　木屋　安兵衛
小間物　木屋　才兵衛
荒物　名主　木屋　喜右衛門
荒物　油屋　忠七
穀物　包屋　又兵衛
古着　木屋　長平
荒物　平田屋儀兵衛
古着　木屋　清兵衛
金物類　武八店　松兵衛
百姓　丸屋　次助
荒物　夷屋　長兵衛

紱所川

酒商売　町頭　忠右衛門

7　江川家・名主家の結婚式献立

叔父陽三郎の結婚式

まず、江川英龍の叔父、父英毅の弟陽三郎が関川家に養子に入るための婚礼献立を書き上げよう。陽三郎は関川家に婿入りするのであるが、すでに述べたように、関川家は江川家が韮山へ帰っている期間、江川の江戸屋敷を管理している家ということで、婿入りは自然の流れである。そして、享和三年（一八〇三）に縁組みを行った。この時の献立を並べることにする。

座付熨斗　　三ツ組盃
吸物　山椒・小鯛・かいわりな
硯蓋　エビ・かすてら玉子・千枚巻・くりみ・きくらげ
差身
吸物　ほらふ・結幾す・松露
鉢　かれい・あいなめ
膾　しらが大根・いわたけ・みしまのり・鰡・めしょうが
汁　つみ入・ふき・小椎茸
坪　くわい・きくらげ・くしこ
飯
平　花えび・鯛きりみ・たけのこ・長いも・大椎茸

猪口　いんげんささげ・けし
香物　奈良漬け・きゅうり
焼物　中鯛
菓子　ようかん・餅二いろ

わからない食材がいくつかある。「かすてら玉子」はおそらく卵焼き、伊達巻きのようなものか。インターネットで見ると「くりみ」は牛肉の部位とされるが、当時このような部位の名称が使われていたかはわからない。もし、そうであったなら、牛の肩から前脚上部で、肩肉の一部のミスジとつながる部位である。当時牛肉を食べたかの記録もないが、弘化三年（一八四六）に山猟に出かけた江川英龍は野生の牛を三頭射止めている。この牛を食べたかどうかもわからないが、想像として食べていたかもしれない、程度にとどめておきたい。獣医だった方から鶏のトサカの下にある部位で「クリミカン」がある、これも食用ということを伺った。トサカの料理が前出であるので、こちらの可能性もあるが、少量しか取れない。

「差身」は刺身で当時は赤身。吸物に入れる「ほらふ」は「麸」の一種で再現料理を手がけてくださる耕心庵次五ゑむさんによると、「ほら」＝「洞」で車麸と思われるという。「結幾す」は次五ゑむさんから魚のキスを短冊にして結んだものと想定した。他史料に「結さより」があったのでやはり「結びキス」で正解だろう。「松露」は和製トリュフ、赤松に生える松茸に対してこちらは黒松に生える。江川家の献立にたびたび登場するので、当時は豊富に採れたものと思われる。

膾は「なます」で、これに「みしまのり」を入れる。伊豆の付け根にある三島には海がなく、海藻ではないが、狩野川の源流に当たる湯ヶ島村（伊豆市）で川ノリを採取していたので、川ノリの可能性がある。膾の続いて汁が出される。吸物と汁の違いもよくわからない。「くしこ」は腸を取り除いたナマコをゆでてくしにさし、干したものである。香の物として江川家の献立にほとんど登場するのが奈良漬けである。

名主家の結婚式

次に、伊豆の国市吉田の名主であった家の結婚式の献立を紹介しよう。江川家の婚礼献立にひけをとらない豪華さである。江戸時代であることはわかるが、年号が記されず、年代、時期の限定はできない。ここにも鯛・奈良漬けが登場し、吸物・汁も区別して提供されている。

十一月十八日
　婚礼式
三方　長熨斗
　御引渡
　かちん
小皿たつくり　雑煮花松魚
　しらが　小いも
　大こん
　小松菜
御吸物口冨芙のをふ
　小鯛

御盃
御銚子
結びこんぶ
御魚するめ
かずの子
御吸物口三葉ぜり　九年母
ひらめ　かまほこ
海老
御硯蓋　山のいも
鱧蒲焼
巻玉子
桜たこ
指身　ひらめ
まくろ
鉢魚　漬焼
鯛
御持参

御吸物　はまくり
なし
御硯ふた　おた巻
くわゐ
さゞい
竹輪蒲鉾
大平　桜えび
芹
三ばい漬
丼　鮪
生姜

同料理献立

本膳
白が大根　　　つみ入
生盛　ひらめ　　　汁　青み
うど
生姜

猩々のり

腰高 ならつけ

たくあん

坪 のりあん

沖津鯛

飯

二ノ膳

半へん

平 椎茸

せり

口わけぎ

汁

鯛

うす雪

わさび和

千代口

たこ

かまほこ

茶椀 ゑび

小くし

あわび

香たけ
大かまほこ
車海老
小角　巻蓮根
鯨床
たこ
かすてら玉子
長いも

台引　昆布巻
くわえ
御湯
御茶
御菓子
御ひらき
御吸物　潮鯛
硯ふた
末広ふた

千鶴

万亀

大々叶

八　江川家の今に伝わる具足開き、御会式

正月十一日が具足開きである。鏡開きと同じで、鏡餅を割って汁粉にして食べる。宝永三年に書かれた年中行事に記載された具足開きと実際に行っている内容には変化がある。明治以後も備忘のため、何度も書き直しを行っている。寛政七年（一七九五）に書かれた年中行事に残されたものに「塩汁粉」の記載がある。砂糖を入れない小豆煮とある。天明七年（一七八七）に松平定信が老中となり寛政の改革が始まった。質素倹約が唱えられ、その時から始まったと考えられる。それを現在にもつなげている。現代社会の変化のなかで、当たり日に行うことができず、それに近い日曜日に行っている。幕末の「韮山勝手方日記」では鏡開きとして、具足を書院に飾り、汁粉を配る日であった。宝永三年の年中行事での具足開きの料理と少し似ているところがある。

現在は正月の鏡餅を割って会食をする行事になっている。会食の席で出されるものは、蹄の形に切ったたくあん、田作り、

具足開きの直会に供されるたくあん、田作り、なます、乾き物、塩汁粉

お会式のあげもの

紅白のなます、するめと塩汁粉。蹄の形のたくあんがかみ切れないと武士ではないとして最初に食べるとする。

いつのものか定かではないが、「一月十一日、御具足開之節御読渡之法度書」とある付箋がついた「陣中諸法度」が残る（N115－42）。「陣中諸事法度」は「一守二忠節一動静進退堅不レ可レ誤二御下知一事（一つ、忠節を守り動静進退を堅くして御下知を誤るべからざる事）」で始まり、陣中の心得が記されている。具足開きの時、年頭、武家の気持ちを新たにする意味で読み聞かせをしたものと思われる。

文応元年（一二六〇）七月十六日、『立正安国論』を著し、三代執権北条時頼に上申、それにより、八月二十七日浄土宗の僧らにより、松葉ヶ谷の草庵が焼き討ちされた「松葉ヶ谷法難」から始まって、翌弘長元年（一二六一）の「伊豆法難」では五月十二日伊東の川奈崎俎岩に置き去りにされた。弘長三年二月二十二日に許される。この間、江川邸を訪れ、その時「不老不死曼荼羅」をいただいた。

続いて文永元年（一二六四）十一月十一日「小松原の法難」

と続いた。同八年（一二七一）九月十二日幕府や日蓮宗以外の宗派を批判したとして捕らえられ、翌未明鎌倉龍ノ口で処刑されることになったが、刑場で奇跡が起こり、処刑は中止佐渡への流罪となった。四度の法難の内の最後の大きな法難の日を日蓮宗では「御難の日」として大切にし、江川家では「御難のぼた餅」を作って仏前に供える。

仏教諸宗派においてそれぞれの宗祖等の明日には会式が行われるが、江川家の信仰している日蓮は弘安五年（一二八二）十月十二日が入滅の日で、日蓮宗ではこの日に御会式を行う。菩提寺である金谷本立寺でもその日にお会式が行われるので、江川家では一か月遅れの十一月十二日にお会式を行う。

おわりに

江川家は伊豆に土着した土豪であったが、江戸時代には直参旗本、世襲代官として江戸と伊豆を往復した。また、奈良から転住したことでそれ以前は上方の文化にも精通していた。こうした背景により、江川文庫には料理関係史料ばかりではなく、多くの文化に関するものが残されている。料理、献立を通じてその一端を紹介したに過ぎない。

本稿の上梓に際してほとんどの史料は江川文庫のものを利用させていただいた。江川家に残る文化財があるから、ここに紹介できる拙文を完成することができた。まだまだ未発見の資史料が眠っていると思われる。地域に残るそれらも、もしかして知られないために消滅していく危機に晒されているかもしれない。

料理などの食べ物は身近かで親しみやすいものである。文化財があるから再現料理も「再現江川酒」も「再現パン」もできたのである。こうしたものから文化財の価値を知ってもらうきっかけになれば幸甚である。

最後に、江川文庫史料の利用に関しては江川家四二代当主江川洋様、再現江川酒の醸造に携わっていただいた万大醸造社長佐藤智昭様、杜氏の伊奈静夫様、再現パンをいくつも手がけていただいているグルッぺ石渡食品社長石渡浩二様、江川家に残る献立史料から再現料理を作っていただいている耕心庵次五ゑむの柴山崇志様には多大なご協力を戴きました。また、江川英龍公を広める会を応援していただいている皆さまに厚くお礼申し上げます。

令和六年四月

橋本敬之

【参考資料】（カツオ・鰹節の項について）

『増訂豆州志稿』（寛政十二、明治二十一増訂、昭和四十二長倉書店復刻）、『静岡大百科事典』（静岡新聞社、昭和五十三）、『伊東市の棟札』（伊東市教育委員会、平成十六）、八木洋行「カツオ漁」（静岡県民俗芸能研究会『静岡県海の民俗誌―黒潮文化論―』静岡新聞社、昭和六十三）、瀬川裕市郎「鰹魚木簡の集成」（静岡県博物館協会『研究紀要』一三号、一九八九）、瀬川裕市郎「鰹魚木簡をめぐって」（『考古学ジャーナル』四〇九号、一九九六）、瀬川裕市郎「鰹魚木簡にみられる鰹魚などの実態について」（『沼津市博物館紀要』二一、一九九七）、岡本範之「律令期における煮鰹魚生産の沿革」（山梨考古学協会『山梨考古学論集』Ⅱ、一九八九）、寺崎保広「最近出土した平城京の荷札木簡―伊豆国を例として―」（古筆学研究所『水茎』九号、一九九〇）、亀谷弘明「伊豆国荷札木簡と（膳）大伴部」（『古代』九九号、一九九五）、亀谷弘明「駿河・伊豆の鰹魚貢納」（『民衆史研究』五四号、一九九七）、仁藤敦史「駿河・伊豆の鰹魚貢進」（静岡県地域史研究会編『東海道交通史の研究』清文堂、一九九六）、『歴史考古学辞典』（吉川弘文館、二〇〇七）、渡辺善次郎『巨大都市江戸が和食をつくった』（農山漁村文化協会、一九八八初版）、『静岡県の歴史的建造物・歴史的街並み』（静岡県都市住宅部建築課、平成二）、『沼津市史　史料編　漁村』（平成十一）、『河津町の古文書』（河津町教育委員会、昭和六十）
『伊豆大事典』（ＮＰＯ伊豆学研究会、平成二十二）、橋本敬之『下田街道の風景』（長倉書店、二〇二〇）、
橋本敬之『伊豆の津津浦浦』（長倉書店、二〇二四）

本稿の史料のほとんどは江川文庫所蔵のものである。その他参考にした史料、文献は本文中に記載した。

【著者紹介】
橋本 敬之
一九五二年伊豆市生れ。県立韮山高校、静岡大学人文学部卒。浜松市職員を経て静岡県義務教育学校へ勤務。静岡県文化課・埋蔵文化財調査研究所に出向。退職後、NPO法人伊豆学研究会理事長、公益財団法人江川文庫学芸員。勤務の傍ら、静岡県史調査員として調査、執筆に関わり、伊豆地域をはじめ、藤枝市・金谷町などの自治体史編さんにも関わる。
［著書・論文］『幕末の知られざる巨人 江川英龍』（KADOKAWA新書）、『江川家の至宝』（長倉書店）、『下田街道の風景』（長倉書店）、『伊豆の津津浦浦』（長倉書店）、「伊豆国における『元禄の地方直し』の特質」（本多隆成編『近世静岡の研究』清文堂出版、一九九一）、「東海道三島宿における助郷の開始と展開」（静岡県地域史研究会編『東海道交通史の研究』清文堂出版、一九九六）、他

伊豆韮山代官　江川家の食卓

令和6年4月20日発行
著　　者　橋本 敬之
発 行 者　長倉 一正
発 行 所　有限会社 長倉書店
〒410-2407 静岡県伊豆市柏久保552-4
TEL 0558-72-0713
E-mail: info@nagakurashoten.com
印刷・製本　いさぶや印刷工業株式会社
〒410-2322 静岡県伊豆の国市吉田361-2

この書籍の収益の一部を江川文庫資料の保存修理に使わせて頂きます